História da Inglaterra

FUNDAÇÃO EDITORA DA UNESP

Presidente do Conselho Curador
Mário Sérgio Vasconcelos

Diretor-Presidente
Jézio Hernani Bomfim Gutierre

Superintendente Administrativo e Financeiro
William de Souza Agostinho

Conselho Editorial Acadêmico
Danilo Rothberg
João Luís Cardoso Tápias Ceccantini
Luiz Fernando Ayerbe
Marcelo Takeshi Yamashita
Maria Cristina Pereira Lima
Milton Terumitsu Sogabe
Newton La Scala Júnior
Pedro Angelo Pagni
Renata Junqueira de Souza
Rosa Maria Feiteiro Cavalari

Editores-Adjuntos
Anderson Nobara
Leandro Rodrigues

DAVID HUME

História da Inglaterra
Da invasão de Júlio César à Revolução de 1688

2ª edição

Seleção, tradução, apresentação e notas

Pedro Paulo Pimenta

Título original: *The History of England from the Invasion of Julius Caesar to the Revolution in 1688*

© 2014 Editora Unesp

Direitos de publicação reservados à:

Fundação Editora da Unesp (FEU)
Praça da Sé, 108
01001-900 – São Paulo – SP
Tel.: (0xx11) 3242-7171
Fax: (0xx11) 3242-7172
www.editoraunesp.com.br
www.livrariaunesp.com.br
feu@editora.unesp.br

CIP – Brasil. Catalogação na publicação
Sindicato Nacional dos Editores de Livros, RJ

H91h
2. ed.

Hume, David, 1711-1776
    História da Inglaterra: da invasão de Júlio César à Revolução de 1688 / David Hume; seleção, tradução, apresentação e notas Pedro Paulo Pimenta. – 2. ed. – São Paulo: Editora Unesp, 2017.

    Tradução de: *The History of England from the Invasion of Julius Caesar to the Revolution in 1688*
    ISBN: 978-85-393-0664-0

    1. Inglaterra – História.   I. Pimenta, Pedro Paulo.   II. Título.

17-40827   CDD: 942
                                                                     CDU: 94(42)

Editora afiliada:

Sumário

Apresentação. *VII*

1 Romanos, britões, saxões. *1*

2 Governo e maneiras dos anglo-saxões. *27*

3 Guilherme, o Conquistador. *63*

4 Governo e maneiras feudais e anglo-normandas. *81*

5 Origens da liberdade na Inglaterra. *119*

6 Leis de Henrique VII. *133*

7 Digressão sobre o poder eclesiástico. *147*

8 Transações diversas de Henrique VIII. *167*

9 Elisabete I. Quadro geral. *181*

10 Primeiro conflito entre o Parlamento e a Coroa. *221*

11 Jaime I. Quadro geral. *243*

12 1640: da monarquia à democracia. *291*

13 1649: execução de Carlos I . *319*

14 Oliver Cromwell . *343*

15 Guerras civis e Protetorado. Quadro geral . *371*

16 Restauração da monarquia . *389*

17 Revolução de 1688 . *405*

18 Restauração e Revolução. Quadro geral . *419*

Cronologia dos monarcas ingleses até a época de Hume . *441*

Leituras recomendadas . *445*

Apresentação

O volume que o leitor tem em mãos reúne pela primeira vez em língua portuguesa textos capitais da *História da Inglaterra*, do filósofo escocês David Hume, obra monumental publicada em seis volumes entre 1754 e 1761. Trata-se de seu livro menos conhecido e menos lido hoje em dia, e poucos o consideram entre seus escritos filosóficos. Essa negligência não condiz, porém, com sua reputação original. O êxito editorial do livro, além de ter dado a Hume sustento confortável até o fim de sua vida, propiciou uma fama que ele jamais poderia ter alcançado como filósofo. Aos olhos de seu público, na estima de seus pares, como Voltaire, Gibbon, Herder, Kant, Adam Smith e tantos outros, e na avaliação da posteridade – Southey, Carlyle, Macaulay –, não havia dúvida de que a obra histórica redigida pelo filósofo era uma peça original, pertencente a um gênero de lavra iluminista: a *história filosófica*. O intuito desta tradução parcial é chamar a atenção do leitor para esse aspecto de uma obra que, além de ter méritos literários incomuns, merece ser estudada como trabalho de filosofia.

* * *

No século XVIII, a Inglaterra era, ao lado da França, a nação mais poderosa da Europa, mas historiador algum explicava as causas de sua preeminência. Voltaire escrevera a história do século de Luís XIV; Gibbon escreveria a do declínio e queda de Roma; Ferguson, a da extinção de sua república; Robertson dedica-se à conquista da América. Esses livros não são simples narrativas: tentam encontrar, na trama dos fatos e na sucessão dos eventos, leis gerais de validade universal, enraizadas em princípios da natureza humana. Esse gênero de historiografia fora inaugurado por Montesquieu, que, com *Grandeza e decadência dos Romanos* e *O espírito das leis*, tivera a ambição de se tornar nada menos que o "Newton da história", encontrando leis regulares e constantes da experiência humana tal como o matemático inglês fizera com os fenômenos naturais.[1] Coube a Hume a distinção de ser o primeiro a escrever uma história filosófica da Inglaterra, ou seja, uma história da Constituição inglesa e de como ela veio a ser formada pelo conflito entre autoridade e liberdade, típico da natureza humana, cristalizado, no caso inglês, na forma do conflito entre a prerrogativa do rei e os privilégios do parlamento. Se é possível escrever essa história, é porque, em certa medida, no momento em que Hume a escreve, ela está encerrada. A forma mista de governo da Inglaterra assinala o triunfo da liberdade sobre a autoridade, mas está longe de marcar o início de uma era de estabilidade. Deslocado para o interior do parlamento, o conflito entre o monarca e o povo adquiriu novos contornos, as facções políticas estão mais vivas do que nunca, e as tensões sociais subjacentes a essas oposições não se dissiparam.

---

1 Ver Matos, O Newton da história. In: _____, *O filósofo e o comediante*.

Apresentação

De início, Hume planejara escrever uma história relativamente curta, restrita aos reinados de Jaime I e Carlos I, primeiros representantes da "infortunada Casa de Stuart". Com o título de *The History of Great Britain*, chegou a ser publicada em 1754,[2] como uma espécie de complemento àqueles ensaios, surgidos entre 1741 e 1752, em que o delineamento do contorno geral dos fenômenos relativos à história política recente da Grã-Bretanha – isto é, desde 1688 – constitui oportunidade para a elaboração de uma *ciência política* baseada nos preceitos estabelecidos no livro III do *Tratado da natureza humana* (1739-40). Persuadido por seus amigos e por seu editor de que deveria completar o panorama desenhado nesse primeiro volume notável – que o autor, terminada a empreitada, consideraria o melhor –, Hume dedicou-se a um projeto de fôlego. Em 1756, surge o primeiro complemento, cobrindo o Protetorado (1649), a Restauração de 1660 e a Revolução de 1688; em 1759, mais dois volumes, dedicados aos Tudor; em 1761 são publicados os dois volumes finais, começando pela invasão de Júlio César e terminando com o arcabouço legal instituído pelos invasores normandos em 1066. Em 1763, a *História da Inglaterra* foi reeditada em oito volumes organizados cronologicamente, com o título *The History of England from the Invasion of Julius Cesar to the Revolution in 1688*.[3]

---

2 *The History of Great Britain*, apresentação de Duncan Forbes.
3 Nessa ordem a encontramos na edição de William Todd (Liberty Fund, 1983), que segue escrupulosamente a última versão, de 1777, em seis volumes. Dessa edição não consta, porém, um aparato crítico. A edição das "obras filosóficas" de Hume, atualmente em curso pela Clarendon Press, lamentavelmente não prevê uma edição da *História da Inglaterra*.

História da Inglaterra

Os motivos que levaram Hume a se dedicar a essa tarefa extensa e laboriosa parecem ter sido variados. Os *Ensaios políticos* haviam deixado explícito que a discussão em torno da natureza da Constituição inglesa, no estado em que esta se encontrava em meados do século XVIII, era viciada por uma oposição de caráter puramente faccioso. Os partidos *Whig* (antigo partido da pátria, futuro partido liberal) e *Tory* (antigo partido da Coroa, futuro partido conservador) batiam-se em torno de um objeto que nenhum deles estava disposto a compreender com um mínimo de neutralidade e objetividade. Isolando a Constituição do processo histórico em que ela se formara, ou pior, fabricando um passado que pouco ou nada tinha a ver com a realidade dos fatos, cada um dos lados aferrava-se a uma opinião que não correspondia à realidade do objeto, apenas aos seus interesses facciosos na luta pelo poder. Com a *História da Inglaterra*, Hume quis desfazer mal-entendidos que hoje chamaríamos de *ideológicos*, para restituir a esse objeto controverso a densidade histórica e a complexidade conceitual que lhe cabem.

A esse senso de restituição da verdade, o filósofo aliou a indisfarçada ambição de tornar-se o primeiro grande historiador a escrever em língua inglesa.[4] Essa ambição não era descabida. Se houve um filósofo na Grã-Bretanha com profundidade especulativa e tino para assuntos históricos, foi Hume. Em matéria de filosofia, considerava-se um cético moderado, preparado para examinar as opiniões mais díspares e encontrar o justo meio-termo (mas não necessariamente estabelecer um compromisso entre elas). Essa posição é adequada ao

---

4 Sobre a composição da *História da Inglaterra*, ver Mossner, *The Life of David Hume*.

Apresentação

historiador como analista da experiência, pois coaduna com a imparcialidade e a candura recomendadas a este, virtudes sem as quais a História seria contaminada pela força das paixões que acometem os seres humanos, o historiador entre eles.[5]

A *História da Inglaterra* tem uma tese central, demonstrada a partir dos princípios que no *Tratado da natureza humana* perfazem o que Hume chama de lógica do entendimento. A Constituição inglesa é para Hume resultado de um processo histórico que remonta à invasão da Britânia por Júlio César e pode ser descrito, em termos gerais, como um embate entre autoridade e liberdade, refinamento e rusticidade, estabilidade e crise, polos que representam uma relação conflituosa mais profunda, entre regras gerais de justiça, que garantem a ordem e são a condição *sine qua non* da vida política, e as paixões naturais, que impelem os homens à manutenção da liberdade originária de sua condição e à satisfação de seus interesses imediatos. Como adverte o *Tratado*, "a razão não tem influência primitiva", é uma aquisição, e por isso "é impossível que ela possa contrabalançar um princípio que tenha esse poder", a não ser que, em vez de se contrapor às tendências naturais, "prolongue-as de maneira oblíqua" no estabelecimento de regras gerais de justiça que permitam a atuação das paixões e convertam sua força em seu benefício. Ora, isso nem sempre foi feito com êxito na história do governo inglês, o que explica seu feitio irregular em qualquer época em que seja tomado. O que fascina Hume (e não pode deixar de fascinar o leitor) é constatar que essa irregularidade tenha produzido, apesar de tudo, um "plano

---

5 Ver o ensaio "Do estudo da história" (1741), in: Hume, *A arte de escrever ensaios*.

regular de liberdade, o mais extenso que se conhece nas nações europeias atuais".[6]

O enfoque filosófico sobre a história inglesa permite a Hume compreender a formação das instituições políticas dessa nação sob a ótica de um processo mais geral, que se verifica em quase toda a Europa, em ritmo variado, no mesmo período em que acontece na Inglaterra. Hume não foi, nem pretendeu ser, um historiador nacional. Sua história, como explica Duncan Forbes — um de seus mais argutos estudiosos —, "não é a história do povo inglês ou da civilização inglesa, é uma história da civilização na Inglaterra, assim como a sua história da literatura inglesa é descrita mais adequadamente como uma história do progresso do gosto literário na Inglaterra".[7] Tal é, com efeito, o que o leitor encontrará nas páginas de Hume: os lineamentos de uma história do processo civilizador na Inglaterra, cujos pilares são a instituição do Direito, o aprimoramento das maneiras, o refinamento do gosto, o surgimento do entusiasmo e do fanatismo religiosos, o florescimento do comércio, o acirramento e a resolução (provisória) do conflito entre autoridade e liberdade.

Assim, embora a história escrita por Hume seja quase exclusivamente insular, ela está longe de ser paroquial. Bem distante do chauvinismo deplorável de muitos que o sucederam, mesmo nos dias de hoje, Hume adota uma perspectiva aberta, que dá a suas análises um viés comparativo essencial para a compreensão adequada das singularidades da história inglesa. Num

---

6 Ver Gautier, *Hume et les savoirs de l'histoire*, Parte I, Capítulo 2, em especial p.78-80, de onde extraímos as passagens do *Tratado* citadas neste parágrafo.

7 Forbes, *Hume's Philosophical Politics*, p.298.

dos apêndices à *Investigação sobre os princípios da moral* (1751), mostrara em que medida é necessário, para compreender os princípios gerais da natureza humana, comparar os efeitos por eles produzidos em diferentes circunstâncias, ou como sociedades díspares podem chegar, por vias próprias, a um grau equivalente de refinamento. Não admira, assim, que na *História da Inglaterra* ele esteja atento às diferenças e semelhanças entre a formação do Estado na Inglaterra e na França, processos que ocorrem em paralelo, com muitos pontos de conflito e também de contato, e que produzem modelos de civilização que em alguma medida se complementam.[8] É pelo crivo da diferença que se compreende melhor como os ingleses e os franceses chegam a oferecer um quadro ilustrativo das virtudes e vícios de que a natureza humana é suscetível.

Apesar dessas diferenças de caráter nacional, imputáveis à atuação de circunstâncias locais que compete ao historiador rastrear, sobressai na *História da Inglaterra* o senso de pertencimento desse país a um passado europeu comum. A remissão óbvia é a antiguidade greco-romana; a herança desta, porém, como mostra Hume, foi recebida e absorvida por povos muito diferentes dos gregos ou romanos de outrora. A Europa moderna é filha de um mundo que hoje chamamos de *medieval*, e seus habitantes são os sucessores longínquos, mas diretos, dos bárbaros que invadiram e devastaram o moribundo Império Romano.[9]

A tese de que haveria uma antiga matriz comum às instituições europeias dos séculos XVII e XVIII, isto é, às suas formas

---

8 Hume antecipa em mais de um aspecto os estudos de Norbert Elias – *O processo civilizador* (1939) e *A sociedade de corte* (1969).
9 Ver Pocock, *Barbarism and religion* – v.II: Narratives of civil government.

História da Inglaterra

de governo e às suas maneiras (religião, comércio e letras), é encontrada por Hume junto a Tácito, historiador romano que ele considera, na *Investigação sobre o entendimento humano* (1748), "talvez o maior gênio produzido na Antiguidade".[10] Com efeito, dos historiadores clássicos, Tácito é o mais citado na *História da Inglaterra* – mas não por ter retratado os costumes dos habitantes dessa ilha em seu escrito de estreia, *Agrícola*. Outros, como César nos comentários à *Guerra da Gália*, realizaram descrições tão ou mais proveitosas. O que sobretudo interessa a Hume em Tácito são as descrições e considerações feitas no tratado *Germânia*, conhecido na época de Hume como *De moribus germanicus*, ou *Das maneiras dos germânicos*. Nesse escrito, Tácito detém-se nas tribos que habitam o norte do Danúbio e se encontram, portanto, nos limites exteriores do Império Romano. Suas descrições são de segunda mão; ele nunca visitou, ao que se saiba, nem mesmo as províncias fronteiriças do império. Mesmo assim, soube identificar, em meio ao variado material etnográfico com que deparou, uma forma de governo e um conjunto de costumes comuns a essas tribos, e que, em sua opinião, seriam muito similares aos dos romanos, quando da instituição primeira de seu governo. Regidos por monarquias eletivas ou agrupando-se em repúblicas, as tribos guerreiras de modos brutais se encontrariam no que Hume identifica como limiar entre o estado de natureza e o estado de sociedade, zona em que a ordem política parece ser sempre ameaçada pelo espectro da dissolução na guerra civil.[11] O feroz

---

10 *Enquires Concerning Human Understanding and Concerning the Principles of Moral* (1748).

11 Ver, a respeito, o ensaio "Da origem do governo", último texto redigido por Hume. In: *A arte de escrever ensaios*.

Apresentação

senso de liberdade dos germânicos torna-os arredios a toda e qualquer autoridade mais estável. Sua aplicação da justiça é pouco sofisticada, seus mecanismos de representação são simplórios, a segurança coletiva é precária, predomina o imperativo da preservação da liberdade do indivíduo, inserido na unidade mínima do estado social, que é a família.

De acordo com Hume (e Gibbon o acompanhará nessa interpretação), a invasão e a dissolução do Império Romano marcam o momento em que as instituições dessas tribos se misturam, sem método algum, ao nobre legado político, jurídico e artístico da Antiguidade, que só ressurgirá com plena força a partir da descoberta fortuita do código de Justiniano (século IX) e do renascer das letras e ciências (século XIV). No caso inglês, a incapacidade dos britões de absorver o legado dos romanos, as sucessivas invasões da Inglaterra pelos saxões e pelos normandos, tudo isso contribuiu para moldar a monarquia de um modo peculiar, que termina por gerar tensões que irrompem no século XVII sob os reis da Casa de Stuart. É como leitor da *Germânia* de Tácito que Hume se prepara para reconstituir esse processo; como leitor das *Histórias* e dos *Anais* desse autor, ele imbui-se dos meios necessários para realizar essa reconstituição no plano das transações entre indivíduos pertencentes aos estratos ou ordens sociais que constituem os principais atores do drama que é a *História da Inglaterra*.

Para expor tal drama, Hume organiza sua obra cronologicamente, alternando dois registros complementares, o narrativo e o dissertativo. A representação dos eventos e sua análise são assim igualmente contempladas, o lado interessante da história tem correspondência no lado instrutivo, e eles são indissociáveis. As dissertações de cunho teórico são inseridas em momentos da obra que marcam o fim de um período, que Hume considera significativo por introduzir alterações importantes na configuração institucional e na vida social da nação. O centro desse painel imenso, o seu ponto de fuga, é a situação da Constituição inglesa no momento em que Hume escreve. Mas, como ao autor deixa claro em diversos momentos, não somente da *História da Inglaterra* como também de seus ensaios,[12] essa história não deve ser confundida com uma reconstituição do passado em que este aponta inexoravelmente para um futuro determinado e necessário. Assim como os eventos dados foram moldados por causas cuja atuação poderia ter produzido outros efeitos, mediante a intervenção de outras circunstâncias, igualmente fortuitas, nada garante que o estado atual da política inglesa irá perdurar. Como quer que seja, os eventos que estão por vir serão condicionados, em alguma medida, pela natureza da Constituição inglesa, e pelo modo como esta regula as relações entre o rei, a aristocracia proprietária de terras e a classe comerciante – daí a necessidade de conhecer essa constituição, e a história de sua formação, com o máximo de precisão possível.[13]

É questionável que Hume tenha alcançado com sua obra histórica o resultado que desejava: suprimir as contendas em torno da natureza da Constituição inglesa. As facções não só continuaram a animar a vida política inglesa e a ameaçar a estabilidade constitucional do reino da Grã-Bretanha, como se acirraram, em fins do século XVIII, com o advento da Revolução Francesa, que acenava com a possibilidade de um triunfo

---

12 Ver, por exemplo, "Of the Populousness of Ancient Nations". In: *Essays, Moral, Political and Literary*.
13 Ver Phillipson, *David Hume: the philosopher as historian*.

Apresentação

definitivo da liberdade na Inglaterra. Se tivesse vivido para testemunhar esse estado de coisas, Hume provavelmente se surpreenderia com o fato de a França, que na *História da Inglaterra* e nos *Ensaios políticos* tantas vezes desponta como um modelo de estabilidade política e de refinamento das artes e ciências, ter fornecido um motivo adicional para que os homens de Estado ingleses cultivassem suas piores predisposições. Por outro lado, talvez saudasse o desfecho dessa crise, após a derrota de Napoleão: o reforço – ainda que puramente simbólico – da prerrogativa da Coroa em relação aos privilégios do Parlamento, responsável, até os nossos dias, pela enganosa imagem de uma Inglaterra monárquica em perpétuo contraste com a república instaurada na França.

* * *

Escrever a história é uma arte, e, ao menos desde Cícero, essa arte tem uma doutrina.[14] No século XVIII, a retórica clássica, embora cada vez mais contestada, continua a fornecer o melhor guia para o aspirante a historiador. Mas, como ensinam os grandes críticos antigos, na arte de escrever, forma e conteúdo são indissociáveis. E a história moderna, marcada pela expansão marítima e pela ascensão de grandes potências comerciais, é muito diferente da antiga para que possa ser escrita de acordo com a observação dos mesmos preceitos. Embora caiba, aqui e ali, a utilização de alguns efeitos em particular, e por mais que o arranjo e a disposição possam se beneficiar de soluções

---

14 Ver, principalmente, Cícero, *Do orador*; e Quintiliano, *Instituições oratórias*.

encontradas pelos mestres da Antiguidade, o historiador deve adotar uma simplicidade condizente com o estilo da prosa moderna, que não sente o influxo da oratória, arte desaparecida juntamente com os governos livres de Grécia e Roma.[15] Ciente dessa circunstância, Hume adota uma técnica narrativa em que predomina a ordem direta, calcada no francês, muitas vezes estranha à língua inglesa (mas por vezes adequada à portuguesa). Essa sintaxe acomoda efeitos interessantes, obtidos pelo recurso a um amplo repertório de lugares-comuns e outras preciosidades encontradas junto aos historiadores latinos e gregos.[16] O estilo neoclássico de Hume brilha em especial no volume V, o primeiro a ser publicado, que cobre um assunto – as guerras civis – ainda vivo na imaginação política da época em que ele escreve.

Por toda parte, desponta a habilidade de Hume na apresentação dos personagens centrais da história inglesa – reis, ministros, parlamentares, generais, filósofos, poetas. Numa história em que os indivíduos atuam segundo forças que os determinam e os condicionam à sua revelia, e sobre as quais eles não têm controle, é interessante ver, nessas caracterizações, a tipificação de tendências da natureza humana, nem sempre reunidas em harmonia. Assim, se os grandes homens são únicos, não é tanto por terem realizado feitos notáveis, mas antes por serem exemplares de como as paixões e opiniões dos homens em geral se deixam moldar pelas circunstâncias e contribuem,

---

15 Ver, a respeito, o ensaio "Da eloquência" (1741). In: *A arte de escrever ensaios*; e Pimenta, *A imaginação crítica: Hume no século das luzes*.
16 Além de Tácito, Hume utiliza Suetônio, Salústio, Políbio e Estrabão. A exemplo de Gibbon, e contrariamente a Voltaire, considera Tito Lívio um autor menor, embora útil.

Apresentação

por seu turno, para moldá-las. Os retratos pintados por Hume, os perfis que ele oferece, dão vida e densidade aos eventos narrados e constituem um saboroso contraponto às finas análises que pontuam a obra como um todo.

Mas, nessa história, se não faltam grandes homens, estão ausentes os heróis. As personagens que poderiam se prestar a esse papel são cuidadosamente analisadas por Hume, que encontra tantas complexidades, nuances e defeitos no caráter dos indivíduos que lhe interessam mais, que dificilmente se deixariam reduzir à figura de um salvador, de um redentor, de um mártir, até pelas circunstâncias em que são levados a atuar e se destacam. O melhor exemplo é a figura de Joana d'Arc, vilipendiada pelos ingleses, idolatrada pelos franceses e, nas mãos de Hume, simplesmente humana. A virtude heroica, tão criticada na *Investigação sobre os princípios da moral*, como filha do entusiasmo, é substituída por outra, muito mais valiosa e difícil, a da moderação.[17]

Um dos aspectos mais marcantes da *História da Inglaterra* é a ironia. Inserindo-se numa tradição consolidada nas letras inglesas, que incluía autores que Hume admirava (Swift) ou tolerava (Sterne), sua ironia não é nem sarcástica como a do primeiro nem humorística como a do segundo. Tão moralizante quanto a dos grandes historiadores clássicos, a voz irônica de Hume tem um diapasão grave que a aproxima daquela de um Tácito e chama a atenção do leitor com colocações discretas, com torneios de frase incomuns e pontadas cortantes, com silêncios e omissões significativos, para o lado trágico ou triste

---

17 Ver, a respeito, o ensaio de Edgar Wind, "Hume and the heroic portrait". In: *Hume and the Heroic Portrait and Other Essays*.

da história, para as decisões precipitadas, para os equívocos grosseiros, para a cega insistência no erro, para as oportunidades perdidas, para os impasses que não têm solução, para os limites, enfim, da experiência política dos homens. Contudo, diferentemente de seus predecessores antigos, Hume não está disposto a comprometer sua imparcialidade arrogando-se a posição de juiz; ele julga os fatos, mas apenas na medida em que julgá-los é indispensável à sua inteligibilidade, e não se furta a sorrir diante das consequências inesperadamente auspiciosas que possam decorrer de eventos à primeira vista deploráveis. É à violência, não se cansa de lembrar Hume, que se deve a magnífica liberdade inglesa. É à autoridade, por vezes desmedida, que se deve a manutenção dessa mesma liberdade, que, não fossem as restrições, degeneraria na guerra civil e no despotismo. Surpreender-se com a experiência: eis o convite que Hume nos faz, e que justifica, a quase trezentos anos de distância, que leiamos, mais uma vez, esta sua história filosófica da Inglaterra.

* * *

Este volume oferece uma introdução geral aos seis volumes da *História da Inglaterra*. Foram traduzidos todos os apêndices dissertativos, em que Hume se dedica a um exame ou recapitulação conceitual dos fatos expostos. Destacamos ainda recapitulações de reinados a partir de fins do século XV, quando, segundo o autor, inicia-se, com a invenção da imprensa, a época mais interessante da história – isto é, a época cujo estudo é mais frutífero, por ser mais bem documentada. Os textos factuais incluídos dizem respeito quase que exclusivamente ao período entre Jaime I e Guilherme III, considerado por

Apresentação

Hume como o mais significativo, no que se refere a eventos particulares, para a determinação do aspecto da Constituição inglesa no momento em que ele escreve. Para comodidade do leitor, incluímos uma cronologia dos monarcas no período coberto por Hume. Os textos selecionados foram traduzidos integralmente; as exceções são assinaladas em nota de rodapé, no início de cada capítulo. Foram suprimidas as numerosas notas de referência utilizadas pelo autor, exceto por aquelas cujas fontes são mencionadas no corpo do texto ou pelas que contêm informações ou considerações de interesse. As notas editoriais remetem a outros textos de sua obra, procurando situar a *História da Inglaterra* num contexto mais amplo. Uma nota no final do volume recomenda leituras complementares. Gostaria de registrar aqui meu agradecimento a Pedro Galé, pelo estímulo à realização desta tradução.

Pedro Paulo Pimenta

Referências bibliográficas

ELIAS, N. *O processo civilizador*. Rio de Janeiro: Zahar, 1990.
_____. *A sociedade de corte*. Rio de Janeiro: Zahar, 2001.
FORBES, D. *Hume's Philosophical Politics*. Cambridge: Cambridge University Press, 1975.
GAUTIER, C. *Hume et les savoirs de l'histoire*. Paris: Vrin, 2005.
HUME, D. *The History of Great Britain*. Apresentação de Duncan Forbes. Londres: Penguin, 1970.
_____. *Enquires Concerning Human Understanding and Concerning the Principles of Moral*. (1748), XII. Ed. Selby-Bigge/Nidditch. Oxford: Clarendon Press, 1975. [Ed. bras. *Investigação sobre o entendimento humano*. São Paulo: Unesp, 2004.]

HUME, D. *A arte de escrever ensaios*. Trad. Pedro Pimenta e Márcio Suzuki. São Paulo: Iluminuras, 2011.

_____. Of the Populousness of Ancient Nations. In: _____. *Essays, Moral, Political and Literary*. Ed. Miller, Indianápolis: Liberty Fund, 1985.

MATOS, F. de. O Newton da história. In:_____. *O filósofo e o comediante*. Belo Horizonte: UFMG, 2002.

MOSSNER, E. C. *The Life of David Hume*. 2.ed. Oxford: Clarendon Press, 2000.

PHILLIPSON, N. *David Hume*: the philosopher as historian. Londres: Penguin, 2011. cap. 4.

PIMENTA, P. P. *A imaginação crítica:* Hume no século das luzes. Rio de Janeiro: Azougue, 2013.

POCOCK, J. G. A. *Barbarism and religion* – v.II: Narratives of civil government. Cambridge: UP, 1999.

WIND, E. Hume and the heroic portrait. In: *Hume and The Heroic Portrait and Other Essays*. Oxford: Oxford University Press, 1986.

1
Romanos, britões, saxões[1]

Os britões A curiosidade manifestada pelas nações em relação à investigação dos feitos e aventuras de seus ancestrais costuma produzir decepções, pois a história de épocas remotas se encontra amiúde envolta em obscuridade, incerteza e contradição. Homens talentosos e com tempo ao seu dispor tendem a levar suas pesquisas para além do período em que os documentos literários foram moldados ou preservados, sem refletir, porém, que a história dos eventos passados logo se perde ou desfigura-se quando confiada à memória e à tradição oral, e que as aventuras de nações bárbaras, mesmo que estivessem registradas, ofereceriam pouco ou nenhum entretenimento a homens nascidos numa época mais cultivada. As convulsões de um Estado civilizado respondem em geral pela parte mais instrutiva e mais interessante da história; quanto às revoluções abruptas, violentas e imprevistas, tão usuais

---

[1] Capítulo I, Livro I (1761), início; e extratos. Utilizaremos o termo "britões" para designar os habitantes da província romana da Britânia. (N. T.)

entre os bárbaros, são sempre guiadas pelo capricho e com frequência marcadas pela crueldade. Essa aparência uniforme as torna repugnantes, e as letras não lamentam que o silêncio e o esquecimento terminem por olvidá-las. O único meio seguro à disposição das nações que queiram satisfazer a própria curiosidade com pesquisas sobre sua origem mais remota é a consideração da língua, das maneiras e dos costumes de seus ancestrais, e a comparação desses traços com os de nações vizinhas. As fábulas a que se costuma recorrer para suprir a ausência da verdadeira história devem ser inteiramente desconsideradas; ou, se exceções forem admitidas a essa regra geral, que seja em prol das ficções gregas antigas, célebres e agradáveis, que jamais deixarão de atrair a atenção humana. Negligenciaremos aqui, portanto, todas as tradições ou relatos sobre os primórdios da história britã e consideraremos apenas o estado dos habitantes tal como se mostraram aos romanos, quando estes invadiram o país; passaremos rapidamente pelos eventos relativos à conquista realizada pelo Império, que pertencem antes à história romana do que à da Britânia; percorreremos brevemente o obscuro e desinteressante período dos anais saxões; e dedicaremos uma narrativa mais pormenorizada aos tempos sobre os quais há verdades suficientemente certificadas e integrais, que possam entreter e instruir o leitor.

Os autores antigos[2] são unânimes em representar os primeiros habitantes da Britânia como uma tribo de gau-

---

2 Fontes de Hume neste capítulo: César, *Guerra Gália*; Tácito, *Vida de Agrícola*; Diodoro Sícolo, *Biblioteca de história*, Livro IV; Estrabão, *Geografia*, Livro IV; Dião Cássio, *História romana*, Livro 55;

leses ou celtas oriunda do continente, que ao migrar para essa ilha teria trazido consigo língua, maneiras, governo e superstição, com pequenas variações introduzidas pelo tempo ou pelo contato com nações vizinhas. Os habitantes da Gália, especialmente das partes contíguas à Itália, haviam adquirido, pela convivência com seus vizinhos do Sul, certo refinamento nas artes, que aos poucos se espalharam pelo Norte e iluminaram essa ilha, ainda que com luz tênue. Os navegadores e mercadores gregos e romanos (únicos que então havia) retornavam para seus países com os mais chocantes relatos sobre a ferocidade do povo, característica que exageravam para provocar o espanto de seus compatriotas. Entretanto, as regiões mais ao sul da Britânia, antes mesmo da época de César, haviam dado o primeiro e mais decisivo passo rumo ao estabelecimento de um governo civil. Com o auxílio do arado e da agricultura, os britões formaram uma multidão considerável, enquanto os demais habitantes da ilha continuavam a se sustentar com o pastoreio. Vestiam-se com peles de animais, viviam em cabanas erguidas nas florestas e pântanos que cobriam o país e não hesitavam em abandonar suas habitações, se os incitasse a perspectiva de saque ou o receio de um ataque inimigo. O esgotamento do pasto era suficiente para levantarem acampamento. Como ignoravam todos os refinamentos da vida, suas necessidades eram escassas, e suas posses, ilimitadas.[3]

Plínio, *História natural*, Livro XII; Tácito, *Anais*, livros XII, XIV; Beda, *Historia ecclesiastica gentis anglorum*; Paulo Diácono, *Historia romanae*. (N. T.)

3 A ausência de propriedade da terra caracteriza o estado selvagem da vida social; o estágio bárbaro, em que a propriedade da

Os britões dividiam-se em numerosas pequenas nações ou tribos. Eram um povo marcial cuja única propriedade consistia em armas e gado. Acostumados ao sabor da liberdade, eram completamente arredios a toda autoridade despótica, como sabiam bem, por experiência própria, seus príncipes e comandantes. Seu governo, embora fosse monárquico, era livre, a exemplo do das demais nações celtas; e o povo comum parece ter desfrutado de mais liberdade do que nas nações da Gália, das quais descendiam. Cada Estado dividia-se em facções e era agitado por desconfiança e animosidade em relação aos vizinhos. As artes da paz eram desconhecidas, a guerra constituía a principal ocupação e o grande objeto de ambição do povo.

A religião dos britões respondia por uma das partes mais consideráveis de seu governo, e os druidas, seus sacerdotes, tinham grande autoridade.[4] Além de ministrar no altar e dirigir os ritos religiosos, controlavam a educação da juventude, desfrutavam de imunidade em relação a guerras e impostos, exerciam jurisdição civil e criminal, decidiam todas as controvérsias, públicas ou individuais. Quem se recusasse a acatar seus decretos via-se exposto às mais severas penalidades: sentenciado à excomunhão, banido de rituais e cultos públicos, privado de contato com

---

terra é instável, será atribuído mais à frente aos germânicos. Ambos aparecem neste capítulo em contraste com a civilização romana. Ver a nota 12 ao Capítulo 2 deste volume. (N. T.)

4 Sobre a religião dos celtas e a importância dos druidas, ver Edmund Burke, *An Abridgement of English History* (c. 1760), Capítulo 2. (N. T.)

seus concidadãos, mesmo nas transações da vida diária, sua presença era execrada por todos, como profana e perigosa, e a lei não o protegia; a morte era preferível à miséria e à infâmia a que se via exposto. E assim os laços de governo, naturalmente frouxos entre esse povo rude e turbulento, eram corroborados pelos terrores de sua superstição.

Não se tem notícia de superstição de espécie tão terrível como a dos druidas. Além das severas penalidades que infligiam neste mundo, os sacerdotes inculcavam a transmigração eterna das almas, com o que estendiam sua autoridade tão longe quanto alcançava o temor de seus amedrontados devotos. Celebravam ritos em bosques escuros e outros recessos secretos; e para encobrir com mistério ainda maior sua religião, só comunicavam as doutrinas aos iniciados e proibiam estritamente que fossem redigidas, para não expô-las ao exame do vulgo profano. Praticavam sacrifícios humanos, tinham o costume de devotar os espólios da guerra a suas divindades, e submetiam às mais cruéis torturas quem ousasse se apropriar de uma parcela da oferenda consagrada aos deuses. Esses tesouros, depositados nas selvas e nas florestas, eram guardados por uma única sentinela, os terrores de sua religião, que firmemente controla a avidez humana e é o modo mais efetivo de incitar os homens aos esforços mais extremos e mais violentos. Culto idólatra algum jamais teve ascendência comparável à dos druidas sobre os antigos gauleses e britões. Após a conquista, os romanos mantiveram as autoridades locais; mas, constatando que era impossível conciliar essas nações com as leis e instituições de seus novos senhores, viram-se obrigados a aboli-las com estatutos penais, violência nunca antes infligida por esses tolerantes conquistadores.

Os romanos Há muito que os britões se encontravam nessa condição rude, mas independente, quando César, no ano 52 a.C., após ter conquistado a Gália com suas vitórias, voltou os olhos para esta ilha.[5] Não se sentiu atraído por riquezas ou renome; mas, movido pela ambição de levar os exércitos romanos a um novo mundo, praticamente desconhecido, aproveitou um breve intervalo na campanha da Gália para invadir a Britânia. Os nativos, informados de sua intenção, e vendo que a disputa seria desigual, tentaram apaziguá-lo com ofertas de submissão; mas estas não puderam detê-lo na execução de seu desígnio. Supõe-se que tenha desembarcado, não sem enfrentar alguma resistência, em Deal. Após impor aos britões uma série de condições e obrigá-los a servi-lo, viu-se forçado, por incumbências militares e pela proximidade do inverno, a retornar para a Gália. Os britões, longe da ameaça das armas, não cumpriram o estipulado, e no verão seguinte o arrogante conquistador decidiu castigá-los por terem violado o tratado. Desembarcou com uma força ainda maior, e embora tenha deparado com resistência mais considerável (os britões haviam se reunido sob o comando de um príncipe chamado Cassivelauno), derrotou-os em cada um dos confrontos. Avançou terra adentro, cruzou o Tâmisa sob o atônito olhar do inimigo, tomou e

---

[5] Sobre a presença dos romanos na Britânia ver também Gibbon, *Declínio e queda do Império Romano*, Capítulo 1. Tradução de José Paulo Paes. São Paulo: Companhia das Letras, 1998. (N. T.)

incendiou a capital de Cassivelauno, e nomeou seu aliado Mandubrácio soberano dos trinobantes. Após obrigar os habitantes a renovarem as promessas de submissão, retornou à Gália com seu exército, mantendo a autoridade romana na ilha mais em termos nominais do que reais.

As guerras civis que abriram caminho para o estabelecimento da monarquia em Roma livraram os britões do jugo a que inevitavelmente teriam sido submetidos. Augusto, sucessor de César, contente em derrotar a liberdade em seu próprio país, não ambicionava a fama em guerras no exterior, e por recear que a mesma extensão ilimitada de domínios que subvertera a república viesse a esfacelar o império, recomendou a seus sucessores que não expandissem os domínios romanos. Tibério, precavendo-se contra a fama de seus generais, tomou o conselho de Augusto como um pretexto para a inatividade. Os loucos rompantes de um Calígula, que ameaçava a Britânia com invasão, serviram apenas para expô-lo ao ridículo. Sem serem molestados, os britânicos haviam desfrutado de sua liberdade por quase um século quando os romanos, no ano 43, no reinado de Cláudio, voltaram a considerar a possibilidade de subjugá-los. Sem oferecer razões que justificassem a hostilidade – tal como fariam os europeus, muito tempo depois, nas conquistas da África e da América –, enviaram à Britânia um exército, sob o comando de Pláutio, talentoso general cujas vitórias muito contribuíram para a submissão dos nativos. O próprio Cláudio, avaliando que a situação era suficientemente segura, viajou para a Britânia e oficializou a submissão de diversos Estados: os canti, os atrebates, os regni e os trinobantes, que habitavam o sudeste da ilha e que, por terem posses e um modo de vida mais cultivado, aceitaram a paz a expensas da liberdade. Os demais britões, sob o comando de Caractaco, continuaram a oferecer resistência tenaz, e os romanos realizaram poucos progressos até o ano 50, quando Ostório Escápula assumiu o comando das legiões.

Esse general consolidou as conquistas romanas. Invadiu o país dos iluras, nação guerreira que habitava as margens do Severne, derrotou Caractaco numa grande batalha, capturou-o e o enviou a Roma, onde seu bom comportamento rendeu-lhe tratamento mais benigno do que o geralmente destinado a príncipes cativos.

Mas, apesar desses reveses, os britões não estavam completamente subjugados, e romanos ambiciosos continuavam a ver a ilha como campo aberto às glórias militares. No ano 59, Suetônio Paulino, investido por Nero com a insígnia de comandante, iniciou os preparativos para o que seria uma campanha vitoriosa contra os bárbaros. Viu que a ilha de Mona, hoje Anglesey, era a principal sede dos druidas e decidiu atacar e conquistar o centro da superstição britã, do qual emanava a força de seus guerreiros. Os britões tentaram, com o poderio das armas e os terrores da religião, obstruir o desembarque dos romanos na ilha sagrada. Mulheres e sacerdotes misturaram-se aos soldados na praia, e, correndo de um lado para outro, com tochas incandescentes nas mãos, agitando suas cabeleiras, uivando, gritando, bradando, incutiram nos amedrontados romanos um terror maior do que poderia inspirar a real ameaça representada por suas tropas. Suetônio, exortando seus homens a ignorar a ameaça de uma superstição que consideravam desprezível, conclamou-os ao ataque, venceu os britões no campo de batalha, queimou os druidas nas mesmas fogueiras que estes haviam preparado para seus inimigos, destruiu as florestas e os altares sagrados. Tendo assim triunfado sobre a religião dos britões, pensou que não teria maiores dificuldades para submeter o povo. Contudo, suas expectativas foram frustradas. Os britões, aproveitando-se de sua ausência durante a campanha em Mona, empunharam armas; liderados por Boadiceia, rainha dos iceni, que haviam sido tratados pelos tribunos romanos de maneira humilhante, atacaram diversos assentamentos dos insolentes conquistadores. Suetônio acudiu em proteção a Londres, já então uma próspera colônia romana; ao chegar lá, porém, constatou que não havia alternativa senão entregar a cidade à implacável fúria do inimigo. A cidade foi reduzida a cinzas; 70 mil habitantes que não conseguiram fugir foram mortos, romanos e estrangeiros sem distinção. Com essa escalada de violência, os britões abortaram toda esperança de paz ou de concórdia com o inimigo. A crueldade foi vingada por Suetônio em batalha grandiosa e decisiva, na qual, segundo se diz, teriam perecido 80 mil britões; quanto a Boadiceia, preferiu pôr fim à própria vida, envenenando-se, a cair nas mãos do inimigo. Suetônio, vítima e algoz de tantas desgraças, foi prontamente destituído por Nero, que o considerou inadequado para recompor o quebrantado espírito dos habitantes da ilha. Não muito tempo depois, Cerealis recebeu de Vespasiano o comando e, de modo implacável, propagou o terror com as divisões romanas. Júlio Frontino o sucedeu, em autoridade e reputação. Mas o general que de uma vez por todas estabeleceu o domínio dos romanos sobre a ilha foi Júlio Agrícola, que a governou durante os reinados de Vespasiano, Tito e Domiciano, distinguindo-se nessa cena por sua intensa atividade.

Esse comandante notável formou um plano regrado para submeter a Britânia às necessidades de seus conquistadores. Marchou para norte com suas tropas; derrotou os britões cada vez que deparou com eles; penetrou as inacessíveis florestas da Caledônia; escalou montanhas, reduziu à submissão cada um dos Estados no sul da ilha e varreu de seu território um inimigo feroz e intratável, que considerava a guerra e a morte menos intoleráveis que servir ao conquistador vitorioso. Repeliu uma investida realizada sob o comando de Galgaco, fixou uma cadeia de guarnições entre os estuários de Clyde e Forth, e isolou as partes mais rudes e inóspitas da ilha, protegendo assim a província romana contra as incursões dos bárbaros setentrionais.

Em meio às campanhas, não negligenciou as artes da paz. Introduziu leis e civilidade entre os britões, ensinou-os a desejar e produzir tudo o que é conveniente à vida, conciliou-os com a língua e as maneiras romanas, instruiu-os nas letras e ciências e recorreu a todos os expedientes para que os grilhões que forjara se tornassem, mais do que confortáveis, agradáveis. Os habitantes, tendo sentido a inferioridade de sua força em relação à dos romanos, aquiesceram no domínio e gradualmente foram incorporados ao poderoso império.

Foi a última conquista duradoura realizada pelos romanos. A Britânia, uma vez subjugada, não incomodou mais o conquistador. Apenas a Caledônia, protegida por montanhas e pelo menosprezo dos romanos, ocasionalmente infestava, com incursões de seus habitantes, as partes mais cultivadas da ilha. Para melhor guarnecer as fronteiras do Império, Adriano, em visita à Britânia, mandou erguer uma barreira entre o rio Tyne e o estuário de Solway. Lólio Úrbico, sob Antonino Pio, ergueu outra barreira no lugar em que Agrícola estacionara guarnições. Severo, que realizou uma expedição pela ilha e com suas tropas chegou ao extremo norte, acrescentou novas fortificações ao muro de Adriano. E assim, no reinado dos imperadores romanos que se seguiram, prevaleceu na Britânia uma tranquilidade tão profunda que os historiadores mal mencionam os assuntos dessa ilha. Os únicos incidentes registrados são sedições ou rebeliões de legiões romanas aquarteladas e usurpações da dignidade imperial por governadores. Quanto aos nativos, desarmados, intimidados e submissos, haviam perdido por completo o desejo e mesmo a ideia de sua antiga liberdade e independência.

Nesse ínterim, chegara o momento da ruína do gigantesco edifício do Império Romano, que difundira escravidão e opressão, juntamente com paz e civilidade, por uma parte considerável do globo. A Itália, epicentro do império, que durante séculos permanecera alheia a guerras, perdera seu espírito militar e era habitada por uma raça enervada, pronta para se submeter com resignação ao jugo estrangeiro como se submetera à tirania de seus próprios governantes. Os imperadores viram-se obrigados a recrutar legiões em províncias fronteiriças, onde o gênio da guerra, embora adormecido, não se extinguira por completo. Essas forças mercenárias, desdenhosas de leis e instituições civis, estabeleceram um governo militar tão perigoso para o soberano quanto para o povo. Com o acirramento dessa situação de desordem, os bárbaros irromperam as fronteiras romanas. Essas nações ferozes, que uniam uma disciplina adquirida a uma bravura inata, não poderiam ser contidas pela impotente política dos imperadores. Cientes da própria força, atraídos pela perspectiva de saques vultosos, os bárbaros do Norte atacaram simultaneamente, nos reinados de Arcádio e Honório, todas as fronteiras do Império Romano. Saciado seu apetite por saque e butim, começaram a assentar-se nas províncias que eles mesmos haviam devastado. Outros, por seu turno, oriundos de paragens mais distantes, avançaram sobre os territórios abandonados por eles, e com seu enorme contingente pressionaram o Estado romano, que não estava preparado para detê-los. Em vez de armar o povo, os imperadores convocaram legiões estacionadas longe da capital, as únicas em que confiavam, e reuniram todo o poderio militar de que dispunham para a defesa da cidade de Roma, epicentro do império. A necessidade de autopreservação superara a ambição de poder; e a antiga questão de honra — jamais contrair os limites do império — só poderia ser negligenciada em circunstâncias extremamente desesperadoras como essas.

Por sua localização, a Britânia permaneceu alheia à fúria das invasões bárbaras; e, por ser uma província remota, não muito valorizada pelos romanos, as legiões que a defendiam foram deslocadas para a Itália e a Gália. A província, embora protegida pelo mar contra as grandes tribos bárbaras, tinha inimigos em seu próprio território, que se aproveitaram da situação. Os pictos e os escoceses, que habitavam as regiões setentrionais situadas para além da muralha de Antonino, realizaram incursões nos domínios de seus vizinhos pacíficos e efeminados, e, a par das depredações, ameaçaram submeter a província como um todo, ou, pior ainda, saqueá-la e devastá-la por completo. Os pictos foram, ao que parece, uma tribo de origem britã; empurrados para o norte pelas conquistas de Agrícola, misturaram-se à população local. Os escoceses, também de origem celta, que inicialmente se estabeleceram na Irlanda e migraram depois para o noroeste da ilha, há muito infestavam a província romana com pirataria e rapina.[6] Essas tribos, ao verem seus vizinhos mais opulentos à mercê de uma invasão, não tardaram a irromper a muralha de Adriano. Embora fossem um inimigo desprezível, não depararam com resistência dos habitantes, que não tinham pendor para a guerra. Os britões, acostumados a recorrer aos imperadores em matéria de defesa bem como de governo, fizeram súplicas a Roma, que enviou uma legião para protegê-los. Os bárbaros não foram páreo para a força do império, que repeliu a invasão, esmagou-os em cada confronto, expulsou-os de volta para suas antigas fronteiras e, triunfante, retornou às províncias do sul do império. Mas, assim que partiu, o inimigo voltou. Os britões

---

[6] Esse ponto tem sido disputado com grande zelo e acrimônia entre antiquários escoceses e irlandeses, como se a honra de seus respectivos países dependesse da decisão final. Não entraremos em maiores detalhes sobre assunto tão desinteressante. (N. A.)

apelaram novamente a Roma, e mais uma vez obtiveram a eficaz assistência de uma legião. Desta vez, porém, os romanos, acuados na Itália e exauridos por essas expedições, comunicaram aos britões que não atenderiam mais aos seus pedidos de socorro. Dali por diante, os ilhotas seriam senhores de si mesmos, e teriam que defender com seus próprios meios a independência que lhes era restituída por seus antigos senhores. Prestando aos britões um último favor, as forças do Império os ajudaram a reerguer a muralha de Severo, inteira de pedra, pois não havia artífices com habilidade para repará-la. Despediram-se definitivamente da Britânia no ano 448, após terem dominado a parte mais considerável da ilha por quase quatro séculos.

Os britões Os abjetos britões, porém, consideraram fatal a dádiva da liberdade que lhes fora restituída, e não tinham condição de colocar em prática o prudente conselho dos romanos — que se armassem em defesa própria. Desacostumados aos perigos da guerra e às complexidades do governo civil, mostraram-se incapazes de formar ou executar medidas de resistência às investidas dos bárbaros. Graciano e Constantino, dois romanos que trajavam a toga púrpura pela Britânia, haviam levado consigo para o continente a flor da juventude britã, que pereceu em suas frustradas tentativas de assumir o trono imperial e privou a ilha daqueles que, numa situação como essa, de extrema urgência, seriam os mais aptos a defendê-la. Os pictos e os escoceses, vendo que os romanos haviam deixado a ilha em definitivo, atacaram a muralha setentrional com força redobrada. Os britões, acovardados pelo terror, encontraram nas barreiras uma proteção irrisória; e, abandonando seus postos, entregaram o país ao inimigo bárbaro, que deixou em seu rastro devastação e ruína, exercendo ao máximo sua ferocidade nativa, em nada mitigada pela desoladora situação dos habitantes ou por sua postura submissa. Os miseráveis britões apelaram uma terceira vez a Roma, na pessoa de Écio, o Patrício, que nesse tempo defendia com magnanimidade e valor as imponentes ruínas do Império, e momentaneamente revigorava, com a disciplina de seus ancestrais, o degenerado espírito romano. Os embaixadores britânicos entregaram-lhe em mãos uma carta de seus compatriotas; mas Écio, pressionado pelos exércitos de Átila, o mais terrível inimigo que jamais assaltara o império, não tinha como atender às súplicas de seus aliados, que por nobres razões ele se recusava a defender. Desesperados e abatidos, os britões incendiaram as próprias casas, destruíram plantações e procuraram refúgio nas florestas, onde aturaram privações infligidas pela fome e pelo inimigo. Os bárbaros, que não tinham como se alimentar num país devastado, acuados por ataques localizados dos britões, retiraram-se para o norte levando consigo os espólios da invasão.

Os britões aproveitaram o subsequente período de paz para retomar as atividades costumeiras. O clima favorável propiciou bons resultados na colheita e garantiu o suprimento abundante de suas necessidades, obliterando a memória das privações de outrora. Que não se imagine, porém, que um povo tão rude, que não tinha arte suficiente para erguer, sem a assistência dos romanos, uma barreira de pedras em defesa própria, fosse capaz de tal coisa. Mesmo assim, os historiadores monásticos que trataram desses eventos se queixam do luxo dos britões no período e atribuem a esse vício, e não à covardia ou à imprudência, todas as calamidades posteriores.

Dedicados unicamente ao desfrute da paz, os britões não tomaram providências para resistir ao inimigo, que, incitado pela postura medrosa demonstrada por eles em outras ocasiões, voltou a ameaçá-los com nova invasão. Não dispomos de informações exatas sobre a espécie de governo civil legada pelos romanos aos britões, mas é provável que os homens mais notáveis de cada uma das regiões tenham assumido uma espécie de autoridade real precária, permanecendo, em grande medida, independentes uns dos outros. A essa desunião vieram acrescentar-se disputas teológicas. Os discípulos de Pelágio,[7] nativo da Britânia, haviam se tornado muito numerosos e por isso alarmavam os sacerdotes, que, ao que parece, mostraram mais afinco em suprimi-los do que em se opor ao inimigo comum. Padecendo sob esses males domésticos, ameaçados por uma invasão estrangeira, os britões só davam ouvidos ao medo, e, seguindo os conselhos de Vortigern, príncipe de Dumnonium, que, apesar de seus vícios, era sua principal autoridade, enviaram à Germânia uma missão solicitando aos saxões proteção e assistência.

Os saxões De todas as nações bárbaras de que se tem notícia, em tempos antigos ou modernos, os germânicos são, ao que parece, os que mais se destacaram por suas maneiras bem como por suas instituições políticas. Elevaram ao mais

---

7 Pelágio (354-420/440 d.C.), asceta nascido na Britânia, declarado herege e atacado pelo monge inglês Agostinho. (N. T.)

alto grau duas virtudes, o valor e o amor pela liberdade, únicas que podem ser encontradas junto a povos incivilizados, que costumam negligenciar a justiça e o senso de humanidade. O governo real nunca foi universal entre os germânicos; e, mesmo quando prevaleceu, tinha autoridade bastante restrita. O soberano era escolhido entre membros da família real e pautava-se, em cada uma de suas decisões, pelo consentimento comum da nação. Na discussão de assuntos de monta, os guerreiros reuniam-se com armas em punho; os homens de maior autoridade empregavam a persuasão para obter o consentimento; o povo expressava sua aprovação batendo as armas, sua discordância com vaias; não havia necessidade de escrutínio dos votos da multidão, que usualmente se deixava levar, de um lado para o outro, como se fora num vendaval; o decreto adotado por concordância geral era executado com alacridade e perseguido com vigor. Mesmo durante a guerra, os príncipes governavam mais pelo exemplo do que pela autoridade. Em tempos de paz, a união civil era em grande medida dissolvida, e os líderes inferiores administravam a justiça de maneira independente, cada qual em seu distrito particular. Esses líderes eram eleitos pelo sufrágio do povo em grandes assembleias; e embora fossem consideradas, em sua escolha, nobreza e qualidades pessoais, era principalmente a bravura que angariava do voto dos cidadãos a honrosa, porém perigosa, distinção. Os guerreiros de cada tribo mostravam fidelidade a seus líderes com a mais devotada afeição e a mais inabalável constância. Permaneciam ao seu lado como coortes em tempos de paz, guardiães na guerra, conselheiros na administração da justiça. A constante emulação do renome militar não dissolvia a inviolável amizade que professavam por seu comandante e uns pelos outros. Morrer pela honra do grupo era sua principal ambição: sobreviver à desgraça ou à morte do líder era uma infâmia. Carregavam consigo, para o campo de batalha, mulheres e filhos, que adotavam os sentimentos marciais dos homens. Impelidos por cada motivação que anima o coração dos homens, eram invencíveis, a não ser quando enfrentavam a oposição de outros germânicos com maneiras e instituições similares, ou dos romanos, superiores em disciplina, armas e contingente.

Os líderes e suas respectivas companhias militares eram sustentados pelo trabalho de escravos, da parcela mais frágil da comunidade ou então da menos predisposta à guerra. As contribuições arrecadadas proviam o sustento básico, e nada mais. A honra da promoção militar era a única recompensa pelos perigos e fadigas da guerra. Desconheciam por completo as artes de viver mais refinadas. O próprio arado era quase inteiramente negligenciado; ao que parece, precaveram-se contra melhorias nessa arte. Os líderes, adotando a redistribuição anual de terras entre os habitantes das vilas, impediam-nos de se apegar a posses ou de realizar progressos na agricultura que desviassem sua atenção das expedições militares, principal ocupação da comunidade.

Os saxões, por muito tempo considerados uma das tribos mais belicosas de todas as que compunham esse povo feroz, eram o terror das nações vizinhas. Partindo das regiões do norte da Germânia e do Queronésio címbrio, apossaram-se do litoral norte da Europa, da foz do Reno à Jutelândia, e infestaram com pirataria a costa leste e o litoral sul da Britânia e do norte da Gália. Para opor-se a seus ataques, os romanos criaram um posto, denominado *Oficial da costa saxônica*. As artes navais, que florescem apenas junto a povos civilizados, parecem ter tido mais êxito em repelir os saxões do que outros bárbaros que afligiram os romanos. A dissolução do império convidou-os a retomar suas tentativas de invasão.

* * *

A heptarquia   Após violentas contendas que duraram quase 150 anos, estabeleceu-se na Britânia, no ano 500, a heptarquia, ou *os sete reinos saxões*; e toda a parte sul da ilha, exceto Gales e Cornuália, sofreu alteração de habitantes, língua, costumes e instituições políticas. Sob o domínio romano, os britões realizaram avanços tão consideráveis nas artes e nas maneiras civis que chegaram a edificar 28 cidades dentro de sua província, sem contar bom número de vilas e propriedades rurais. Mas os ferozes conquistadores que os subjugaram retrocederam à antiga barbárie, e os poucos nativos que não foram massacrados ou expulsos de suas habitações se viram reduzidos à escravidão mais abjeta. Nenhum outro conquistador, franco, gótico, vândalo ou burgundiano, por mais que tenha arrasado as províncias do sul do império com uma poderosa torrente, realizou tamanha devastação nos territórios conquistados ou se inflamou em tão violenta animosidade contra os antigos habitantes. Os saxões chegaram em levas, separadas por intervalos; os britões, por menos dispostos que fossem à guerra, tentaram resistir; o prolongamento das hostilidades foi destrutivo para ambos os lados, mas especialmente para os vencidos. Os primeiros invasores germânicos, em vez de recrutar outros aventureiros, com os quais teriam que dividir espólios, solicitaram esforços de seu próprio país. O total extermínio dos britões foi o único expediente que encontraram para prover assentamento e subsistência aos novos invasores. Poucas conquistas na história foram tão ruinosas como a dos saxões; poucas revoluções foram tão violentas como a realizada por eles.

* * *

A superstição dos germânicos em geral, e a dos saxões em particular, era do gênero mais grosseiro e bárbaro que existe. Por estar fundada em estórias tradicionais, herdadas de ancestrais, por não ter sido reduzida a um sistema e, contrariamente à dos druidas, não estar respaldada em instituições políticas, parece ter feito pouca impressão nos devotos, e cedeu sem resistência à nova doutrina que lhe foi promulgada. Woden, considerado o mais antigo de seus príncipes, era um deus marcial, e é natural que se tornasse a deidade suprema e o objeto principal da adoração religiosa. Acreditavam que o favor dessa deidade poderia ser comprado com mostras de valor marcial (pois não tinham em grande conta outras virtudes), e que, após a morte, seriam admitidos em seu palácio, e, reclinados sobre divãs, saciariam a sede com cerveja, servida nos crânios de inimigos vencidos no campo de batalha. Tomados pela ideia de um paraíso que gratificaria as paixões da vingança e da intemperança, inclinações predominantes entre os bárbaros, desprezavam os perigos da guerra; seus preconceitos religiosos intensificavam ainda mais sua ferocidade nativa. Pouco sabemos acerca dos preceitos teológicos dos saxões: eram politeístas, adoravam o Sol e a Lua, louvavam o deus do trovão, sob o nome de Thor, tinham imagens nos templos, realizavam sacrifícios, acreditavam piamente em feitiços e encantamentos e admitiam um sistema de doutrinas que consideravam sagradas, mas que, a exemplo das de outras superstições, tinham ares da mais selvagem extravagância para os que não estivessem acostumados com elas desde a mais tenra infância.

A hostilidade dos saxões em relação aos britões predispunha-os naturalmente a recusar a fé cristã pregada pelo inimigo inveterado; e provavelmente os britões não estavam interessados em comunicar a seus cruéis invasores a doutrina da vida e da salvação eternas. Um povo civilizado, por mais que tenha sido subjugado pelas armas, continua a manter sensível superioridade sobre nações bárbaras e ignorantes. Os demais conquistadores do império oriundos do Norte haviam sido induzidos a abraçar a fé cristã sediada em Roma. É impossível que os saxões, cientes disso, não considerassem com alguma veneração uma doutrina que adquirira ascendência sobre todos os de sua estirpe. Por mais limitadas que fossem suas visões, não poderiam deixar de perceber um grau de cultivo superior ao seu nos países do sul da Europa, e é natural que se dobrassem a esse conhecimento, bem como ao zelo pelo qual, já nessa época, distinguiam-se os habitantes dos reinos cristãos.

História da Inglaterra

* * *

Os saxões, embora estivessem assentados na Britânia há algum tempo, não pareciam, até esta data [ano 860], ter melhorado muito em relação a seus ancestrais germânicos, ao menos não no que se refere a artes, civilidade, conhecimento, senso de humanidade, justiça e obediência a leis. O cristianismo, embora tenha facilitado conexões entre eles e outros Estados mais polidos da Europa, não baniu sua ignorância nem suavizou suas maneiras bárbaras. Em razão de terem recebido essa doutrina por meio de canais romanos corrompidos, encontraram-na misturada a uma boa dose de credulidade e superstição, ambas nocivas ao entendimento e à moral. A reverência por santos e relíquias parece ter quase suplantado a veneração do ser supremo; cerimônias monásticas eram consideradas mais meritórias do que ações virtuosas; o conhecimento de causas naturais era negligenciado pela crença universal em interposições e juízos milagrosos; a fidelidade à Igreja justificava todo tipo de violência contra a sociedade; e o remorso por crueldades, crimes, traições, assassinatos e outros vícios patentes era minimizado não pela correção do modo de vida, mas com penitências, servidão aos monges e uma devoção vergonhosa e abjeta.[8] A reverência pelo

---

8 Tais abusos eram comuns em todas as igrejas da Europa, mas os padres na Itália, na Espanha e na Gália os compensavam, de alguma maneira, com vantagens compartilhadas pela sociedade. Por muito tempo, quase todos foram romanos, ou, em outras palavras, nativos do local; e preservaram a língua e as leis romanas, com alguns resquícios da antiga civilidade.

clero chegou a tal ponto que se alguém aparecesse vestido em trajes sacerdotais, não importa onde se encontrasse, todos acudiam a ele, e, com a mais profunda veneração, escutavam cada uma das palavras que pronunciava como se fosse o mais sagrado dos oráculos. Mesmo as virtudes militares, entranhadas em todas as tribos saxônicas, passaram a ser negligenciadas, e a nobreza, preferindo a segurança e o ócio do claustro aos tumultos e glórias da guerra, destacava-se principalmente por doações aos monastérios, cuja administração ela mesma assumira. Quanto aos reis, extremamente empobrecidos pelas incessantes contribuições à Igreja a que haviam se dobrado, não tinham como recompensar a bravura ou os serviços militares, e perderam influência sobre seus próprios governos.

Outro inconveniente dessa espécie corrompida de cristianismo é a supersticiosa veneração por Roma e a consequente sujeição do reino a uma jurisdição estrangeira. Os britões, que nunca haviam reconhecido qualquer subordinação ao pontífice romano, conduziam todos os assuntos eclesiásticos por meio de sínodos e conselhos autônomos. Já os saxões, que receberam sua religião dos monges romanos, ao mesmo tempo que aprenderam a ter profunda reverência por Roma, foram naturalmente levados a considerá-la como a capital de sua religião. Peregrinações eram o mais meritório ato de devoção. Não eram só os nobres e as damas de distinção que realizavam essa

---

Mas os sacerdotes da heptarquia, que vieram depois dos primeiros missionários, eram todos saxões, quase tão ignorantes e bárbaros quanto os laicos, e pouco contribuíram para o conhecimento das artes em sociedade. (N. A.)

tediosa viagem; reis, deixando para trás o próprio trono, buscavam aos pés do sumo pontífice por um passaporte seguro para os céus. Novas relíquias, incessantemente remetidas dessa inesgotável fonte de superstição, aumentadas por mentirosos milagres inventados em conventos, operavam sobre as atônitas mentes da multidão. Os monges, únicos historiadores dessa época, elogiam os príncipes não em proporção às suas virtudes civis ou militares, mas à devoção mostrada por uma ordem religiosa e ao grau de supersticiosa reverência por Roma.

Se essa abjeta superstição tivesse produzido paz e tranquilidade geral, poderia ter compensado alguns dos muitos males que a acompanham. Mas, além de fomentar a costumeira avidez dos homens por poder e riquezas, engendrou frívolas controvérsias teológicas, tão mais fatais por não admitirem, diferentemente de outras, qualquer resolução definitiva. As disputas ocorridas na Britânia eram da espécie mais ridícula, dignas de uma época ignorante e bárbara como essa. Certos ritos, observados por todas as igrejas cristãs na estipulação dos dias de jejum na Páscoa, dependiam de uma complexa consideração das fases da lua. Por acaso, os missionários que haviam convertido os escoceses e os britões adotavam calendário diferente do seguido em Roma na época em que Agostinho convertera os saxões. Da mesma maneira, os padres das igrejas cristãs tinham o costume de raspar parte da cabeça, mas a forma que se dava à tonsura não era a mesma para uns e para outros. Os escoceses e os britões alegavam a antiguidade de *seus próprios* usos: os romanos e seus discípulos, os saxões, insistiam na universalidade dos *seus*. Que o jejum durante a

Páscoa fosse uma regra necessária, determinada tanto pelo dia do ano quanto pela fase da lua, ninguém contestava; que a tonsura de um padre não pudesse ser omitida sem incorrer em impiedade, ninguém discutia. E, no entanto, os romanos e os saxões chamavam de cismáticos os seus antagonistas, por celebrarem a Páscoa no dia de lua cheia de março, se caísse num domingo, em vez de esperar o domingo seguinte, e por rasparem a testa de orelha a orelha em vez de fazerem a tonsura na forma circular de uma coroa. Para tornar odiosos seus antagonistas, afirmavam que, a cada sete anos, reuniam-se aos judeus para celebrar a Páscoa; para recomendar a própria tonsura, alegavam que ela imitava simbolicamente a coroa de espinhos de Cristo durante a Paixão, enquanto que a outra forma teria sido inventada por Simão Mago, em desrespeito a essa representação. Desde o início, essas controvérsias despertaram entre padres britões e padres romanos tanta animosidade, que em vez de conjugar seus esforços para converter os idólatras saxões, recusavam-se a praticar qualquer tipo de comunhão, pois se consideravam uns aos outros como pagãos. A querela durou mais de um século; e chegou ao fim não porque os homens se dessem conta de sua tolice – o que seria esforço demais para sua razão –, mas pelo fato de o ritual romano ter prevalecido sobre o britão.[9]

---

[9] Hume volta ao objeto das partes finais deste capítulo na resenha do livro de Robert Henry, *History of Great Britain* (1771-73), redigida em 1773 para a *Edinburgh Magazine Review*, que, no entanto, não a publicou. O terceiro parágrafo diz: "O segundo capítulo do livro contém a história da religião em cada uma das nações britânicas, do início ao fim do período,

e divide-se, em conveniência ao assunto e para benefício do leitor, em cinco seções. A primeira contém um relato curioso dos sacerdotes, das deidades imaginárias, dos sacrifícios e ritos religiosos dos saxões e dinamarqueses, na época em que eram pagãos. Na segunda, a conversão dos anglo-saxões ao cristianismo é relatada, e uma breve explicação é oferecida dos meios, da época e da maneira de estabelecimento dessa religião em cada um dos estágios da heptarquia. Nas outras três, a história eclesiástica é reconstituída até o fim do período. Na conclusão de cada seção se encontra breve delineação do estado da religião e das inovações introduzidas no período; uma boa mostra é a seguinte passagem, extraída do fim da terceira seção: *Ignorância e superstição aumentaram grandemente na Igreja da Inglaterra, assim como em outras partes do mundo cristão, ao longo do século oitavo. Peregrinações a Roma se tornaram mais frequentes e produziam efeitos mais nocivos do que outrora. A moda de retirar-se em monastérios se disseminou por membros de todas as classes, para ruína da disciplina militar e de todas as artes úteis. O clero tornou-se mais ganancioso e predatório, os laicos eram mais abjetos e estúpidos do que em qualquer outro período. Evidência suficiente disso é o comércio de relíquias, que só pode ocorrer entre larápios e tolos. O número de feriados e de cerimônias infantis e frívolas, igualmente perniciosos à honesta diligência e à religião racional, aumentou muito nessa época de trevas. Como o contato dos britões, dos escoceses e dos pictos com Roma foi mínimo, é provável que a superstição não tenha realizado entre eles progressos tão rápidos como entre os ingleses. Mas sabemos tão pouco da história eclesiástica dessas três nações nesse período que não podemos dizer nada de certo ou importante a respeito; a não ser, é claro, que se considere importante a conversão dos escoceses e dos pictos à regra romana de celebração da Páscoa*". In: Norton e Popkin (eds.), *David Hume: Philosophical Historian*. Indianápolis: Bobbs-Merrill, 1965, p.379-80. (N. T.)

2
Governo e maneiras dos anglo-saxões[1]

A forma de governo dos germânicos sempre foi extremamente livre, como a de todas as nações do Norte que se estabeleceram sobre as ruínas de Roma. Esses povos ferozes, acostumados à independência e afeitos às armas, eram guiados, na submissão aos seus príncipes, antes pela persuasão do que pela autoridade. O despotismo militar que se apoderara do Império Romano, e que antes da irrupção dos conquistadores afundara o gênio dos homens e destruíra cada um dos nobres princípios de ciência e virtude, não pôde resistir às vigorosas investidas de um povo livre. A Europa, como que inaugurando uma nova época, recobrou o antigo espírito que a animara e livrou-se da vil servidão ao poder e à vontade arbitrários, sob os quais por tanto tempo padecera. As constituições livres então estabelecidas, embora tenham sido debilitadas pelas intromissões de sucessivos príncipes, mantiveram

---

[1] "Anglo-saxon government and manners", Apêndice I, Livro I (1761). (N. T.)

os ares de independência e administração legal que distinguem as nações europeias. E se essa parte do globo preserva sentimentos de liberdade, honra, equidade e valor, mais do que outras habitadas por homens, tais vantagens devem-se principalmente às sementes plantadas pelos generosos bárbaros.

Primeiro governo dos saxões

Os saxões que subjugaram a Britânia desfrutavam de grande liberdade em seu próprio país e mantiveram com determinação, em seu novo assentamento, essa posse de valor inestimável, trazendo para a ilha os princípios de independência herdados de seus ancestrais. Os chefes (pois não se deve falar em reis ou príncipes) que comandaram essas expedições militares tinham autoridade muito limitada. Por não terem subjugado os habitantes locais, preferindo exterminá-los, os saxões transplantaram para o novo território, sem alteração, suas instituições civis e militares. Sua língua era o saxão puro; mesmo os nomes de lugares, que com frequência são mantidos quando a língua é inteiramente alterada, foram quase todos fixados pelos conquistadores. Suas maneiras e costumes eram integralmente germânicas, e o mesmo quadro de feroz e robusta liberdade pintado pelo magistral pincel de Tácito aplica-se aos fundadores do governo inglês.[2] O rei, longe de ser investido com poder arbitrário, era considerado apenas o principal cidadão. Sua autoridade dependia mais de suas qualidades pessoais do que de sua posição. A melhor

---

2 Tácito, *Germânia*; trata-se da principal fonte teórica de Hume neste capítulo. O mesmo painel é reconstituído por Gibbon, *Declínio e queda do Império Romano*, Cap. 36, incluído em Gibbon, *Ensaios sobre história*. São Paulo: Iluminuras, 2014. (N. T.)

prova de que estava no mesmo nível do povo é o fato de sua cabeça ter um preço fixo. Na eventualidade de ser morto, previa-se que o assassino pagaria uma multa; e embora esta fosse proporcional à importância do rei, sendo mais alta do que a cobrada pela vida de um súdito, é um fato que atesta indelevelmente a subordinação do monarca à comunidade.

Sucessão dos reis   É fácil imaginar que um povo independente, sem a coação do direito e pouco cultivado pelas ciências, não fosse muito vigilante na manutenção de uma sucessão regrada de príncipes. Embora tivessem grande veneração pela família real, e atribuíssem a ela superioridade inquestionável, não tinham regras, ou, se as tinham, não as observavam. Na sucessão do trono em situações de emergência, a conveniência imediata era considerada acima de princípios gerais. Mas não se deve supor que a coroa fosse eletiva e a constituição traçasse um plano regrado para o suprimento, mediante o sufrágio do povo, de cada uma das vacâncias do posto de magistrado principal. Se um rei deixasse como herdeiro um filho com idade e capacidade adequadas para governar, o jovem príncipe naturalmente assumia o trono; se fosse menor de idade, o tio ou o mais próximo na sucessão era promovido ao governo, e empunhava o cetro até que o herdeiro assumisse. Um soberano que tomasse as precauções necessárias junto aos outros homens em posição de liderança garantia assim a prerrogativa de indicar seu sucessor. Essas mudanças, como tudo o mais que dizia respeito à administração pública, requeriam a expressa concordância ou ao menos a tácita aquiescência do povo;

mas a posse do trono, uma vez obtida, era suficiente para assegurar obediência. A ideia de um direito de sucessão, quando excluída, só pode ser frágil e imperfeita. É o caso de todas as monarquias bárbaras, e verifica-se com tanta frequência na história dos anglo-saxões que é inconsistente supor que não fosse essa sua forma de governo.

A ideia de uma sucessão hereditária parece aos homens algo tão natural, e é de tal modo reforçada por regras usuais de transmissão da propriedade privada, que só pode exercer grande e duradoura influência em toda sociedade que não venha a excluí-la por ocasião dos refinamentos de uma constituição republicana. Mas há uma diferença real entre o governo e a posse privada; e como nem todos os homens estão igualmente qualificados para exercer o primeiro e desfrutar da segunda, um povo que não esteja ciente das vantagens gerais de uma regra fixa é propenso a dar saltos na sucessão da coroa, desconsiderando às vezes uma pessoa com idade adequada e as habilidades requeridas para intitulá-la ao posto de soberano. Por isso, estritamente falando, monarquias como essa não são nem eletivas nem hereditárias, e embora o destino de um príncipe possa ser resolvido com a indicação de seu sucessor, essa forma dificilmente poderia ser considerada testamentária. Há Estados que estabelecem o soberano por meio de sufrágio; mais frequente, porém, é que reconheçam a pessoa que já se encontra empossada. Uns poucos homens importantes assumem a liderança; o povo, impressionado e influenciado, reconhece o governo; e o príncipe reinante, desde que seja da família real, assume incontestavelmente a autoridade de soberano legal.

O Wittenagemot

Deve-se confessar que nosso conhecimento da história e das antiguidades anglo-saxônicas é demasiado imperfeito para nos fornecer meios que permitam determinar com certeza as prerrogativas da corte e os privilégios do povo ou delinear com exatidão as feições desse governo. É provável que a constituição fosse diferente em cada um dos reinos da heptarquia e tenha mudado consideravelmente no curso dos seis séculos que separam a primeira invasão dos saxões da conquista normanda.³ Mas a maioria dessas diferenças e alterações, com suas causas e efeitos, permanecem-nos desconhecidas. Parece apenas que, em todas as épocas e em todos os reinos, houve um conselho nacional, chamado *Wittenagemot*, ou conselho dos sábios, cujo consentimento era requerido para aplicar leis e ratificar os principais atos da administração pública. Os preâmbulos às leis de Ethelbert, Ina, Alfredo, Eduardo, o Velho, Edmundo, Edgar, Ethelred, Eduardo, o Confessor, mesmo às de Canuto, que foi um conquistador, atestam a existência de tal conselho para além de qualquer controvérsia, e oferecem provas da existência, por toda parte,

---

3 Sabemos de uma alteração considerável sofrida pela constituição saxônica. Os *Anais saxônicos*, p.49, nos informam que em tempos primitivos era prerrogativa do rei nomear duques, condes, xerifes e magistrados municipais. Asser (*The Life of King Alfred*), autor contemporâneo, informa que Alfredo demitiu os magistrados municipais ignorantes e os substituiu por homens capacitados. No entanto as leis de Eduardo, o Confessor, § 35, dizem expressamente que os *heretoghs*, ou duques, assim como os xerifes, eram escolhidos pelos proprietários de terra entre os integrantes da assembleia do povo, uma corte de camponeses que se reunia uma vez por ano e em que os proprietários de terra renovavam o voto de aliança com o rei. (N. A.)

de um governo limitado e legal. Outra questão é saber quem eram seus membros constituintes. A esse respeito, os antiquários divergem. São unânimes em concordar que abades e bispos formavam parte essencial, e é evidente, a partir do teor das leis antigas, que o *Wittenagemot* aprovava estatutos que regulavam o governo eclesiástico bem como o civil, o que mostra que os anglo-saxões ignoravam os perigosos princípios pelos quais a Igreja é totalmente apartada do Estado. Parece ainda que os magistrados ou governadores de comarcas, chamados de condes após a invasão dos dinamarqueses,[4] eram admitidos nesse conselho e davam seu consentimento a estatutos públicos.

---

4 A julgarmos pelas antigas traduções dos anais e leis saxônicas, bem como pela tradução de Beda realizada pelo rei Alfredo, ou ainda pelos historiadores da época, o latim *comes*, o saxão *alderman* e o dano-saxão *earl* são praticamente sinônimos. Há, porém, uma cláusula na lei de Athelstan (ver sir Henry Spelman, *Concilia, decreta, leges, constitutiones in re ecclesiarum orbis britannici*, 1636, p.406) que confundiu alguns antiquários e os levou a imaginar que um conde [*earl*] seria superior a um magistrado municipal [*alderman*]. O *weregild*, ou preço do sangue de um conde, é ali fixado em 15 mil *thrimsas*, igual ao de um arcebispo, enquanto o de um bispo ou de um *alderman* é fixado em apenas oito mil. Para resolver a dificuldade imposta por essa passagem, é preciso recorrer à conjectura de Selden (ver *Titles of Honour*, cap. V, p.603-4), segundo a qual o termo *earl* começara a ser utilizado na Inglaterra na época de Athelstan, e representava, na época, o *atheling*, ou príncipe consanguíneo, herdeiro da Coroa. Selden confirma isso com uma lei de Canuto, § 55, em que um *atheling* e um arcebispo são postos em pé de igualdade. Em outra lei do mesmo Athelstan, o *weregild* do príncipe, ou seu *atheling*, é dito de 15 mil *thrimsas*. Ver Wilkins, *Leges anglo-saxonicae* (1721), p.71. Ele é, portanto, o mesmo a quem se chama *earl* na lei precedente. (N. A.)

Governo e maneiras dos anglo-saxões

Além de prelados e magistrados locais, menciona-se ainda *wites*, ou sábios, como parte componente do *Wittenagemot*; mas *quem* eram eles é algo que as leis e a história do período não deixam evidente. Mesmo que fosse examinada imparcialmente, essa matéria seria difícil de ser resolvida. Como nossos partidos modernos decidiram opor-se entre si em relação a esse ponto, ela tem sido debatida com grande obstinação, com argumentos cada vez mais capciosos e equivocados de parte a parte. A facção monárquica defende que os *wites* ou *sapientes* eram juízes ou homens versados na lei; a facção popular afirma que eram representantes das comarcas, ou o que hoje chamamos de *Comuns*.

As expressões empregadas pelos historiadores antigos que mencionam o *Wittenagemot* parecem contradizer esta última suposição. Denominam seus membros *principes, satrapae, optimates, magnates, proceres*, termos que parecem supor uma aristocracia e excluir os comuns. Além disso, por causa do estado de depressão do comércio, as comarcas eram tão pequenas e pobres, e os habitantes dependiam a tal ponto dos grandes, que não parece crível que fossem admitidos nos conselhos nacionais. É sabido que não havia comuns nos governos estabelecidos pelos francos, pelos burgundianos e por outras nações do norte da Europa, e é lícito concluir que os saxões, que permaneceram bárbaros e incivilizados por mais tempo do que essas tribos, jamais pensariam em outorgar a comerciantes e artesãos um privilégio tão extraordinário. A profissão militar era a única honorável para esses conquistadores; os guerreiros subsistiam pela posse de terras; seu prestígio variava conforme sua influência junto aos vassalos, arrendatários, locatários e escravos; e seria requerida uma prova muito forte para convencer-nos de que admitiriam alguém de classe inferior, como burgueses, compartilhando assim o exercício da autoridade legislativa. Tácito afirma que entre os germânicos antigos o consentimento de todos os membros da comunidade era requerido em cada deliberação importante; mas não fala em representantes, e essa prática ancestral, mencionada pelo historiador romano, só pode ter ocorrido em tribos pequenas, em que cada cidadão poderia, sem inconvenientes, ser convocado por ocasião de emergências extraordinárias. Quando as principalidades cresceram, e a diferença de posses formou distinções mais importantes do que as de força e valor pessoal, presume-se que as assembleias nacionais tenham se tornado mais limitadas quanto ao número de representantes e passaram a ser compostas somente pelos cidadãos mais prestigiosos.

Embora devamos excluir burgueses ou comuns do *Wittenagemot* saxão, impõe-se, em alguma medida, a suposição de que essa assembleia consistia de outros que não prelados, abades, magistrados, juízes locais e membros do conselho privado do rei. Pois se esses, exceto por uma parcela dos eclesiásticos,[5] tivessem sido, desde os

---

5 Há razão para pensar que bispos tenham sido escolhidos pelo *Wittenagemot* e consagrados pelo rei. Eddius Stephanus, *Vita sancti Wilfrithi*, Capítulo 2. Os abades de monastérios reais eram nomeados pelo rei, embora Edgar tenha concedido aos monges a eleição, reservando para si mesmo a ratificação. Essa disposição foi depois muitas vezes violada, e os abades e os bispos passaram a ser nomeados pelo rei, como informa Ingulf (*Historia monasterii croylandensis*), autor contemporâneo à conquista [Na verdade, autor do século XIII ou XIV]. (N. A.)

primórdios, apontados pelo rei, não haveria outra autoridade legislativa, e o poder real teria sido, desde o início, praticamente absoluto, o que contraria o teor de todos os historiadores e a prática de todas as nações do Norte. Portanto, podemos concluir que os proprietários de terra mais importantes eram os membros constituintes da assembleia nacional, mesmo que não fossem eleitos; e há razão para pensar que a posse de quarenta *hydes*, algo entre quatro e cinco mil acres, era requerida para intitular alguém a esse nobre privilégio. Encontramos num autor antigo uma passagem que mostra que uma pessoa de família muito nobre, ligada à Coroa, não era considerada *princeps* (termo usualmente empregado pelos autores antigos quando mencionam o *Wittenagemot*) antes de ter adquirido uma fortuna equivalente a esse valor. Não é preciso imaginar que o conselho público fosse desordenado ou confuso, e admitisse uma multidão numerosa. No período saxão, a propriedade da terra provavelmente se concentrava em poucas mãos, e como os homens não tinham o desejo de comparecer a esses conselhos públicos, não havia risco de a assembleia se tornar demasiado numerosa para a resolução dos assuntos menores a respeito dos quais era consultada.

<small>aristocracia</small>   Independentemente do que se possa determinar acerca dos membros constituintes do *Wittenagemot*, no qual, juntamente com o rei, residia a legislatura, é certo que o governo anglo-saxão, no período precedente à conquista normanda, se tornara aristocrático ao extremo. A autoridade real era muito limitada, e o povo, mesmo supondo que fosse admitido nessa assembleia, tinha pouca ou

nenhuma importância. Os historiadores nos fornecem indicações do grande poder e das riquezas de indivíduos nobres, e é inevitável que após a abolição da heptarquia, quando o rei vivia longe das províncias, os grandes proprietários, que residiam em suas próprias terras, tivessem aumentado muito sua autoridade sobre vassalos e arrendatários, bem como sobre os demais habitantes das vizinhanças; haja vista o imenso poder adquirido por homens como Haroldo, Godwin, Leofric, Siward, Morcar, Edwin, Edric e Alfric, que controlaram a autoridade dos reis e se tornaram indispensáveis à condução dos assuntos do governo. Mesmo os dois últimos, detestados pelo povo por causa de sua aliança com um inimigo estrangeiro, mantiveram poder e influência, e podemos concluir que sua autoridade estava fundada não em popularidade, mas em privilégios e em posses de família. Certo Athelstan, magistrado local, é chamado de semirrei; o monarca a que ele serviu, seu homônimo, era um príncipe hábil e valente. Num período posterior, durante a dominação saxônica, e apenas enquanto ela durou, os principais cargos foram transmitidos hereditariamente, dentro de cada família, de pai para filho.[6]

---

6 Roger de Hovende (*Chronica*), ao explicar porque Guilherme, o Conquistador, deu a Cospatric o título de conde de Northumberland, diz *Nam ex materno sanguine attinebat ad eum honor illius comitatus. Erat enim ex matre Algitha, filia Uthredi comitis.* Vemos nesse exemplo a tendência a tornar hereditários os cargos; essa tendência é verificada no continente num período anterior, e produziu ali plenos efeitos. (N. A.)

Circunstâncias atinentes às invasões dinamarquesas favoreceram o aumento de poder da nobreza principal. As inesperadas incursões desses saqueadores em cada um dos reinos da heptarquia obrigaram a que estes resistissem por si mesmos, sob a conduta de sua própria nobreza e magistrados. Pela mesma razão que uma guerra generalizada, conduzida pelos esforços conjugados do Estado como um todo, geralmente contribui para aumentar o poder da Coroa, essas guerras privadas contra invasores estrangeiros resultaram vantajosas para os magistrados locais e os nobres.

Esse povo militar e turbulento, tão arredio ao comércio e às artes, pouco afeito aos negócios, administrava mal a justiça, e uma grande opressão e violência parecem ter prevalecido. Tais desordens foram ainda maiores em razão do poder exorbitante da aristocracia, e contribuíram inclusive para aumentá-lo. Homens que não ousavam se fiar pela proteção das leis viram-se obrigados a servir a um chefe cujas ordens eram obedecidas mesmo que acarretassem perturbação do governo e perjúrio de concidadãos, e que, em troca de obediência, fornecia-lhes proteção contra agressões ou abusos perpetrados por outros. Os extratos do *Domesday Book* citados pelo dr. Brady[7] mostram que quase todos os habitantes, mesmo os das cidades, eram clientes de algum nobre em particular, cujo apadrinhamento era comprado com pagamentos anuais e era considerado como o verdadeiro soberano, acima do

---

7 Brady, *Historical Treatise of Cities and Borroughs* (1722), p.3 ss. (N. A.)

rei ou da legislatura. Um cliente, embora livre, pertencia tacitamente ao seu patrono; se era morto, cabia ressarcimento por sua perda, assim como uma multa era devida ao senhor de um escravo que fosse morto. Homens com mais projeção social, mas sem poder suficiente para sustentar a própria autoridade, formavam confederações e compunham uma espécie de comunidade à parte.

Tais confederações devem ter sido, sem dúvida, uma importante fonte de lealdade e aliança, numa época em que os homens viviam sob constante ameaça de inimigos, ladrões e opressores, e dependiam, para se proteger, de sua própria bravura e do auxílio de amigos ou padrinhos. Assim como as animosidades eram mais violentas do que hoje, também as conexões eram mais íntimas, fossem voluntárias ou derivadas de sangue. O mais remoto grau de parentesco era levado em consideração; a indelével memória de benefícios era preservada; a vingança mais severa era a paga das injúrias, por questão de honra ou como melhor garantia de segurança no futuro; e como a união civil era fraca, contraíam-se muitos compromissos privados para supri-la e garantir uma segurança que as leis e a inocência dos homens não eram suficientes para resguardar.

No geral, apesar da aparente liberdade, ou antes, da licenciosidade de fato dos anglo-saxões, o corpo dos cidadãos livres desfrutava menos de verdadeira liberdade do que outras nações em que a execução das leis é mais severa e os súditos são reduzidos à estrita subordinação e dependência em relação ao magistrado civil. A razão disso deriva do excesso mesmo de liberdade. Os homens devem proteger-se, a qualquer preço, contra agressões e injúrias, e se não receberem proteção das leis e do magistrado, hão de procurá-la submetendo-se a superiores ou se agregando a uma confederação de caráter privado que atue sob a direção de um líder poderoso. Assim, a anarquia é a causa imediata da tirania, senão do Estado como um todo, ao menos de muitos dos indivíduos que o compõem.

Diferentes ordens de homens

Os germânicos saxões, a exemplo de outras nações dessa mesma origem, dividiam-se em três classes: nobres, livres e escravos. Trouxeram consigo essa distinção para a Britânia.

Os nobres chamavam-se *thanes* e eram de dois gêneros, real e inferior. Os últimos parecem ter sido dependentes dos primeiros, de quem recebiam terras, pagas com arrendamento, prestação de serviços gerais e serviço militar. Não conhecemos outra intitulação à classe de *thane* além de nascimento nobre ou posse da terra. A primeira sempre foi muito estimada pelas nações germânicas, mesmo pelas mais bárbaras. Como a nobreza saxônica tinha pouco crédito e não podia comprometer suas posses com dívidas, e os comuns não dispunham de comércio ou manufatura suficiente para acumular riquezas, essas duas classes, embora não fossem distinguidas positivamente pela lei, permaneceram separadas por muito tempo, e as famílias nobres foram as únicas a ter opulência e esplendor. Não havia ordem intermediária que aos poucos se misturasse aos superiores e conquistasse distinção e honra. Se por um acidente extraordinário uma pessoa pobre adquiria riquezas, essa circunstância singular imediatamente

39

atraía para si a atenção de todos e a tornava objeto de inveja e indignação dos nobres; tinha grandes dificuldades para proteger o que adquirira; e logo percebia que só era possível se defender contra agressões filiando-se a um chefe importante e pagando um preço alto pela própria segurança.

Encontram-se nas leis saxônicas dois estatutos, ambos de autoria de Athelstan, que parecem calculados para mesclar as diferentes classes. Um deles declara que um mercador que realize três expedições marítimas por conta própria se intitula a qualidade de *thane*; o outro estipula que um lavrador que adquira cinco *hydes* de terra e construa uma capela, uma cozinha, um salão e um sino pode ser agraciado com essa mesma distinção. Mas essas oportunidades para que um mercador ou lavrador se elevasse acima dos de sua própria classe eram tão escassas que a lei deve ter sido insuficiente para sobrepujar os preconceitos dominantes: a distinção entre sangue nobre e sangue vil não deve ter sido abalada, e os *thanes* bem-nascidos provavelmente continuaram a mostrar total desprezo pelos promovidos legalmente. Embora não sejamos informados de tais circunstâncias por nenhum dos historiadores do período, elas coadunam de tal maneira com a natureza das coisas que somos autorizados a admiti-las como consequência infalível e necessária da situação do reino nesse período.

O *Domesday Book* mostra que, na época da conquista, as cidades eram pouco maiores do que vilarejos. York, que sempre foi a segunda, ou ao menos a terceira maior cidade da Inglaterra,[8] capital de uma grande província que jamais se uniu por completo ao resto do país, abrigava somente 1.418 famílias.[9] De acordo com Malmesbury,[10] a principal diferença entre a nobreza anglo-saxônica e a francesa ou normanda é que esta última construía majestosos e imponentes castelos, enquanto a primeira consumia sua fortuna em festas e recepções, e vivia em habitações de qualidade inferior. Infere-se disso que as artes haviam avançado muito menos na Inglaterra do que na França. Um grande número de servos ociosos vivia nas cercanias da propriedade das grandes famílias; e se na França elas eram suficientemente poderosas para interferir na execução das leis, podemos julgar qual não era a autoridade da aristocracia inglesa. Quando o conde de Godwin cercou o Confessor em Londres, convocou servos de todas as partes e forçou o soberano a aceitar as condições que decidira impor a ele.

A classe inferior dos homens livres era chamada de *ceorles* pelos anglo-saxões; suas atividades comerciais restrin-

---

8 Havia em Norwich 738 residências; em Exeter, 315; em Ipswich, 538; em Northampton, 60; em Hertford, 146; em Canterbury, 262; em Bath, 64; em Southampton, 84; em Warwick, 225. Ver Brady, *Historical Treatise of Boroughs* (1722), p.3 ss. Tais são as cidades mais populosas por ele mencionadas. As informações são extraídas do *Domesday Book*. (N. A.)

9 Brady, *Historical Treatise of Boroughs* (1722), p.10. Havia seis distritos, além do palácio do arcebispo; em cinco estavam contidas as famílias aqui mencionadas, e se contarmos cinco pessoas por família teremos sete mil pessoas. O sexto distrito era abandonado. (N. A.)

10 Malmesbury, *Gesta regna anglorum*, p.41. (N. A.)

giam-se à lavoura da terra, e os termos *ceorle* e lavrador se tornaram sinônimos. Cultivavam as fazendas da nobreza, ou dos *thanes*, pelas quais pagavam um aluguel. Ao que parece, podiam ser removidos conforme a vontade dos nobres. Não há menção de concessões entre os anglo-saxões. A arrogância da nobreza e a ignorância generalizada do alfabeto necessariamente tornavam escassos os contratos, o que mantinha os lavradores em condição de dependência. Arrendamentos de terra eram pagos em espécie.

Mas a classe mais numerosa na comunidade parece ter sido a dos escravos, ou camponeses, que eram propriedade de seus senhores e não podiam, por conseguinte, se tornar eles mesmos proprietários. Dr. Brady nos informa,[11] com base num exame do *Domesday Book*, que em todos os condados da Inglaterra a maior parte da terra era ocupada por eles, e que os lavradores, especialmente os vassalos, que eram locatários e não podiam ser simplesmente expulsos, eram pouquíssimos em comparação. A nos fiarmos em Tácito, o mesmo não acontecia nas nações germânicas. As perpétuas guerras entre os membros da heptarquia e as depredações realizadas pelos dinamarqueses parecem ter sido a causa dessa grande alteração nos anglo-saxões. Prisioneiros de guerra ou cativos de invasões eram reduzidos à escravidão e, por direito, postos à mercê de seus senhores. O acúmulo de propriedade pelos nobres, especialmente por estar aliado à administração irregular de justiça, naturalmente favorecia o poder da aristocracia,

---

11 Brady, *Historical Treatise of Cities and Borroughs* (1722), prefácio geral, p.7 ss. (N. A.)

ainda mais pelo fato de a escravidão ser admitida e ter se tornado corriqueira. A nobreza possuía não apenas a influência que decorre da riqueza como também o poder que as leis dão sobre servos e camponeses. É difícil, quase impossível, que numa situação como essa um homem permaneça inteiramente livre ou independente.

Havia duas espécies de escravos entre os anglo-saxões: domésticos, à maneira dos gregos ou dos romanos, e rústicos, à maneira dos germânicos. Estes últimos lembram os servos atualmente existentes na Polônia, na Dinamarca e em partes da Alemanha. Mas o poder do senhor sobre seus escravos, entre os anglo-saxões, não era ilimitado, contrariamente àquele de seus ancestrais. Se um homem ferisse o escravo nos olhos ou na boca, este recobrava a liberdade; se o matasse, deveria pagar uma multa ao rei, desde que a morte ocorresse um ou dois dias após o ferimento; de outra maneira, não era punido. Vender-se a si mesmo ou vender os próprios filhos como escravos era uma prática das nações germânicas que os anglo-saxões mantiveram.

Grandes senhores e abades possuíam jurisdição criminal dentro de seus próprios territórios e podiam aplicar punições, sem recurso, a qualquer salteador ou ladrão que capturassem. Essa instituição deve ter produzido efeito inteiramente contrário ao intencionado, garantindo para os salteadores proteção em terras de nobres que não se empenhavam no combate ao crime e à violência.

Embora o veio geral do governo anglo-saxão tenha se tornado aristocrático, permaneceram elementos consideráveis da antiga democracia; e se estes não eram suficientes para proteger o povo de condição mais baixa sem o auxílio de um lorde importante, propiciavam segurança, e mesmo algum grau de dignidade, à nobreza pequena ou inferior. A administração da justiça, em particular, pelas cortes do Decenário, dos Cem ou do Condado era apropriada para a defesa da liberdade geral e para a restrição do poder dos nobres. Nas cortes ou tribunais de condado, todos os proprietários livres reuniam-se duas vezes por ano e examinavam apelos das cortes inferiores. Decidiam-se ali todas as causas, eclesiásticas ou civis, e o bispo presidia as sessões ao lado do magistrado local, às vezes dito conde. As questões eram determinadas de maneira sumária, por maioria simples de votos, sem muita deliberação, formalidades ou delongas, e a autoridade do bispo e do magistrado local restringia-se à manutenção da ordem entre os membros e à censura de suas opiniões. Em caso de sentença negativa por parte dos Cem, e, posteriormente, da corte do Condado, cabia recurso à corte do rei; mas não em qualquer ocasião. Os magistrados locais recebiam um terço das multas arrecadadas por essas cortes, e como a maioria das punições tinha caráter pecuniário, dependia delas uma parte considerável dos pagamentos por esse negócio. Os dois terços destinados ao rei compunham parte considerável da receita pública. Um proprietário livre que faltasse a três sessões era multado.

A extrema ignorância dos tempos fazia que escrituras e títulos fossem raros; a corte do Condado, ou dos Cem, era a instância em que se resolviam as transações civis mais importantes, preservando registros e evitando disputas futuras. Testamentos eram promulgados; escravos, alforriados; transações comerciais, lavradas. Às vezes, para maior segurança, as escrituras mais importantes eram redigidas nas páginas em branco da bíblia da paróquia, com o que se tornavam uma espécie de registro sagrado, que não poderia ser falsificado. Não raro acrescentava-se à escritura uma imprecação aos que cometessem o mesmo crime.

Para um povo como o anglo-saxão, com um modo de vida extremamente simples, o poder judiciário é sempre mais importante do que o legislativo. Havia poucos impostos a serem pagos, se é que os havia; raros eram os estatutos aplicados, e a nação era menos governada por leis do que por costumes, que admitem grande latitude de interpretação. Portanto, embora o *Wittenagemot* fosse composto inteiramente pela nobreza principal, as cortes dos condados, que regravam todas as ocorrências da vida cotidiana, e nas quais os proprietários livres eram admitidos sem exceção, formavam ampla base para o governo e impunham restrição considerável aos poderes da aristocracia. Mas havia outro poder, ainda mais importante do que o judiciário ou o legislativo, para o qual dificilmente se obtém compensação em cortes de justiça, e que consistia em prejudicar ou arruinar um indivíduo por meio do uso da força e da violência. Em governos mais intrusivos, em que a execução das leis é fraca, esse poder cai naturalmente nas mãos da grande nobreza, e o grau em que prevalece é determinado não tanto por estatutos públicos quanto por pequenos incidentes da história, por costumes peculiares e mesmo pela razão e natureza das coisas. Há algum tempo que as terras altas da Escócia se intitulam por lei aos privilégios dos súditos britânicos; apenas recentemente o povo comum veio de fato a desfrutar desses privilégios.

O poder dos membros que compunham o governo anglo-saxão tem sido objeto de controvérsia entre historiadores e antiquários. A total obscuridade do assunto engendraria naturalmente tais polêmicas mesmo que divisões de facção não estivessem em questão. A grande influência dos lordes sobre seus escravos e locatários, o clientelismo de que dependiam os burgueses, a completa ausência de um estrato intermediário, a extensão da monarquia, a frouxa execução das leis, as contínuas desordens e convulsões do Estado, todas as circunstâncias sugerem que o governo anglo-saxão acabou por se tornar extremamente aristocrático, e os eventos ocorridos no período imediatamente precedente à conquista normanda confirmam essa inferência, ou antes, conjectura.

Direito penal Tanto as punições infligidas pelas cortes anglo-saxãs de justiça quanto os métodos de prova por elas empregados parecem singulares, e muito diferentes dos que atualmente prevalecem nas nações civilizadas.

Ao que tudo indica, os antigos germânicos mal haviam deixado o estado original de natureza.[12] Sua confederação social era mais marcial do que civil, e visava principalmente combater inimigos públicos ou defender-se contra eles, não proteger cada cidadão da agressão de seus semelhantes. Suas posses eram tão exíguas, e distribuídas de maneira tão equitativa, que nenhum perigo os

---

12 Ver a nota 3 no Capítulo 1 deste volume. (N. T.)

ameaçava; a bravura natural do povo fazia que cada um confiasse a si mesmo e a seus próximos a própria defesa ou vingança. Esse defeito incidente na união política tornava ainda mais forte o laço das confederações particulares. O insulto a um membro era considerado por seus parentes e associados como uma injúria generalizada; sentiam-se obrigados, pela honra, bem como pelo senso do interesse comum, a vingar sua morte ou uma agressão a ele; retaliavam o agressor com atos similares de violência, e se este, como era usual, tivesse proteção de seu próprio clã, a querela alastrava-se e fomentava desordem pela nação inteira.

Os frísios eram uma tribo germânica que nunca superou o estado selvagem e imperfeito de sociedade e manteve, sem qualquer restrição, o direito de retaliação privada. As demais nações germânicas, já na época de Tácito, haviam dado um passo rumo ao acabamento da união política ou civil. Vingar a morte ou a agressão de um de seus membros continuava a ser uma questão de honra para os clãs, mas o magistrado adquirira o direito de interferir em querelas e resolver diferenças: obrigava a pessoa agredida ou prejudicada, ou os parentes de uma pessoa morta, a aceitar um dote do agressor e de seus parentes, a título de compensação pelo dano e como forma de cancelar projetos de retaliação. Para que a resolução de uma querela não desse ensejo a outras, esse dote era fixo, e variava dependendo da classe da pessoa morta ou prejudicada; costumava ser oferecido em gado, principal propriedade dessas nações rudes e incultas. Gratificava-se assim a sede de retaliação da família prejudicada, ao infligir-se ao agressor uma perda; satisfazia-se o seu orgulho com a submissão que expressava; abatia-se a tristeza sentida pela perda ou dano de um parente com a aquisição de propriedade; e restaurava-se, por um instante que fosse, a tranquilidade geral da sociedade.[13]

Algum tempo após terem se estabelecido nas províncias do Império Romano, as nações germânicas deram outro passo importante para uma vida mais cultivada, com o gradual aprimoramento e refinamento de seu sistema de justiça criminal. O magistrado, cujo ofício era garantir a tranquilidade pública e suprimir animosidades privadas, via a si mesmo como parte interessada em agressões a quaisquer indivíduos, e além de exigir compensação para a pessoa atingida ou para sua família, tinha o direito de aplicar uma multa, chamada *fridwit*, por violação da ordem pública, como forma de pagamento pela sua participação na resolução da querela. Uma vez sugerida, essa ideia, na verdade bastante natural, foi aceita de bom grado tanto pelo soberano quanto pelo povo. A aplicação frequente de multas contribuía para o aumento da receita do rei, e o povo via que as agressões diminuíam, em razão da pena adicional à compensação da parte prejudicada.[14]

---

13 Tácito, *Germânia*. Diz esse autor que o preço das compensações era fixo, o que deve ter ocorrido por leis e pela interposição dos magistrados. (N. A.)

14 Além de ressarcir em dinheiro os parentes do falecido e o rei, o assassino era ainda obrigado a pagar ao senhor do escravo ou vassalo uma soma, como compensação por sua perda. Essa soma se chamava *Manbote*. Ver sir Henry Spellman, *Glossarium archaiologicum* (1664), verbetes "Fredum", "Manbot". (N. A.)

Esse breve resumo condensa muitos séculos de história da jurisprudência criminal dos países do Norte. A situação da Inglaterra quanto a esse particular no período anglo-saxão pode ser julgada pelo catálogo de leis antigas publicado por Wilkins.[15] O propósito principal dessas leis não é prevenir ou suprimir querelas privadas – algo que o legislador sabia ser impossível –, mas apenas regrá-las e moderá-las. As leis de Alfredo determinam que alguém que tenha sido agredido ou atacado e constate que o agressor bateu em retirada, retornando às suas posses, só poderá revidar o ataque caso não obtenha do agressor uma compensação pelo dolo; que, caso tenha forças suficientes para cercá-lo em suas terras, poderá fazê-lo por até sete dias, desde que não o ataque; que caso o agressor se disponha, nesse ínterim, a render-se e a entregar suas armas, o agredido poderá detê-lo por trinta dias, desde que depois o liberte e o restitua, em boas condições, a seus parentes, dando-se por satisfeito com a compensação recebida; que caso o criminoso se refugie num templo, o santuário não poderá ser violado; que caso o agredido não tenha força suficiente para cercar o criminoso em sua propriedade, deverá solicitar o auxílio do magistrado municipal; que caso este se recuse a prestar-lhe socorro, deverá recorrer ao rei; que só poderá atacar a propriedade do agressor caso o magistrado supremo se recuse a auxiliá-lo; que alguém que encontre seu agressor e ignore a decisão deste de permanecer em

---

15 *Leges anglo-saxonicae* (1721). (N. A.)

suas terras deve, antes de atacá-lo, exigir que se renda como prisioneiro e entregue suas armas, detendo-o por trinta dias; que caso este se recuse a entregar suas armas, torna-se legal combatê-lo. Estipulam ainda que um escravo poderá lutar ao lado de seu senhor na querela, e que um pai pode lutar ao lado de seu filho contra qualquer um, exceto o seu senhor.

O rei Iná ordenou que um homem só poderia se vingar de um dolo após ter solicitado uma compensação e ver o seu pedido recusado.

No preâmbulo de suas leis, o rei Edmundo menciona a desgraça geral ocasionada pela multiplicação de disputas e batalhas de caráter privado, e estabelece diversos expedientes para remediar esses agravos. Determina que quem cometer assassinato poderá pagar, com o auxílio de seus parentes, num prazo de doze meses, uma multa por seu crime; que se estes não puderem ou não quiserem auxiliá-lo, deverá assumir o ressarcimento dos parentes da pessoa assassinada na mortífera querela; que seus parentes poderão se imiscuir da disputa, desde que rompam contato com o criminoso e não lhe forneçam víveres e outros suprimentos; que se qualquer um deles, após tê-lo deserdado, recebê-lo em suas propriedades ou lhe prestar auxílio, expor-se-á a pagar uma multa ao rei e a ser considerado como parte em disputa; que se um dos parentes do morto se vingar de outra pessoa que não o próprio criminoso, deverá ser deserdado por seus familiares e terá cercada sua propriedade, sendo declarado inimigo do rei e de todos os seus próximos. Estipulam ainda que a multa por assassinato não poderá ser perdoada pelo rei, e nenhum criminoso que busque abrigo junto à Igreja ou a alguma das cidades do rei poderá ser morto. O próprio rei declara que sua propriedade só oferecerá abrigo a assassinos no caso de terem prestado penitência à Igreja e aos parentes do falecido, compensando-os pelo crime. O método de aplicação dessa disposição é previsto no édito dessa lei.

O empenho de Edmundo para diminuir o número de disputas contraria o antigo espírito dos bárbaros do Norte e é um passo importante rumo a uma administração mais regrada da justiça. Pela lei sálica, qualquer um poderia, mediante uma declaração, eximir-se de querelas familiares; mas então deixava de ser considerado, perante a lei, como membro da família, e era privado do direito de herança, como punição por sua covardia.

O preço da cabeça do rei, ou seu *weregild*, era de 30 mil *thrimsas*, ou cerca de 1.300 libras em moeda atual; o da cabeça do príncipe era de 15 mil *thrimsas*. A cabeça de um bispo ou magistrado municipal custava 8 mil *thrimsas*; a de um xerife, 4 mil; a de um clérigo, 2 mil; a de um *ceorle*, 266. Eram preços fixados pelas leis dos anglos. A lei mércia estipulava o preço da cabeça de um *ceorle* em 200 xelins, a de um clérigo era seis vezes mais cara, a do rei era seis vezes mais cara que a de um clérigo. Pelas leis de Kent, a cabeça de um bispo valia mais que a cabeça do rei, tamanho era o respeito pelos eclesiásticos. Subentendia-se que uma pessoa que não pudesse ou não quisesse pagar a multa perdia a proteção da lei, e os parentes do falecido poderiam puni-lo da maneira que julgassem mais adequada.

Na opinião de alguns antiquários, essas compensações só se aplicariam aos homicídios dolosos e não aos culposos. Mas essa distinção não aparece nas leis, e é desmentida pela prática de todas as outras nações bárbaras, pela dos germânicos antigos e pelo curioso documento saxão acima mencionado, preservado por Hickes. É verdade que uma lei de Alfred prevê pena capital para homicídio doloso, mas parece ter sido uma tentativa desse grande legislador para estabelecer um policiamento mais adequado no reino, e provavelmente não entrou em vigor. Pelas leis do mesmo príncipe, uma conspiração contra a vida do rei poderia ser redimida pelo pagamento de uma multa.

As leis saxãs também fixavam o preço de ferimentos de toda espécie. Um ferimento de uma polegada no escalpo era pago com 1 xelim; na face, com 2; 30 xelins pela perda de uma orelha, e assim por diante. Ao que parece, o preço não variava de acordo com a dignidade da pessoa. Pelas leis de Ethelbert, quem cometesse adultério com a esposa de seu vizinho era obrigado, além de pagar uma multa, a comprar outra esposa para a parte prejudicada.

Essas instituições não eram exclusivas dos antigos germânicos. Tudo indica que elas são um resultado necessário do progresso da jurisprudência criminal entre povos livres, que não concedem obediência tácita a um soberano. Encontramo-las entre os gregos antigos, na época da guerra de Troia; compensações por assassinato são mencionadas no discurso de Nestor a Aquiles no livro IX da *Ilíada*, e são chamadas de αποιναι. Os irlandeses, que nunca tiveram conexão alguma com as nações germânicas, adotaram por muito tempo a mesma prática. O preço da cabeça de um homem era dito *eric*, ensina sir John Davis.[16] O mesmo costume parece ter prevalecido entre os judeus.

O roubo era comum entre os anglo-saxões. Para restringir esses crimes, ordenou-se que nenhum homem poderia comprar ou vender o que fosse por mais de 20 pence, exceto em mercado aberto; toda compra e venda deveria ser executada à vista de testemunhas. Gangues de ladrões perturbavam a paz; a lei determinou que uma tribo de *banditti*, entre sete e 35 homens, fosse denominada *turma*, ou tropa: qualquer bando maior era chamado de exército. As punições para esse crime variavam, mas não chegavam à pena capital. Se um homem identificasse no pasto de outro seu gado roubado, este era obrigado a lhe pagar o valor correspondente.

Rebeliões, por mais que chegassem a excessos, não constituíam crime capital, e eram redimíveis por somas em dinheiro. Os legisladores, cientes de que seria impossível prevenir todas as desordens, restringiam-se a impor uma multa mais alta para violações cometidas na corte do rei ou diante de um magistrado local ou de um bispo. As cervejarias eram especialmente visadas, e as querelas ali surgidas eram punidas com mais severidade.

---

16 *Discovery of the True Causes Why Ireland Was Never Entirely Subdued until the Beginning of his Majesty's Happy Reign* (1612). (N. A.)

Regras de prova   Se a maneira dos anglo-saxões para punir crimes parece singular, a de obter provas não o é menos, e também resulta naturalmente da condição desse povo. O que quer que se possa dizer em prol da sinceridade e da honestidade de homens que vivem em estado rude e bárbaro, a falsidade e o perjúrio são mais usuais entre eles do que em nações civilizadas. A virtude, que é uma razão cultivada e alargada, só floresce em algum grau se estiver enraizada em princípios constantes de honra, onde a boa educação é generalizada e os homens foram ensinados a reconhecer as consequências do vício, da traição e da imoralidade. E a superstição, que é mais predominante em nações ignorantes, é um sucedâneo pífio para uma instrução e uma educação defectivas. Nossos ancestrais europeus, que recorriam a expedientes como jurar sobre cruzes e relíquias, honravam menos seus compromissos do que os que vieram depois deles, e que, baseados na experiência, suprimiram essas precauções ineficazes. A propensão generalizada ao perjúrio era fomentada pela contumaz falta de discernimento dos juízes, que, por serem incapazes de discutir evidências intricadas, se viam obrigados a numerar os testemunhos dos depoentes, quando deveriam pesá-los.[17] Daí a ridícula prática dos compurgadores, que, mesmo reconhecendo nada saberem sobre os fatos, expressavam sob juramento que

---

17 As leis por vezes fixavam regras gerais simples para pesar a credibilidade da testemunha. Um homem cuja vida fosse estipulada em 120 xelins valia por seis homens de 20, e seu juramento era considerado equivalente ao deles reunido. Ver Wilkins, *Leges anglo-saxonicae* (1721), p.72. (N. A.)

acreditavam na palavra dos depoentes. Seu uso era tão abundante que houve casos em que chegaram a trezentos. A prática do duelo era empregada pela maioria das nações do continente como remédio contra o falso testemunho. Embora muitas vezes tenha sido proibida, em razão da oposição do clero, logo ressurgia, dada a frequência dos depoimentos falsos. Tornou-se por fim uma espécie de jurisprudência: os casos eram determinados por lei, e a parte interessada poderia desafiar seu agressor, a testemunha ou mesmo o próprio juiz. Esses costumes, por absurdos que fossem, não deixavam de ser um avanço em relação aos antigos métodos de julgamento praticados em nações bárbaras, ainda vigentes entre os anglo-saxões.

Se uma controvérsia de fato era demasiadamente intricada para ser decidida por esses juízes ignorantes, eles recorriam ao que chamavam de julgamento de Deus, quer dizer, à fortuna. Seus métodos de consulta a esse oráculo eram variados; um deles era a cruz. Era praticado da seguinte maneira: a pessoa acusada de um crime prestava um juramento de inocência, a ser confirmado por onze compurgadores. Em seguida, empunhava duas tabuletas de madeira, uma delas gravada com uma cruz, e, cobrindo ambas com lanugem, depositava-as no altar ou sobre uma relíquia previamente benzida. Após solenes orações rogando pelo êxito do procedimento, um padre, ou, em seu lugar, um coroinha, recolhia uma das tabuletas de madeira; caso fosse a gravada com a cruz, a pessoa era pronunciada inocente, do contrário era declarada culpada. Os franceses aboliram essa prática supersticiosa. O imperador Luís Debonnaire proibiu esse método de julgamento; mas não porque fosse incerto, apenas para que a sagrada figura da cruz, como ele dizia, não fosse profanada em disputas e controvérsias profanas.

Outro método de julgamento utilizado pelos anglo-saxões era o ordálio. Era praticado com água fria ou com ferro em brasa. A primeira era usada com o povo comum, o segundo com a nobreza. A água e o ferro eram previamente benzidos com muitas preces, missas, jejuns e exorcismos. No caso do ferro em brasa, o acusado era amarrado a uma pedra mergulhada em água e tinha a pele marcada; a região ferida era coberta por três dias, e após esse período, se não houvesse marcas do ferimento, era inocente, do contrário era culpado. Já no julgamento com água fria, o causado era posto em água previamente benzida; se boiasse era culpado, se afundasse era inocente. É difícil conceber como uma pessoa inocente poderia não ser condenada pelo primeiro método ou como um criminoso poderia ser condenado pelo segundo. Havia ainda um método admiravelmente calculado para permitir que qualquer criminoso passasse por inocente. Um bolo previamente benzido era oferecido à pessoa; se conseguisse engoli-lo e digeri-lo, era declarada inocente.

Força militar   O direito feudal, se é que um dia foi posto em prática pelos anglo-saxões, o que é duvidoso, não se estendia, isso é certo, à propriedade da terra como um todo, e não implicava consequências como títulos, distinções, tutelas, casamentos e outros encargos dele inseparáveis em reinos do continente. Por terem quase completamente expulsado ou aniquilado os antigos britões, os saxões instalaram-se nesta ilha em condições muito similares às de seus ancestrais na Germânia; mas não viram justificativa para manter instituições feudais calculadas para a manutenção de uma espécie de exército permanente, preparado para suprimir eventuais insurreições do povo conquistado. Os dispêndios e gastos de defesa do Estado recaíam indistintamente sobre todos os proprietários de terras, e o custo era de cinco *hides* por cada homem em serviço. O *trinoda necessitas*, como era chamado o encargo de expedições militares, de reparo de estradas e de construção de pontes, era indissociável da posse da terra, exceto em casos de isenção expressa, mesmo para igrejas e monastérios. Os lavradores recebiam armas e eram obrigados a revezar-se no serviço militar. O rei e a nobreza tinham à sua disposição locatários militares, chamados de *Sithcunmen*. Terras provavelmente não muito extensas, anexadas ao cargo de magistrado local e a outros, eram utilizadas para lazer, a exemplo do que acontecia no continente, nos primórdios da lei feudal.

Receita pública   A receita destinada à Coroa parece ter vindo principalmente de seus extensos domínios e de encargos e impostos, provavelmente arrecadados de forma discricionária nos burgos e portos navais que se encontravam no âmbito desses mesmos domínios. A Coroa não podia alienar suas próprias terras, nem mesmo para fins religiosos, sem o consentimento dos estados-gerais.

Valor da moeda   A libra saxônica, a exemplo da libra cunhada nos séculos anteriores à conquista, era quase três vezes mais pesada do que a nossa moeda. Havia 48 xelins na libra e 5 pence em 1 xelim. Um xelim saxônico era assim quase um quinto mais pesado que o nosso, e 1 pêni saxônico era quase três vezes mais pesado que o nosso. Quanto ao valor da moeda nesses tempos, em proporção às mercadorias, há alguns meios para calculá-lo, embora sejam bastante imprecisos. Pelas leis de Althestan, uma ovelha era avaliada em 1 xelim, ou seja, 15 pence em moeda atual. O tosão custava dois quintos da ovelha inteira, muito mais do que hoje. Isso provavelmente se explica pelo fato de os saxões, como os antigos, mal conhecerem vestimentas que não fossem de lã: seda e algodão eram ignorados; o linho não era muito usado. Um boi valia seis vezes uma ovelha; uma vaca, quatro. Se supormos que o gado da época não tinha o mesmo porte que o de hoje, em razão da agropecuária deficiente, chegaremos à conclusão de que a moeda era quase dez vezes mais cara. Um cavalo valia cerca de 36 xelins em moeda atual, ou 30 xelins saxônicos; uma égua valia um terço menos. Um homem custava três libras. Guilherme de Malmesbury considera um preço extremamente alto os 15 marcos pagos por Guilherme Rufo por um cavalo, cerca de 30 libras em moeda atual. Entre os anos 900 e 1000, Ednoth comprou um *hyde* de terra por cerca de 118 xelins em moeda atual, pouco mais de 1 xelim por acre, preço médio, a nos fiarmos por outras fontes. Um cavalo palafrém foi vendido por 12 xelins em 966. No tempo de Ethelred, um boi valia cerca de 7 ou 8 xelins; uma vaca, 6. Gervásio de Tilbury diz que no tempo de Henrique I uma quantidade de pão suficiente para alimentar cem homens por dia custava 3 xelins, ou 1 xelim em moeda da época. Após a conquista, a libra esterlina foi dividida em 12 xelins. Uma ovelha valia 1 xelim e assim proporcionalmente para os outros animais domésticos. No tempo de Athelstan, um carneiro custava 1 xelim, ou 4 pence saxônicos. Os arrendatários de Shrieburn podiam pagar o senhor com 6 pence ou quatro galinhas. Por volta de 1232, o abade de St. Albans alugou para viajar sete formosos alazões, e concordou que, se qualquer um deles morresse na estrada, o proprietário receberia 30 xelins por cabeça, em moeda atual. Deve-se observar que em tempos antigos, não importa onde, o cereal, e o trigo em especial, por ser uma espécie de manufatura, era uma mercadoria mais cara em relação ao gado do que é hoje. A *Saxon Chronicle* relata que no reinado de Eduardo, o Confessor, ocorreu um surto de fome que parece ter sido o mais terrível de que se tem notícia. O preço da quarta parte de trigo chegou a 6 pence, ou 15 xelins em moeda atual, tão caro como se hoje 7 libras de trigo custassem 10 xelins. Esse preço é muito mais alto que o registrado no surto de fome ocorrido nos últimos anos de Elisabete, quando a quarta parte de trigo foi vendida por 4 libras. Nesse período, a moeda tinha quase o mesmo valor que hoje. Esses severos surtos de fome são prova certa de uma agropecuária deficiente.

No geral, três fatores devem ser considerados quando uma soma em dinheiro é mencionada em tempos antigos. Em *primeiro* lugar, a mudança de denominação que reduziu a libra à terça parte de seu antigo peso em prata. Em *segundo* lugar, a mudança de valor acarretada pela maior abundância de moeda, o que explica a redução à décima parte do valor do mesmo peso de prata em comparação às mercadorias, e, por conseguinte, de uma libra esterlina à trigésima parte de seu antigo valor. Em *terceiro* lugar, o número menor de pessoas e a quantidade menor de atividades comerciais existentes em todos os reinos da Europa. Essa circunstância fazia que mesmo uma trigésima parte da soma fosse mais difícil de arrecadar do que hoje, e foi a causa de as somas terem trinta vezes mais peso e influência, no exterior e em casa, do que têm hoje, assim como uma soma de 100 mil libras é hoje mais difícil de ser arrecadada num estado pequeno como a Baviera, por exemplo, e tem ali efeitos maiores do que teria numa comunidade maior como a Inglaterra. Não é fácil calcular esta última diferença. Supondo-se, no entanto, que a Inglaterra tenha hoje seis vezes mais atividades comerciais e três vezes mais pessoas do que tinha na época da conquista e de alguns reinos depois, deve-se conceber, com base nessa suposição, e tomando-se todas as circunstâncias em conjunto, que cada soma de dinheiro mencionada pelos historiadores é cem vezes maior do que a soma que recebe hoje a mesma denominação.

Em tempos saxônicos, de acordo com a tradição de Gavelkind, a terra era dividida, após a morte do proprietário, de maneira equânime entre os herdeiros de sexo masculino. Há registro da prática do morgadio. A terra era principalmente de duas espécies, *bookland*, ou terra concedida por registro ou carta, considerada como propriedade plena e garantida dos herdeiros do proprietário, e *folkland*, terra mantida por *ceorles* e pessoas ordinárias, que podia ser confiscada a bel-prazer e cujo arrendamento só dependia da vontade do senhor.

A primeira tentativa que encontramos na Inglaterra de separar jurisdição eclesiástica de jurisdição civil é a lei de Edgar, pela qual todas as disputas envolvendo o clero eram obrigatoriamente remetidas a um bispo. As penas eram severas; mas como os homens podiam pagá-las em dinheiro ou designar substitutos para cumpri-las, não afetavam os ricos.

Maneiras Quanto às maneiras dos anglo-saxões, há pouco ou nada a dizer. No geral, eram um povo rude, inculto, que ignorava as letras, inábil nas artes mecânicas, arredio a leis e governo, afeito ao destempero, ao tumulto e à desordem. Sua maior qualidade era o valor militar; mas não tinham disciplina ou conduta. A deslealdade em relação ao príncipe ou a qualquer um que lhes fizesse confiança é um traço que se realça fortemente no último período de sua história; sua falta de humanidade destaca-se em todos. Os historiadores normandos, apesar da depressão das artes em seu próprio país, referem-se aos anglo-saxões como bárbaros, quando os mencionam na invasão conduzida pelo duque da Normandia. Tal conquista permitiu que esse povo recebesse lentamente, do exterior, rudimentos de ciência e de cultivo, e ofereceu a oportunidade para que corrigisse suas maneiras licenciosas e ásperas.

3
Guilherme, o Conquistador[1]

1066.
Consequências da batalha de Hastings

Nada poderia exceder a consternação que se apoderou dos ingleses quando receberam notícias do desfecho da infortunada batalha de Hastings, da morte de seu rei, do massacre de seus principais nobres e de seus mais bravos guerreiros, da dispersão dos sobreviventes. Embora as perdas sofridas nessa ocasião fatal tenham sido consideráveis, poderiam ter sido superadas por uma grande nação, em que o povo em geral dispusesse de armamentos e na qual residissem nobres poderosos em cada província, capazes de reunir seus vassalos e obrigar o duque da Normandia a dividir seu exército e provavelmente exauri-lo ao ter que empregá-lo numa variedade de ações e batalhas. Desse modo resistira o reino em outras ocasiões, por muitos anos, a outros invasores, sendo subjugado apenas por investidas reiteradas – dos romanos, dos saxões e dos dinamarqueses; e Guilherme certamente antecipou essa mesma dificuldade, quando de sua ousada e arriscada

---

[1] Capítulo 4, Livro I (1761), extratos. (N. T.)

investida inicial. Mas a constituição anglo-saxônica possuía diversos vícios que tornavam difícil para os ingleses defender suas liberdades numa emergência tão crítica. O povo perdera, em grande medida, todo orgulho e espírito nacional, durante a longa dominação dos dinamarqueses; e como, no curso de sua administração, Canuto diminuíra muito os rigores da época da conquista, e governara-os de maneira equânime, respeitando as suas próprias leis, a perspectiva do jugo de um invasor parecia-lhes menos aterrorizante, e consideravam menos formidáveis os inconvenientes da submissão que os do derramamento de sangue, da guerra e da resistência. Por outro lado, seu apego à antiga família real fora bastante enfraquecido, com a submissão aos príncipes dinamarqueses e a eleição de Haroldo, ou melhor, a aquiescência à usurpação do trono por este. De resto, como estavam acostumados à ideia de que Edgar Atheling, único herdeiro da linhagem saxônica, era inapto para governá-los em tempos de ordem e tranquilidade, não tinham nenhuma esperança de que ele fosse capaz de reparar perdas tão grandes como as que haviam sofrido ou de deter os exércitos vitoriosos do duque da Normandia.

* * *

1067. Estabelecimento do governo

Uma vez de posse do trono mediante pretensa nomeação de Eduardo e uma eleição irregular do povo, mas principalmente graças à força das armas, Guilherme trocou Londres por Barking, em Essex, e ali recebeu a submissão de todos os nobres que não haviam comparecido ao seu coroamento. Juraram lealdade a ele, Edric, de sobrenome Forester, sobrinho-neto daquele Edric tão notado por seus repetidos atos de perfídia durante os reinados de Ethelred e Edmundo, o conde Coxon, homem famoso por sua bravura, e mesmo Edwin e Morcar, condes da Mércia e da Nortumberlânida, além de outros grandes nobres da Inglaterra; receberam o seu favor e tiveram confirmada a posse de suas propriedades e a dignidade de seus títulos. Tudo tinha ares de paz e tranquilidade; e Guilherme não se ocupava de outra coisa além de dar satisfação aos estrangeiros que o haviam auxiliado a aceder ao trono e aos seus novos súditos, que tão prontamente se submeteram a ele.

Apoderara-se do tesouro de Haroldo, que era considerável; e, tendo recebido ricas oferendas de homens de todas as partes da Inglaterra, solícitos em obter o favor de seu novo soberano, distribuiu grandes somas para suas tropas, dando-lhes assim, com essa liberdade, a esperança de que pudessem obter integralmente as terras que esperavam adquirir como resultado da invasão. Os eclesiásticos, em casa como no estrangeiro, haviam contribuído para seu êxito, e ele não deixou, em retorno, de expressar a eles sua gratidão e devoção da maneira mais conveniente. Enviou ao papa o estandarte de Haroldo, acompanhado de muitas oferendas valiosas; todos os monastérios e igrejas importantes na França que haviam rezado por ele provavam agora o sabor de sua generosidade; os monges ingleses viram que ele era simpático à sua ordem; e ergueu um novo convento nas proximidades de Hastings, ao qual deu o nome de Battle Abbey, que, sob o pretexto de sustentar monges para que rezassem por sua alma e pela memória de Haroldo, serviu como duradouro memorial de sua vitória.

Introduziu na Inglaterra a execução estrita da justiça pela qual sua administração na Normandia tornara-se célebre, e mesmo durante essa violenta revolução, toda desordem e opressão foram punidas com rigor. Seu exército em particular era conduzido com disciplina severa, e apesar da insolência do vitorioso, cuidou-se para que o ciúme do vencido fosse atiçado o mínimo possível. O rei mostrou-se solícito em unir de maneira amigável os normandos e os ingleses, por meio de casamentos e alianças, e todo súdito que se dirigisse à sua pessoa era recebido com afabilidade e respeito. Não surgiram sinais de suspeita, nem mesmo em relação a Edgar Atheling, herdeiro da antiga família real, cujo título de conde de Oxford, que lhe fora dado por Haroldo, foi confirmado por Guilherme, que fingia tratá-lo com gentileza, por ser sobrinho do Confessor, seu grande amigo e benfeitor. Embora tenha confiscado as posses de Haroldo e daqueles que haviam lutado ao seu lado na batalha de Hastings, e o representasse como um usurpador, parecia pronto a aceitar qualquer desculpa que se desse por oposição feita a ele no passado, e concedeu seu favor a muitos que haviam empunhado armas contra ele. Confirmou as liberdades e imunidades de Londres e de outras cidades da Inglaterra, e parecia desejoso de voltar tudo aos termos em que se encontrava antes da conquista. Em sua administração como um todo, manteve o semblante de um príncipe legal, não de um conquistador, e os ingleses começaram a congratular-se de que mudara não a forma do seu governo, mas apenas a sucessão de seus soberanos, o que no fundo pouco lhes importava. Para que seus novos súditos se acomodassem melhor à sua autoridade, Guilherme realizou uma peregrinação por partes da Inglaterra, e além da esplêndida corte e da majestosa presença, que impressionavam o povo, já admirado de sua fama militar, sua aparente clemência e justiça ganharam a admiração dos sábios, atentos aos primeiros passos do novo soberano.

Mas, em meio a toda a confiança e amizade que Guilherme expressava pelos ingleses, o rei teve o cuidado de colocar o poder de fato nas mãos dos normandos e manter para si a posse da espada, à qual, como sabia muito bem, ele devia sua promoção à autoridade soberana. Desarmou a cidade de Londres e outras localidades que lhe pareceram guerreiras e populosas, e, erguendo cidadelas na capital, em Winchester, Hereford e outras cidades bem localizadas para comandar o reino, aquartelou nelas soldados normandos, sem deixar em nenhuma parte um poder capaz de resistir ou se opor a ele. Concedeu as propriedades mais desejadas a seus capitães mais eminentes e estabeleceu fundos de pagamento para os soldados. E assim, enquanto sua administração trazia a marca de um magistrado legal, suas instituições militares eram as de um senhor e de um tirano, ou ao menos de alguém que reservara para si mesmo, para quando quer que quisesse, o direito de adotar um caráter como esse.

* * *

Medidas rigorosas do governo normando Os ingleses estavam agora cientes de que a intenção de Guilherme era destruí-los, e que haviam docilmente se entregado, sem resistência, a um tirano e invasor em vez do soberano que esperavam ter com sua submissão. Embora o confisco dos aliados de Haroldo pudesse parecer iníquo, por ser infligido a homens que nunca haviam jurado lealdade ao duque da Normandia, que ignoravam suas pretensões e apenas haviam lutado em defesa de um governo que fora estabelecido por eles mesmos em seu próprio país, essa medida rigorosa, por mais contrária que fosse às leis saxônicas, foi aceita, por causa da necessidade que urgia o príncipe; e os que não haviam sido arruinados por ela esperavam, dali por diante, poder gozar de suas posses e de seus títulos sem ser molestados. Mas a sucessiva destruição de tantas famílias terminou por convencê-los de que a intenção do rei era contar exclusivamente com o apoio e a afeição de estrangeiros, e como resultado necessário desse destrutivo plano de administração previam novas restrições, confiscos e atos de violência. Observaram que nenhum inglês contava com sua confiança ou ocupava posto de comando ou de autoridade, e que estrangeiros que, apesar de toda a disciplina, mal poderiam ser contidos, eram encorajados a portar-se de maneira tirânica e insolente em relação a eles. A tranquila submissão do reino quando da primeira invasão expusera os nativos ao desprezo; as subsequentes mostras de animosidade e ressentimento tornara-os objeto de ódio; e estavam agora privados de todo expediente pelo qual pudessem ser ou respeitados ou amados por seu soberano. Impressionados com a percepção de uma situação desoladora como essa, muitos ingleses migraram para países estrangeiros com a intenção de ter uma vida livre de opressão e retornar numa oportunidade favorável para ajudar seus amigos a recuperar suas liberdades nativas. O próprio Edgar Atheling, suspeitando dos insidiosos afagos de Guilherme, foi persuadido por Cospatric, um poderoso nobre da Nortumberlândia, a fugir com ele para a Escócia, para onde levou suas duas irmãs, Margarete e Cristina. Foram recebidos por Malcolm, que logo depois se casou com Margarete, a irmã mais velha; e, em parte com vistas a fortalecer o seu reino com a acessão de tantos estrangeiros, em parte com a esperança de empregá-los contra os crescentes poderes de Guilherme, deu grande atenção a todos os exilados ingleses. Muitos deles estabeleceram-se ali e fixaram as fundações de famílias que posteriormente se destacariam naquele país.

Os ingleses padeciam sob a opressão, mas mesmo os estrangeiros sentiam-se pouco à vontade. Vendo-se cercados, por todos os lados, por seus furiosos inimigos, que se voltavam contra eles sempre que podiam e os ameaçavam com efeitos ainda mais sangrentos do ressentimento público, começaram a ansiar pela tranquilidade e segurança de seu país nativo. Hugh de Grentmesnil e Humphrey de Teliol, embora detentores de postos importantes, renunciaram a eles, e outros seguiram seu exemplo; deserção que provocou no rei um profundo ressentimento e que foi punida com o confisco de todas as suas posses na Inglaterra. Mas a generosidade de Guilherme para com seus seguidores não poderia deixar de atrair outros para o seu serviço, e a raiva dos ingleses vencidos serviu apenas para aumentar a vigilância do rei e de seus chefes marciais, prontificando-os a suprimir quaisquer inícios de rebelião doméstica ou de invasão estrangeira.

* * *

1070.
Novas medidas rigorosas

A aparente clemência de Guilherme para com os líderes ingleses era porém um mero ardil, ou derivava de sua consideração por este ou aquele indivíduo. Não havia em seu coração nenhuma compaixão pelo povo, e ele não poupou nenhuma medida, por mais violenta ou severa que fosse, que parecesse necessária para sustentar seu plano de administração tirânica. Ciente da disposição inquieta dos nobres da Nortumberlândia, decidiu torná-los incapazes de perturbá-lo, e emitiu ordens para que esse país tão fértil fosse devastado. As casas foram reduzidas a cinzas pelos impiedosos normandos, o gado foi sequestrado, as ferramentas de agricultura e pecuária foram destruídas, e os habitantes foram compelidos a buscar por subsistência no sul da Escócia; os que permaneceram na Inglaterra, por relutância em abandonar suas antigas habitações, pereceram miseravelmente nas florestas, com frio e fome. Estima-se que as vidas de 100 mil pessoas tenham sido sacrificadas nesse bárbaro golpe de política, que, ao buscar remédio para um mal temporário, infligiu uma ferida permanente no poderio e no número de habitantes da nação.

Ao ver-se senhor absoluto de um povo que lhe dera provas tão sensíveis de sua impotente raiva e animosidade, Guilherme decidiu proceder a extremos contra todos os nativos da Inglaterra e reduzi-los a uma condição em que não representassem mais ameaça ao seu governo. As insurreições e conspirações em tantas partes do reino haviam envolvido o grosso dos proprietários de terra, em maior ou menor medida, no crime de traição, e o rei aproveitou para aplicar contra eles com máximo rigor as leis de proscrição e confisco. Via de regra, suas vidas foram poupadas, mas suas posses foram confiscadas e anexadas às dependências da Coroa ou doadas com generosidade ímpar aos normandos e a outros estrangeiros. Dado que a intenção declarada do rei era diminuir ou mesmo extirpar inteiramente a pequena nobreza inglesa, é lícito supor que sequer as formalidades judiciais tenham sido respeitadas nesses procedimentos violentos, e qualquer suspeita servia como prova mais indubitável contra um povo assim destinado à destruição. Era crime suficiente para um inglês ser opulento, nobre ou poderoso, e a política do rei, aliada à rapacidade de aventureiros estrangeiros, produziu uma revolução quase que total da propriedade da terra no reino. Famílias antigas e honoráveis foram reduzidas à mendicância; os próprios nobres eram tratados em toda parte de modo aviltante e com desprezo; tiveram a mortificação de ver seus castelos e herdades ocupadas por normandas da mais baixa estirpe e da condição mais vil; e viram-se cuidadosamente excluídos de toda rota que levasse a riquezas ou privilégios.

Introdução da lei feudal

Como o poder segue naturalmente a propriedade, essa revolução deu por si mesma grande segurança aos estrangeiros; mas Guilherme teve ainda o cuidado, com as novas instituições que estabeleceu, de concentrar permanentemente a autoridade nas mãos que lhe haviam permitido subjugar o reino. Introduziu na Inglaterra a lei feudal, que encontrara já estabelecida na França e na Normandia e era responsável tanto pela estabilidade quanto pelas desordens na maioria dos governos monárquicos da Europa. Dividiu todas as terras da Inglaterra, com pouquíssimas exceções além das suas dependências, em baronatos; e concedeu-as, com a condição de prestação de serviços e de pagamentos, aos principais de seus aventureiros. Esses grandes barões, que respondiam diretamente à Coroa, dividiram boa parte de suas terras com outros estrangeiros, denominados cavaleiros ou vassalos, que prestavam ao seu senhor a mesma obrigação e submissão na paz bem como na guerra que este devia ao soberano. O reino abrigava ao todo setecentos locatários principais, e 60.215 cavaleiros ou vassalos; e como nenhum nativo inglês era admitido entre os da primeira ordem, os poucos dentre eles que retiveram a propriedade da terra aceitaram de bom grado ser recebidos na segunda; e, sob a proteção de algum normando poderoso submeteram-se a si mesmos e à sua posteridade a um pesado fardo, por terras que haviam recebido de seus ancestrais sem nenhum encargo. O pouco de inglês que havia nesse edifício civil ou militar (pois tratava-se de um governo de ambas as espécies) era de tal modo restringido pela subordinação a governantes estrangeiros, que o domínio normando parecia estar fixado nas bases mais duradouras e desafiar todos os esforços de seus inimigos.

Para dar maior coesão entre as partes do governo e ligá-las num sistema unificado, que servisse tanto para a defesa contra estrangeiros quanto para a manutenção da tranquilidade doméstica, Guilherme reduziu com a lei feudal a receita destinada aos eclesiásticos e, embora tivesse cortejado a Igreja quando da invasão e da acessão ao trono, agora a submetia a serviços que para o clero eram como escravidão, pois eram totalmente inadequados à sua profissão. Os bispos e abades eram obrigados, quando requerido, a fornecer ao rei, em tempos de guerra, certo número de cavaleiros ou de soldados, em proporção à extensão da propriedade de cada sé ou abadia, e estavam sujeitos, caso não o fizessem, às mesmas penalidades aplicadas aos leigos. O papa e os eclesiásticos protestaram contra essa tirania, como como gostavam de chamá-la; mas a autoridade do rei sobre o exército, que devia tudo à sua generosidade, era tamanha, que a própria superstição, que nunca foi tão prevalecente como nessa época, foi forçada a dobrar-se à sua influência superior.

A maioria dos clérigos era nativa, e o rei tinha razões para recear os efeitos de seu ressentimento. Tomou assim a precaução de destituir os ingleses de todas as posições consideráveis, colocando estrangeiros em seu lugar. A preferência do Confessor pelos normandos era tão grande que, aliada à sua instrução superior, o incitara a promovê-los a muitas sés da Inglaterra; mesmo antes do período da conquista, somente seis ou sete dentre os prelados eram nativos do país. Entre estes, estava Stigand, arcebispo de Canterbury, um homem que, graças a sua destreza e vigor, à importância de sua família e de suas alianças, à extensão de suas posses, bem como à dignidade de seu cargo e à autoridade que tinha sobre os ingleses, provocou o ciúme do rei. Quando de sua acessão, Guilherme enfrentara esse prelado ao escolher o arcebispo de York para conduzir sua consagração; mas tivera o cuidado, em outras ocasiões, de cobri-lo de honras e afagos, evitando ofendê-lo até que surgisse a oportunidade de destruí-lo em definitivo. A supressão das recentes rebeliões e a total submissão dos ingleses davam-lhe a esperança de que uma investida contra Stigand, por violenta que fosse, seria recoberta por seus êxitos maiores e minimizada em meio a outras revoluções que afetavam profundamente a propriedade e a liberdade do reino. Mas, apesar das circunstâncias propícias, pensou que só seria seguro violar a reverência usualmente prestada ao primado sob o disfarce de nova superstição, que ele mesmo introduziria na Inglaterra.

Inovação no governo eclesiástico   A doutrina que elevava o papado acima de todo poder humano difundira-se gradualmente a partir da cidade e da corte de Roma, e na época era muito mais forte nos reinos do sul do que nos do norte da Europa. O papa Alexandre, que auxiliara Guilherme em suas conquistas, naturalmente esperava que os franceses e os normandos levassem para a Inglaterra a mesma reverência por seu caráter sagrado que existia em seu próprio país, esmagando assim a independência espiritual, bem como a civil, dos saxões, que até então haviam conduzido seu governo eclesiástico com o reconhecimento da primazia da sé romana, mas sem saber que ela estaria intitulada ao domínio e à autoridade. Quando ficou evidente que o príncipe normando ocupara de fato o trono, o papa nomeou Ermenfroy, bispo de Sion, como seu legado na

Inglaterra, primeiro prelado a ser estabelecido nas ilhas britânicas com essa função. O rei, embora provavelmente movido por princípio a submeter-se a Roma, aproveitou, como é usual, para extrair disso os meios que servissem a seus propósitos políticos e permitissem degradar os prelados ingleses que eram inconvenientes a ele. O legado aceitou tornar-se instrumento de sua tirania, e pensou que quanto mais violento o exercício de seu poder, com mais contundência confirmaria a autoridade da corte que o nomeara. Reuniu em Winchester um conselho dos prelados e abades, e, auxiliado por dois cardeais, Pedro e João, convocou Stigand, arcebispo de Canterbury, para que respondesse por sua conduta. O primado era acusado por três crimes: ocupar a sé de Winchester juntamente com a de Canterbury; celebrar a missa portando o manto de Roberto, seu predecessor; e ter recebido seu próprio manto de Benedito IX, que depois fora deposto por simonia e intrusão na autoridade papal. Os crimes assim imputados a Stigand eram meros pretextos, pois o primeiro era uma prática não rara na Inglaterra, que jamais fora punido com uma pena mais alta do que abdicar a uma das sés; o segundo era puramente cerimonial; quanto ao terceiro, como Benedito era o único papa a ocupar essa posição, e como seus atos nunca foram cancelados, todos os prelados da Igreja, especialmente os de lugares mais distantes, eram desculpáveis por terem solicitado requisições a ele. Mas a ruína de Stigand estava decidida, e ele foi perseguido com a mais estrita severidade. O legado privou-o de seu título; o rei confiscou sua propriedade e lançou-o na prisão, onde permaneceu, na pobreza e na necessidade, pelo resto de sua vida. O mesmo rigor foi exercido contra os outros prelados ingleses: Agelric, bispo de Selesey, e Agelmare, bispo de Elmham, foram depostos pelo legado e aprisionados pelo rei. Muitos abades importantes tiveram a mesma sorte: Egelwin, bispo de Durham, fugiu do reino. Wulstan, bispo de Worcester, homem dotado de caráter inofensivo, foi o único prelado inglês a não ser perseguido e a permanecer na posse de seu título. Aldred, arcebispo de York, que colocara a coroa na cabeça de Guilherme, falecera um pouco antes, acometido de tristeza e vergonha, e maldizendo o príncipe, que violara o voto de coroação e submetera seus súditos ingleses aos extremos da tirania.

Uma máxima fixada nesse reino e observada nos subsequentes é que nenhum nativo da ilha poderia receber títulos eclesiásticos, civis ou militares. Deposto Stigand, o rei nomeou para a sé vacante Lafranc, monge milanês conhecido por sua erudição e piedade. Esse prelado era estrito na defesa das prerrogativas de sua posição, e após um longo processo junto ao papa, obrigou Tomás, monge normando nomeado para a sé de York, a reconhecer a primazia do arcebispo de Canterbury. Quando a ambição consegue encobrir seus expedientes sob a aparência de princípios, torna-se então, para a pessoa mesma que ela afeta, a mais incurável e inflexível das paixões humanas. O zelo com que Lefranc promovia os interesses do papado, e com o qual aumentava sua própria autoridade, era infatigável, e seu sucesso foi proporcional. A pia devoção por Roma continuou a aumentar na Inglaterra e, favorecida pelos sentimentos dos conquistadores, bem como pelos monastérios introduzidos por Edred e Edgar, logo atingiu o mesmo pináculo em que por algum tempo permanecera na França e na Itália. Posteriormente foi ainda mais longe, favorecida pela posição remota que de início obstruíra seu progresso e pelo fato de ser menos coibida pela erudição e pela educação liberal, mais comuns em países do Sul.

O predomínio desse espírito supersticioso tornou-se perigoso para alguns dos sucessores de Guilherme, e foi incômodo para a maioria deles. Mas o domínio arbitrário desse rei sobre os ingleses e sua extensa autoridade sobre os estrangeiros impediram que isso o perturbasse. Manteve a Igreja em submissão, assim como seus súditos; e não permitiu a ninguém, quem quer que fosse, que contestasse sua vontade e prazer soberanos. Proibiu seus súditos de reconhecerem como papa qualquer um que ele não tivesse aceito primeiro; decretou que todos os cânones eclesiásticos votados num sínodo lhe deveriam ser comunicados e ratificados por sua autoridade; cartas emitidas por Roma não poderiam ser legalmente publicadas antes de receberem essa mesma sanção; e nenhum de seus ministros ou barões, não importam as ofensas de que fossem culpados, poderia ser submetido a censuras espirituais até que ele mesmo consentisse em sua excomunhão. Essas regras eram dignas de um soberano e mantiveram unidos os poderes civil e eclesiástico, que, por causa de princípios introduzidos por esse mesmo príncipe, tinham tendência a se separar.

Mas, como os ingleses puderam constatar, não sem a mais extrema mortificação, a autoridade do rei, não importa como tivesse sido adquirida e o quanto tivesse sido estendida, era empregada exclusivamente para oprimi-los, e o esquema de sua submissão, dotado de todas as circunstâncias possíveis de insulto e indignidade, fora formado deliberadamente pelo príncipe e era diligentemente aplicado por seus seguidores. Guilherme chegara mesmo a considerar o projeto, é verdade que difícil de executar, de abolição da língua inglesa, e com esse propósito ordenara que em todas as escolas existentes no reino a juventude deveria ser instruída na língua francesa; prática que, estabelecida pelo costume, permaneceu mesmo após a morte de Eduardo III e nunca chegou a ser abolida da Inglaterra. Os procedimentos na suprema corte de judicatura eram em francês; as sentenças eram com frequência emitidas nessa mesma língua; as leis eram compostas nesse idioma; outra língua não era utilizada na corte; tornou-se a linguagem do mundo elegante; e os próprios ingleses, envergonhados de seu país, eram proficientes no uso desse dialeto estrangeiro. A tal projeto de Guilherme, e ao prolongado domínio dos estrangeiros na sucessão da Coroa da Inglaterra, deve-se essa mistura de francês que atualmente se encontra na língua inglesa, e que responde pela maior e melhor parte de nossa linguagem.[2]

---

2 Os escritos de Hume sempre foram acusados por seus críticos, como Samuel Johnson, Edmund Burke e Joseph Priestley, entre outros, de conter numerosos galicismos sintáticos e de vocabulário. Mas o autor nunca fez segredo de que em sua opinião esse aparente defeito é na verdade um recurso estilístico para suprir carências e faltas da própria língua inglesa. Nem por isso ignorava as qualidades do gênio desta; ver neste volume o Capítulo 15. (N. T.)

Em meio a esses esforços para rebaixar a nação inglesa, o rei, movido pelas súplicas de alguns de seus prelados e pelo sincero desejo do povo, restituiu algumas das leis de Eduardo; e esse ato, embora não pareça ter grande importância no que tange à proteção da liberdade em geral, deixou a todos muito satisfeitos, pois ao mesmo tempo que erguia um monumento em homenagem ao seu antigo governo, era também uma marca insigne da generosidade de seus imperiosos conquistadores.[3]

---

3 O que teriam sido essas leis de Eduardo, o Confessor, que os ingleses por um século e meio tanto desejaram restaurar, é um objeto de disputa entre os antiquários, e nossa ignorância a respeito delas é uma das principais deficiências da história inglesa antiga. A coleção de leis publicada por Wilkins é nitidamente uma compilação tardia e inculta. As que se encontram em Ingulf, apesar de genuínas, são tão imperfeitas e contêm tão poucas cláusulas favoráveis ao súdito, que não se vê a razão pela qual clamariam com tanta veemência por sua volta. É provável que por *leis de Eduardo* se entendesse a *lei comum*, tal como existira em seu reinado, e que, pode-se conjecturar, teria sido mais indulgente para com a liberdade do que as instituições normandas. Seus artigos mais relevantes foram depois incluídos na Magna Carta. (N. A.)

4
Governo e maneiras feudais e anglo-normandas[1]

O direito feudal é a principal fundação do governo político e da jurisprudência estabelecidos pelos normandos na Inglaterra. Nosso objeto requer que formemos dele uma justa ideia, para podermos explicar a situação não somente desse reino como a dos demais reinos da Europa, governados na mesma época por instituições similares. Estou ciente de que inevitavelmente repetirei muitas observações e reflexões feitas por outros,[2] mas como, de acordo com a observação do célebre historiador,[3] todo grande livro deve ser em si mesmo o mais completo possível, sem jamais depender de outros quanto a circunstâncias materiais, é preciso reconstituir em linhas gerais o plano da prodigiosa estrutura que ao longo de muitos séculos manteve uma mistura de liberdade e opressão,

---
1 "Feudal and Anglo-Norman Government and Manners", Apêndice 2, Livro I (1761). (N. T.)
2 Montesquieu, *Espírito das leis* (1748); Robertson, *The History of Scotland* (1759). (N. A.)
3 Sarpi, *Historia del Concilio Tridentino* (1629). (N. A.)

ordem e anarquia, estabilidade e revolução, como nunca se viu em qualquer outra época ou parte do mundo.

Origem do direito feudal

Após terem subjugado as províncias do Império Romano, as nações do Norte viram-se obrigadas a estabelecer um sistema de governo que assegurasse suas conquistas tanto contra a revolta dos numerosos súditos que haviam permanecido nas províncias quanto contra investidas de outras tribos, atraídas por essas aquisições recentes. As circunstâncias em que se encontraram fizeram que abandonassem algumas das instituições adotadas nas florestas da Alemanha e preservassem, naturalmente, os costumes antigos que se mostraram compatíveis com a nova situação.

O governo das tribos alemãs era mais uma confederação de guerreiros independentes do que uma submissão de caráter civil, e sua força dependia principalmente das muitas associações voluntárias subordinadas formadas por indivíduos reunidos sob um capitão ou chefe e mantidas por invioláveis laços de fidelidade. A glória do chefe consistia no número, na fervorosa bravura e lealdade de seus servidores. As obrigações destes incluíam que o acompanhassem em todas as guerras e situações de perigo, lutassem e tombassem ao seu lado, e estimassem o renome e o favorecimento de uma recompensa suficiente para os serviços prestados. O próprio príncipe era um grande chefe, eleito entre os demais por sua bravura superior ou por sua nobreza, cujo poder derivava da associação voluntária ou da lealdade de outros chefes.

Quando uma tribo governada por tais ideias e movida por tais princípios subjugou extensa parcela do território da ilha, o que se viu é que, apesar da necessidade de se manter em formação militar, ela não conseguiu permanecer reunida num corpo único nem se aquartelar em guarnições separadas. Suas maneiras e instituições impediram-na de utilizar esses expedientes, os mais óbvios, que, numa situação como essa, teriam sido empregados por uma nação mais civilizada. Sua ignorância da arte das finanças e talvez a devastação inevitável de uma conquista violenta inviabilizaram a arrecadação de impostos para remunerar os numerosos exércitos. Sua repugnância à subordinação, aliada ao apego pelos prazeres da vida rústica, tornava o dia a dia na guarnição militar, em tempos de paz, extremamente enfadonho e tedioso. Por essas razões, preferiram apoderar-se de uma parte das terras conquistadas, consignaram outra ao sustento da dignidade de seu príncipe e de seu governo, e distribuíram o restante, com o título de feudos, aos chefes, que por sua vez realizaram nova partilha entre os que estavam a seu serviço. A condição expressa de todas essas outorgas é que poderiam ser revogadas a qualquer momento, e todo aquele que as recebia estava obrigado a defender a nação no campo de batalha. Por mais que os conquistadores tenham debandado para desfrutar as novas aquisições, sua disposição marcial iria obrigá-los a cumprir o dever estipulado. Reuniriam-se ao primeiro alarme; submeteriam-se imediatamente ao comando do chefe, por lealdade; e formariam uma força militar regrada e permanente, embora invisível, pronta para defender, numa emergência qualquer, o interesse e a honra da comunidade.

Não se deve imaginar que todas as terras conquistadas tenham sido ocupadas pelas tribos do Norte ou que as terras por eles dominadas tenham sido distribuídas aos homens de um mesmo exército. Suposições como essas são desmentidas pela história de todas as nações do continente, e a ideia que Tácito nos deu dos germânicos é suficiente para nos convencer de que esse povo robusto jamais poderia se contentar com uma subsistência precária ou lutar por domínios que só seriam seus enquanto seu soberano quisesse. É verdade, os chefes do Norte aceitaram terras que, como espécie de pagamento pelo serviço militar, poderiam lhes ser tomadas de volta pelo seu rei ou general, quando quer que assim decidissem; mas também se apossaram de herdades, que por serem hereditárias e independentes lhes permitiram preservar intacta sua liberdade nativa e, ao mesmo tempo, sem o favor de uma corte, fazer jus à dignidade da ordem e da família a que pertenciam.

Progresso do direito feudal   Há uma grande diferença, no tocante às consequências, entre a distribuição de soldo básico e a concessão de terras como meio de pagamento do serviço militar. Esta última, condicionada a tributos, semanais, mensais ou anuais, era um dote voluntário da parte do príncipe, e lembrava ao soldado que a posse concedida é provisória. Contudo, a afeição que naturalmente se forma no peito dos homens por uma porção fixa de terra não tarda a gerar a ideia de algo como uma propriedade, obliterando da memória do tributário a sua situação de dependência bem como as condições inicialmente anexadas à outorga. É razoável que alguém que tenha cultivado e semeado um campo se aproprie da colheita; o usufruto dos feudos, de início temporário, torna-se anual. Alguém que investe na construção, no plantio e em outras benfeitorias espera colher os frutos de seu labor e de suas despesas; o usufruto anual dos feudos torna-se renovável. Seria uma severidade injustificada privar do usufruto da terra quem nunca faltou com seu dever e sempre observou as condições em que inicialmente as recebera; os chefes consideram-se intitulados à posse vitalícia das terras feudais que ocupam. Se um homem tem a garantia de que sua família, por ocasião de sua morte, herdará suas posses e não padecerá sob a pobreza e a carestia, não hesitará em servir no campo de batalha; os feudos tornam-se hereditários, passando de geração a geração, de pai para filho, neto, irmãos ou parentes mais distantes. A ideia de propriedade da terra gradualmente impõe-se, em detrimento do soldo militar, e os séculos realizam sensíveis acréscimos à estabilidade da posse dos feudos e da posse em geral.

A cada nova aquisição, o chefe era apoiado por seus vassalos, que por terem com ele forte conexão de origem, reforçada pelo préstimo constante de bons ofícios e pela amizade surgida da relação de vicinidade e dependência, inclinavam-se a defendê-lo contra todos os inimigos, e, em querelas privadas, davam provas espontâneas da mesma obediência que sua comissão lhes obrigava a mostrar em guerras estrangeiras. A cada dia seu líder pleiteava acréscimos ao feudo principal, e eles, por sua vez, esperavam colher vantagem similar, com a aquisição de acréscimos para os feudos subordinados. Nessa situação, só poderiam se opor zelosamente à intrusão de um novo senhor, que teria o direito e não desperdiçaria a oportunidade de distribuir a posse da terra entre favoritos de sua preferência. Assim, a autoridade do soberano decaiu gradualmente, e cada um dos nobres, fortalecido em seu próprio território pela lealdade de seus vassalos, tornou-se poderoso demais para ser expulso por uma ordem do trono, assegurando por direito o que originalmente adquirira por usurpação.

Com o poder central enfraquecido, logo se sentiu a vantagem superior das terras de proprietários feudais em relação às terras apropriadas por títulos alodiais ou livres. Inicialmente, estas últimas se mostraram preferíveis; porém, com as mudanças introduzidas no direito público e privado, a preferência recaiu sobre as primeiras. Proprietários de um domínio feudal, reunidos em confederação, subordinados a um mesmo chefe e contando com a lealdade de seus respectivos vassalos, tinham em relação aos proprietários de domínios livres vantagem comparável à de um exército disciplinado diante de uma multidão dispersa, e cometiam impunemente as piores agressões contra suas vítimas indefesas. Frente a essa situação, os proprietários alodiais acudiram em busca de proteção: entregaram suas posses nas mãos do rei ou de um nobre respeitado por seu poder ou por seu valor, e receberam-nas de volta com a condição de servirem nos feudos. Embora esse serviço constituísse um fardo considerável, tinha amplas compensações, pois conectava o proprietário com outros proprietários vizinhos e colocava-o sob a proteção de um chefe poderoso. A decadência do governo político acarretou necessariamente a extensão do governo feudal; os reinos da Europa, sem exceção, foram divididos em baronatos, por sua vez divididos em feudos subordinados; e a lealdade dos vassalos em relação ao chefe, que desde o início fora parte essencial das maneiras germânicas, continuou a ser sustentada pelas mesmas causas que estiveram em sua origem: necessidade de proteção mútua e de contato ininterrupto por meio da troca de benefícios e serviços.

Outra circunstância corroborou os laços feudais de dependência e contribuiu para conectar os vassalos ao senhor por um vínculo de união indissolúvel. Os conquistadores oriundos do Norte, a exemplo dos gregos e romanos antes deles, adotaram uma política de certo modo inevitável para uma nação com laivos de refinamento: por toda parte reuniram jurisdição civil e poderio militar. De início, o direito não era uma ciência intricada, governavam-no antes máximas de equidade que parecem óbvias ao senso comum do que princípios numerosos e sutis a serem aplicados a uma variedade de casos mediante raciocínios profundos de analogia. Um oficial militar que tivesse passado a vida em serviço seria capaz de determinar todas as controvérsias legais que viessem a ocorrer no destacamento sob sua responsabilidade, e suas decisões seriam no mais das vezes acatadas com obediência pronta e estrita, por homens que o respeitavam e estavam acostumados a atuar sob seu comando. Multas, cobradas como punição – e as punições eram principalmente pecuniárias –, constituíam outra razão para que o oficial militar desejasse se tornar oficial de justiça, e quando os feudos se tornaram hereditários, essa autoridade essencial passou a ser transmitida à posteridade. Os condes, e outros magistrados cujo poder era apenas nominal, sentiram-se tentados a imitar os senhores feudais, a quem se assemelhavam em muitos particulares, e a tornar perpétuo e hereditário o seu título. Com o declínio do poder real, não tiveram dificuldade para realizar essa pretensão. Desse modo, a imensa estrutura de subordinação feudal tornou-se bastante sólida e abrangente, formando por toda parte um elemento essencial da constituição política. Os barões normandos e outros, que seguiram a fortuna de Guilherme, acostumaram-se a ela tão bem, que não poderiam formar uma ideia de outra espécie de governo civil.

Quando conquistaram a Inglaterra, os saxões exterminaram os antigos habitantes. Viram que o mar os protegia contra novos invasores, e julgaram que não seria necessário se manter em estado de prontidão militar. A quantidade de terras que anexaram à prestação de serviços parece ter sido de pouco valor, razão pela qual elas permaneceram em sua situação original, como posse dos incumbidos das posições de comando. Tais condições, porém, eram demasiado precárias para satisfazer os barões normandos, que usufruíam de outras posses e jurisdições em seu país de origem. Por essa razão, Guilherme sentiu-se constrangido, quando da redistribuição das terras, a copiar os títulos de propriedade adotados em toda parte no continente. Assim, a Inglaterra subitamente tornou-se um reino feudal, recebeu todas as vantagens decorrentes dessa condição e se expôs a todos os inconvenientes incidentais a essa espécie de ordem política civil.

Governo feudal da Inglaterra   De acordo com os princípios do direito feudal, o rei detinha em última instância a propriedade da terra. Todos os proprietários que desfrutavam de seus produtos ou da arrecadação por sua posse deviam esses privilégios a uma concessão, direta ou indireta, e estavam cientes de que a propriedade era, em alguma medida, condicional; sabiam que a terra era uma espécie de benefício. Consiste nisso a concepção original de propriedade feudal. Em troca da posse da terra, cabia ao vassalo prestar serviços estipulados pelo barão, assim como o barão os prestava à Coroa. O vassalo era obrigado a defender o barão na guerra, e o barão, à frente de seus vassalos, era obrigado a defender o rei e o reino. Além desses serviços militares eventuais, havia outras imposições, mais constantes e duráveis, de natureza civil.

Para as nações do Norte, era inconcebível que um homem treinado para honrar e empunhar armas fosse governado, sem consentimento expresso, pela vontade absoluta de outro, ou que a administração da justiça fosse exercida com base na opinião privada de um magistrado, sem a concorrência de outras pessoas cujo interesse o induzisse a conter suas decisões arbitrárias ou pouco equânimes. Por isso, quando o rei julgava necessário requisitar de seus barões, ou de seus principais tributários, serviços que não estavam estipulados nas concessões, era obrigado a reuni-los para obter seu consentimento. Na resolução de uma controvérsia qualquer, surgida entre os próprios barões, discutia a questão em presença deles e a decidia de acordo com sua opinião e aconselhamento. Consentir e aconselhar eram as principais atividades civis dos antigos barões, e nelas estava implicado tudo o que havia de mais importante no governo. Se por um lado os barões consideravam essa assistência como seu principal privilégio, por outro ela era um fardo de peso considerável. Considerava-se que o fato de nenhuma questão importante poder ser resolvida sem seu consentimento ou aconselhamento seria a melhor garantia de suas posses e de sua dignidade. Mas como não colhiam vantagem alguma do comparecimento à corte e se expunham ainda a grandes inconveniências e encargos ao se ausentarem de suas terras, encontravam sempre uma desculpa para não estarem presentes às ocasiões em que esse poder era exercido, e a ninguém desagradava que as convocações fossem raras ou que outros se submetessem ao fardo em seu lugar. O rei, por sua vez, tinha muitas razões para ansiar que a assembleia estivesse cheia em todas as ocasiões. A presença dos barões era a principal estampa de sua subordinação à Coroa e os privava dos ares de independência que afetavam em seus castelos ou herdades. Quando essa presença era escassa, as determinações não tinham tanta autoridade e não suscitavam tão prontamente a obediência da comunidade como um todo.

Em relação a suas cortes, os barões encontravam-se na mesma posição que o rei em relação ao conselho supremo da nação. Requeria-se que os vassalos se reunissem em assembleia para que por meio de seu voto fossem determinadas questões de interesse do baronato. Sentavam-se ao lado do chefe em todos os julgamentos, civis ou criminais, nos limites da jurisdição; eram obrigados a frequentar a corte do barão; e como sua comissão era militar e, consequentemente, derivada de título, eram admitidos em seu círculo social e desfrutavam de sua amizade. Em suma, se o reino era como um grande baronato, os baronatos tinham a condição de pequenos reinos. Os barões eram pares no conselho nacional, e, em certa medida, pares do rei; os vassalos eram pares na corte do baronato, e como que pares do barão.

Até esse ponto chega a semelhança. Segundo o curso natural das coisas, os vassalos estavam universalmente submetidos, nas constituições feudais, a subordinação mais estrita em relação ao barão do que os barões em relação ao soberano. Esse governo favorecia o aumento do poder dos nobres, necessária e infalivelmente. O chefe principal, que geralmente residia numa propriedade rural fortificada, perdia em grande medida o contato e a familiaridade com o príncipe, ao mesmo tempo em que adquiria cada vez mais autoridade sobre os vassalos do baronato: eram treinados nos exercícios militares; sua hospitalidade os convidava a desfrutar da sociedade em suas recepções; as horas vagas, que não eram poucas, tornavam-nos servidores perpétuos da pessoa do rei; participavam de suas caçadas e compartilhavam suas distrações; o único meio de que dispunham para gratificar a própria ambição era se destacar em meio aos seus asseclas; ser favorecido pelo chefe era a honra máxima, desagradá-lo os expunha ao desprezo e à ignomínia; e sentiam constantemente a necessidade de sua proteção, tanto nas controvérsias com outros vassalos quanto, mais importante, nas quase diárias invasões e agressões perpetradas por barões vizinhos. Em tempos de guerra, o soberano, que marchava à frente de seus exércitos e era o principal protetor do Estado, readquiria algo da autoridade perdida em períodos de paz e tranquilidade. A frouxa política incidente a constituições feudais mantinha uma hostilidade perpétua, embora nem sempre declarada, entre os diferentes membros do Estado, e a única proteção de que os vassalos dispunham contra as agressões a que estavam expostos era aderir ao chefe, prostrando-se aos seus pés em abjeta submissão.

Se o governo feudal era pouco favorável à verdadeira liberdade do vassalo militar, era ainda mais nocivo à independência e segurança de outros membros do Estado, ou daqueles que, em sentido próprio, chamamos de *povo*. A maioria era composta por servos, que viviam em condição de completa escravidão ou servidão. Os demais pagavam a locação da terra prestando serviços que lhes eram impostos de forma arbitrária. Não podiam esperar pela retificação de danos sofridos, apelando a uma corte formada por homens que se julgavam no direito de oprimi-los e tiranizá-los. As cidades situavam-se ou nas cercanias das terras do rei ou em terras de grandes barões, e estavam quase inteiramente submetidas à vontade absoluta de um desses senhores. O langoroso estado do comércio mantinha os habitantes em condição de pobreza e vilania; as instituições políticas eram calculadas para perpetuar essa mesma condição. Os barões e a pequena nobreza, vivendo em rústica fartura e hospitalidade, não estimulavam as artes e não exigiam manufaturas mais elaboradas; todas as profissões, exceto a militar, eram menosprezadas; e se o mercador ou artesão, por sua própria diligência ou frugalidade, alcançava algum grau de opulência, expunha-

-se ainda mais a agressões, motivadas pela inveja e avidez dos nobres militares.

Essas causas concorreram para dar ao governo feudal um viés aristocrático tão forte, que a autoridade real foi eclipsada ao extremo em todos os Estados europeus. Não espanta que o poder monárquico tenha aumentado nesse período; mas é lamentável que o corpo político tenha se fragmentado por toda parte em baronatos independentes, pondo a perder a união política que o cimentara. Em monarquias eletivas, os eventos correspondem em geral a esse esquema, e os barões, ganhando terreno a cada vez que o trono se torna vacante, erigem-se à condição quase de soberanos, sacrificando ao seu poder os direitos da Coroa e as liberdades do povo. Monarquias hereditárias dispõem de um princípio de autoridade mais difícil de subverter. Diversas foram as causas, na Inglaterra, que contribuíram para manter algum grau de influência nas mãos do soberano.

O mais importante dos barões não perdia de vista os princípios da constituição feudal que o ligavam ao príncipe em termos de submissão e fidelidade, e a cada momento era obrigado a recorrer a esses mesmos princípios para garantir a fidelidade e a submissão de seus próprios vassalos. Os barões menores, ao ver que a anulação da autoridade real os desprotegia e os expunha às agressões e injúrias de vizinhos mais poderosos, aderiram naturalmente à Coroa, e apoiaram a execução de leis gerais e equânimes. O povo tinha ainda mais interesse em desejar a grandeza do soberano. O rei, por sua vez, como magistrado legal cujo interesse era ferido por cada convulsão ou agressão interna e tinha nos grandes nobres rivais imediatos, assumiu o salutar ofício de guardião geral ou protetor dos Comuns. Além das prerrogativas de que fora investido pela lei, suas posses e seus numerosos comissários faziam dele, em certo sentido, o maior barão do reino. E, se era dotado de vigor e de habilidades pessoais (qualidades exigidas por sua posição), não encontrava dificuldade para preservar sua autoridade e se apresentar à comunidade como a fonte da qual emanavam o direito e a justiça.

Os primeiros reis da raça normanda foram favorecidos por uma circunstância adicional, que os protegeu contra intromissões dos barões: eram generais de um exército conquistador, obrigado a manter-se em prontidão e preservar estrita subordinação ao líder, precavendo-se contra a revolta dos muitos nativos que haviam sido privados de privilégios e posses. Essa circunstância, embora tenha reforçado a autoridade de Guilherme e de seus sucessores imediatos, tornando-a absoluta ao extremo, desapareceu tão logo os barões normandos foram incorporados à nação, adquiriram garantias de segurança em relação a seus bens, e estabeleceram influência sobre seus vassalos, tributários, e escravos. As imensas fortunas que o conquistador doou a seus principais chefes sustentaram a independência destes e os tornaram respeitáveis aos olhos do soberano.

Parlamento feudal O poder legislativo supremo da Inglaterra residia no rei e no grande conselho, que posteriormente veio a se chamar Parlamento. Não há dúvida de que os arcebispos, os bispos e a maior parte dos abades eram membros constituintes desse conselho. Intitulavam-se a tal duplamente: por prescrição, privilégio que detiveram por todo o período saxão desde o estabelecimento do cristianismo, e por direito de baronato, ou por serviço militar prestado *in capite*, diretamente ao rei. Esses títulos nunca foram distinguidos acuradamente. Quando as usurpações da Igreja chegaram a ponto de os bispos reclamarem um domínio à parte, por considerarem o assento no Parlamento uma degradação da dignidade episcopal, o rei insistiu que eram barões, e os princípios gerais do direito feudal os obrigavam a estar presentes ao seu lado em todos os conselhos. Permaneceram, no entanto, certas práticas que sugerem que seu título derivava apenas da antiguidade de suas posses. Quando um bispo era eleito, tinha cadeira no Parlamento antes mesmo de ser restituído pelo rei à ordem temporal; quando da vacância de um assento, o guardião das ordens espirituais era convocado a ocupar um assento provisório.

Os barões constituíam a outra parte do grande conselho da nação. Estavam diretamente ligados à Coroa por comissão militar. Eram os homens mais honoráveis do Estado, e tinham o direito de ser consultados em todas as deliberações públicas. Como vassalos imediatos da Coroa, cabia-lhes participar da corte de seu senhor. Uma resolução tomada sem o seu consentimento provavelmente não seria executada da maneira devida, e determinação alguma de uma causa qualquer poderia ter validade sem o voto consoante desse corpo. A dignidade do duque ou conde era oficial e territorial, assim como hereditária, e todos os condes, por serem também barões, eram considerados vassalos militares da Coroa, sendo admitidos, nessa capacidade, no conselho geral, do qual formavam o ramo mais intitulado e mais poderoso.

Outra classe de comissários militares da Coroa, não menos numerosa que a dos barões, provavelmente mais que a deles, eram os comissionados como cavaleiros *in capite*, e, embora fossem inferiores em termos de poder ou propriedade, desfrutavam de uma comissão tão alta quanto as outras. Um baronato era composto em geral de diversos feudos de cavaleiros, e, mesmo sem ter tamanho definido, raramente consistia em menos de cinquenta *hydes* de terra. Um homem que recebesse do rei uma ou duas licenças dessa espécie era vassalo da Coroa, e, como tal, intitulava-se a um assento nas assembleias gerais. Mas como a presença no Parlamento era considerada um fardo com o qual homens de fortuna exígua dificilmente poderiam arcar, é provável que mesmo que intitulados a comparecer não fossem obrigados a fazê-lo regularmente, como os barões. O número de comissários militares imediatos da Coroa não chegava a setecentos, na época do *Domesday Book*. Como os membros do Parlamento se ausentavam com frequência, alegando os mais diversos pretextos, poucas vezes a assembleia tinha quórum suficiente para deliberar sobre assuntos públicos.

Comuns Até esse ponto, a natureza do conselho ou parlamento pode ser determinada sem sombra de dúvida ou controvérsia. A questão que se põe é relativa aos Comuns, ou representantes de distritos e vilarejos. Teriam sido eles, nos primeiros tempos, parte constitutiva do Parlamento? Essa questão chegou a ser discutida na Inglaterra com grande alacridade. Mas a força do tempo e da evidência é tão grande que prevalece até sobre as facções, e a questão, por consentimento geral, e mesmo pelo consentimento do partido que nos governa, parece ter sido determinada contra o que este chegou a alegar.[4] Há hoje consenso de que os Comuns só se tornaram parte do grande conselho alguns séculos após a conquista, e que antes disso somente comissários militares compunham a assembleia suprema e legislativa.

Os vassalos de um barão, pelos termos da atribuição de seu título, eram seus dependentes imediatos, frequentavam sua corte e prestavam contas ao rei mediante a dependência estatuária de seu senhor em relação ao soberano. As terras dos vassalos, compreendidas nas do baronato, eram representadas no parlamento pelo próprio barão, que, de acordo com as invencionices do direito feudal, supostamente detinha a posse direta da propriedade da terra. Seria incongruente que houvesse outra representação. Os vassalos estavam para o barão assim como os barões estavam para o rei: os primeiros eram pares do baronato, os últimos eram pares do rei; os vassalos ocupavam posição subordinada em seu próprio distrito, o barão desfrutava de posição superior na grande assembleia; os vassalos eram, em certa medida, companheiros do barão em sua casa, o barão, do rei em sua corte; e não poderia haver nada mais alheio às ideias feudais e à subordinação em graus,

---

4 As posições do partido *Whig* (parlamentar) e do partido *Tory* (realista) em relação à história da constituição inglesa são examinadas por Hume no ensaio "Da coalizão de partidos" (1758). (N. T.)

tão essencial às instituições dessa época, do que imaginar que o rei pediria o conselho ou o consentimento de homens de condição inferior, cujas obrigações referiam-se diretamente ao senhor do feudo, que se interpunha entre eles e o trono.

Se não é razoável supor que os vassalos de um baronato comissionados para o nobre e honorável serviço militar fossem convocados para opinar em conselhos nacionais, menos razoável ainda seria supor que esse privilégio fosse concedido a mercadores ou habitantes de vilarejos, cuja condição era ainda mais inferior. O *Domesday Book* mostra que a maioria dos vilarejos na época da conquista eram pouco mais do que vilas rupestres, e seus habitantes eram dependentes do rei e dos grandes senhores, em condição pouco melhor que a de servidão. Quando muito, eram incorporados, não formavam uma comunidade, não eram considerados um corpo político, e como na realidade não passavam de mercadores, inferiores e dependentes, que habitavam uma mesma vizinhança, mas sem quaisquer laços civis, não poderiam ter representação nos estados-gerais do reino. Mesmo na França, país que realizara mais avanços do que a Inglaterra em matéria de artes e civilidade, a primeira corporação de ofício é posterior em sessenta anos à conquista pelo duque da Normandia [1066], e a ordenação dessas comunidades foi invenção de Luís, o Grande, para libertar o povo da escravidão aos senhores e protegê-lo por meio de privilégios e de jurisdição separada. Um antigo autor francês[5] as considera um dispositivo nocivo,

---

5 Guibertus, *De vita sua*, III, 7. (N. A.)

feito para libertar escravos e estimulá-los a subverter o domínio de seus senhores.

O célebre alvará concedido pelo Conquistador à cidade de Londres, num gesto de magnanimidade e condescendência, não passa de uma carta de proteção, de uma declaração de que os cidadãos não deveriam ser tratados como escravos. Nos termos do direito feudal inglês, o lorde Superior não poderia casar sua governanta com um homem de um burgo ou vilarejo; tão próximas se consideravam essas condições, e tão inferiores elas eram em relação à nobreza e à pequena nobreza. Além de possuir vantagens de nascimento, riqueza, poderes civis e privilégios, os nobres e os cavalheiros eram os únicos que tinham armas, circunstância que lhes dava vantagem considerável numa época em que apenas a carreira militar era honorável e a frouxa aplicação das leis estimulava a violência, que se tornava assim decisiva em todas as disputas e controvérsias.

A grande similaridade entre os governos feudais da Europa é fato bem conhecido por todos os que estão a par da história desses tempos, e as antiguidades dos países em que esse ponto nunca foi uma questão partidária permitem dizer que os Comuns só foram admitidos no poder legislativo num período tardio. Na Normandia em particular, cuja constituição provavelmente forneceu a Guilherme o modelo para erigir a nova estrutura do governo, os estados-gerais eram compostos por clero e nobreza. Os primeiros distritos ou comunidades incorporados a esse ducado foram Rouen e Falaise, que em 1207 adquiriram o privilégio com uma licença de Filipe Augusto. Todos os historiadores ingleses, quando mencionam o grande conselho da nação, referem-se a ele como assembleia do baronato, da nobreza ou dos grandes, e nenhuma de suas expressões, nas centenas de passagens que poderiam ser citadas, admitiria, não sem a mais completa violência, uma distorção que implicasse que os Comuns eram membros constitutivos desse corpo.[6] Se no longo período de duzentos anos entre a conquista e o reinado de Henrique III, abundante em facções, revoluções e convulsões de toda espécie, a Casa dos Comuns não proferiu um único ato legislativo digno de ser mencionado por qualquer um dos numerosos historiadores dessa época, só pode ser porque era completamente insignificante. Que razão haveria para convocá-la? Seria possível supor que a voz de homens tão pouco importantes iria se erguer contra o rei e os barões? Cada página de histórias escritas em períodos subsequentes revela a existência dos Comuns; mas tais histórias não são mais acuradas do que as anteriores, na verdade não se comparam a elas quanto

---

6 Às vezes os historiadores mencionam o povo, *populus*, como parte do parlamento, o que quer dizer *leigos*, em oposição ao clero. Outras vezes, encontra-se a palavra *communitas*, que significa sempre *communitas baronagii*. Isso é nitidamente provado pelo dr. Brady, *An Historical Treatise of Cities and Boroughs* (1704). Mencionam também as palavras *turba* e *multidão*, que se reunia no grande conselho em ocasiões de especial interesse, mas em parte alguma falam em deputados do burgo, prova certa e irrecusável de que não existiram. O povo não poderia formar uma turba, pois teria assento garantido, se fosse parte do corpo legislativo. É expressamente dito na *Gesta Setph. Regis*, p.932, que o populacho, *vulgo*, costumava se reunir nos grandes conselhos. É evidente que eram apenas espectadores, aos quais era concedido gratificar a curiosidade. (N. A.)

Governo e maneiras feudais e anglo-normandas

a isso. A Magna Carta do rei João prevê que nenhum tributo ou cobrança seja imposto sobre a terra ou sobre as cidades sem o consentimento do grande conselho, e por uma questão de precisão enumera as pessoas intituladas a assento nessa assembleia, prelados e comissários imediatos da Coroa; mas não menciona os Comuns. Essa autoridade é tão plena, certa e explícita, que somente o zelo partidário poderia dar crédito à hipótese contrária.

É provável que o exemplo dos barões franceses tenha encorajado os barões ingleses a reclamar por mais independência diante do soberano. Igualmente provável é que os distritos e corporações da Inglaterra tenham sido estabelecidos por imitação dos da França. E assim é provável que os principais privilégios dos pares na Inglaterra, e a liberdade dos Comuns, tenham crescido originalmente num país estrangeiro.

Em tempos antigos, os homens não ansiavam por um assento nas assembleias legislativas; pelo contrário, como dissemos, consideravam que frequentá-las era um fardo, não compensado por um benefício ou honra proporcional ao inconveniente e às despesas. A única razão para instituir esses conselhos públicos era, da parte do súdito, obter garantias contra ameaças de poder arbitrário, e, da parte do soberano, a comodidade de governar homens de espírito independente com o consentimento e anuência deles. Os Comuns, habitantes dos distritos, não tinham discernimento suficiente para ansiar por garantias contra o príncipe ou para imaginar que, por estarem reunidos num corpo representativo, teriam poder ou distinção suficiente para reforçá-lo. A única proteção a que aspiravam era contra a violência e injustiça imediata de seus concidadãos, vantagem que cada um buscava obter ou junto às cortes de justiça ou à autoridade de um senhor poderoso, do qual, por lei ou por escolha própria, tornavam-se dependentes. Por outro lado, o soberano tinha garantia suficiente da obediência da comunidade como um todo, bastando para tanto que conseguisse a concordância dos nobres, e não havia razão para recear que alguma ordem do Estado tivesse como resistir a sua autoridade, unida à deles. Os subvassalos militares jamais ousariam opor-se ao seu príncipe e aos seus superiores; os habitantes dos burgos e os mercadores, menos ainda. Portanto, mesmo que a história nada dissesse a respeito, não teríamos razão para concluir, a partir do que conhecemos da sociedade nessa época, que os Comuns fossem admitidos como membros do corpo legislativo.

O poder executivo do governo anglo-normando estava concentrado na Coroa. Além dos encontros previstos do conselho nacional nas três grandes festas – Natal, Páscoa e Pentecostes –, o rei costumava convocá-lo em emergências súbitas. Tinha o poder de alistar barões e seus respectivos vassalos, no que consistia a força militar do reino, empregando-os por quarenta dias, fosse para repelir um inimigo estrangeiro, fosse para conter súditos rebeldes. E, o que não é de pouca monta, o poder judiciário como um todo residia, em última instância, em suas mãos, era exercido por oficiais e ministros nomeados por ele.

Poder judiciário O plano geral do governo anglo-normando era o seguinte. A corte do baronato destinava-se à resolução de querelas entre os diversos vassalos ou súditos de um mesmo baronato; a corte dos cem, ou do condado, remanescente da época dos saxões, ao ajuizamento de discordâncias entre súditos de baronatos diferentes;[7] a cúria régia, ou corte real, à resolução de contendas entre barões. Esse plano, embora simples, tinha inconvenientes; e estes, por serem derivados da autoridade demasiadamente ampla do Conquistador, contribuíam para reforçar a prerrogativa real. Desde que o Estado não estivesse sob ameaça de exércitos estrangeiros, submetiam cada uma das ordens da comunidade a certo grau de dependência e subordinação.

O rei tinha assento em sua própria corte, que só se reunia em sua presença. Ouvia pleitos e pronunciava decisões; e embora fosse aconselhado por outros membros, não se deve imaginar que era fácil obter decisão contrária a sua

---

[7] Nenhum dos governos feudais da Europa tinha instituições como as cortes de condados, costume dos saxões que o Conquistador, com toda a sua autoridade, decidira manter. Os livres proprietários do condado, incluindo os barões mais importantes, eram obrigados a aceitar a presença de xerifes nessas cortes e a auxiliá-los na administração da justiça. Desse modo, sua dependência em relação ao rei, ou supremo magistrado, era reforçada com frequência e de maneira sensível, formavam uma espécie de comunidade com outros barões e livres proprietários, e eram privados da condição individual e independente, peculiar ao sistema feudal, para se tornar membros de um corpo político. É provável que essa instituição tenha exercido efeito mais considerável no governo inglês do que souberam apontar os historiadores ou identificar os antiquários. Os barões só conseguiram se libertar da submissão aos xerifes e oficiais de justiça itinerantes no reinado de Henrique III. (N. A.)

inclinação ou opinião. Em sua ausência, a corte era presidida pelo administrador de justiça, principal magistrado do Estado, espécie de vice-rei do qual todas as transações civis dependiam. Os demais oficiais principais da Coroa – o condestável, o marechal, o senescal, o ecônomo, o tesoureiro e o chanceler[8] – também eram membros, e compareciam ao lado dos barões feudais e dos barões do erário, de início barões feudais nomeados pelo rei. Essa corte, ora chamada de Corte Real, ora de Corte do Erário, julgava todas as causas, civis ou criminais, e abrangia todos os negócios públicos, hoje divididos entre quatro cortes: Chancelaria, Magistratura Real, Pleitos Comuns e Erário.

Esse acúmulo de poderes era por si mesmo uma fonte de autoridade, e dava à jurisdição da corte ares de imponência diante dos súditos. Mas o feitio que os julgamentos judiciais adquiriram após a conquista contribuiu para aumentar ainda mais sua autoridade e as prerrogativas reais. Entre outras violentas alterações que ensaiou e efetivou, Guilherme introduziu na Inglaterra o direito normando. Ordenou que os pleitos fossem feitos na língua normanda e mesclassem, à jurisprudência inglesa, as máximas e princípios que os normandos, mais cultivados e naturalmente litigiosos, estavam acostumados a observar na aplicação de justiça. O direito tornou-se uma ciência, de início concentrada inteiramente na mão dos normandos. Quando foi comunicada aos ingleses, reque-

---

8 Madox, *History of the Exchequer* (1711), p.27, 29, 33, 38, 41, 54. Os normandos introduziram a prática de selar as cartas régias; o Grande Selo era autenticado pelo chanceler. Ingulf, *Historia Monasterii Croylandensis*. (N. A.)

ria um estudo e aplicação de que os leigos, nesses tempos de ignorância, eram incapazes, o que a transformou num segredo praticamente confinado ao clero, em especial aos monges. Os grandes oficiais da Coroa e os barões feudais, homens de armas, não conseguiam penetrar em tais obscuridades; e embora se intitulassem a um assento na judicatura suprema, os negócios da corte cabiam inteiramente ao administrador de justiça; os barões apontados pelo rei se encontravam à sua mercê. Esse curso natural das coisas foi acelerado pela multidão de apelos que chegavam à corte e que aumentavam diariamente o número de recursos das judicaturas subordinadas do reino.

Na época dos saxões, a corte real só aceitava apelos que já tivessem sido rejeitados por cortes inferiores, prática observada na maioria dos reinos feudais da Europa. O grande poderio do Conquistador estabeleceu pela primeira vez na Inglaterra uma autoridade que os monarcas da França só conseguiram obter no reinado de São Luís, quase dois séculos depois: dotou sua própria corte do poder de receber apelos tanto das cortes de baronatos quanto das de condados, e por esse meio concentrou a administração de justiça, em última instância, nas mãos do soberano. Para que os gastos e preparativos de uma viagem à corte não desencorajassem os litigantes, foram estabelecidos posteriormente juízes itinerantes, que circulavam pelo reino julgando as causas que lhes eram submetidas.[9]

---

9 Madox, *History of the Exchequer* (1711), p.83-84, 100. O que predispunha os barões anglo-normandos a submeter apelos de sua corte à corte real do Erário é o fato de estarem acostumados a recursos como esses na Normandia, da corte ducal à

Com esse expediente, as cortes de baronatos foram efetivamente tolhidas. Se mantiveram alguma influência, foi em razão da solicitude dos vassalos, que, por respeito ao seu senhor, continuavam a apelar a essa jurisdição. O descrédito das cortes de condados não foi menor. Quando os advogados constataram que os proprietários alodiais ignoravam os intricados princípios e procedimentos do novo direito, passaram a remeter todos os pleitos aos juízes reais, abandonando a antiga judicatura, simples e popular. Dessa maneira, os procedimentos de justiça, que, por tediosos e vagarosos que pareçam, são estritamente necessários à garantia de liberdade em todos os governos monárquicos, mostraram-se na Inglaterra muito vantajosos à autoridade da Coroa.

Receita destinada à Coroa

Outro fator importante de sustentação do poder dos reis era a grande receita de que dispunham – invariável, perpétua e à revelia dos súditos. O povo, privado do direito de empunhar armas, não tinha controle sobre o rei nem tampouco dispunha da garantia de que a justiça seria devidamente aplicada. Nesses tempos violentos, muitos casos de opressão permaneciam impunes, para logo depois serem alegados como precedentes que seria ilegal contestar ou ignorar. Príncipes e ministros eram demasiadamente ignorantes para perceber as vantagens de uma administração equânime, e não havia conselho ou assembleia para proteger o povo, ou que, ao recusar empréstimos à Coroa, advertisse

---

corte do Erário. Ver Gilbert, *An Historical View of the Exchequer* (1738), p.1-2. Esse mesmo autor considera possível que a corte normanda tenha sido copiada dos ingleses, p.6. (N. A.)

o rei, regularmente e sem ânimo beligerante, de que ele tinha certas obrigações, garantindo assim a execução das leis.

O principal ramo de arrecadação regular da Coroa eram suas próprias posses, ou seja, suas terras, bastante extensas, que compreendiam, além de um sem-número de arrendamentos, a maioria das grandes cidades. A lei previa que o rei poderia alienar parte de suas posses; e essas doações poderiam ser revogadas sem aviso prévio, por ele mesmo ou por seu sucessor. Essa lei, contudo, nunca se tornou uma regra. Com o tempo, a dependência da Coroa em relação aos súditos felizmente cresceu. A locação de terras reais, consideradas riquezas, era uma fonte de poder; a influência do rei sobre seus arrendatários e os habitantes das cidades aumentava esse poder; os demais ramos de sua receita, além de incrementarem o tesouro, favoreciam, por sua própria natureza, o exercício arbitrário de autoridade, reforçando assim a prerrogativa.

Não contente com o arrendamento, o rei impunha pesadas obrigações aos habitantes da cidade ou do campo que vivessem em terras de sua propriedade. Para impedir o roubo, transações de venda eram proibidas, exceto em burgos e mercados públicos; cabia ao rei uma porcentagem de tudo o que se vendia; confiscava dois barris das embarcações que importavam vinho; todos os bens que entravam no reino pagavam imposto de alfândega proporcional ao seu valor; passagens por sobre pontes e rios eram taxadas a seu bel-prazer; e embora os burgos tenham aos poucos adquirido o privilégio de arrecadar essas imposições, o fisco continuava a ganhar com elas, novas somas eram impostas para a renovação e confirmação de suas cartas régias, e assim era mantido o povo em perpétua dependência.

Era essa a situação dos habitantes das terras da Coroa. Quanto aos proprietários de terras, ou arrendatários militares, embora estivessem mais bem protegidos, tanto pela lei quanto pelo grande privilégio de portar armas, mesmo assim estavam expostos, dada a natureza do arrendamento, a intromissões do poder real, e não tinham o que seria considerado em nossa época uma segurança duradoura. O Conquistador ordenara que os barões não deveriam contribuir com nada além dos serviços previstos, exceto por somas razoáveis para sustento próprio em campanhas militares, para a nomeação de seus filhos ao título de cavaleiros e para o casamento de suas filhas primogênitas. Mas o que viria a ser, em tais ocasiões, uma *soma razoável*, é o que a lei não dizia, e as exigências da Coroa permaneciam discricionárias.

O rei podia demandar, no campo de batalha, a presença de seus vassalos, ou seja, de quase todos os proprietários de terra. Caso se recusassem a servi-lo, estavam obrigados a pagar um montante denominado *scutage*. Durante algum tempo, essa soma permaneceu indeterminada e irregular. Podia ser arrecadada sem que o vassalo tivesse prestado serviço; e um artifício comum dos reis era fingir que haveria uma expedição, para impor *scutage* aos arrendatários militares. Outra espécie de imposto da terra era o *danegelt* dos primeiros reis normandos, taxação arbitrária que contrariava as leis do Conquistador. De mesma natureza era o *moyenage* dos dois primeiros reis normandos, abolido em carta régia por Henrique I. Pagava-se um xelim como espécie de dízimo, a cada três anos, para que o rei não utilizasse a prerrogativa de desvalorizar a moeda. Essa mesma carta sugere que, embora o Conquistador tivesse concedido a seus arrendatários militares imunidade em relação a impostos e talhas, ele e seu filho Guilherme nunca se sentiram obrigados a observar essa regra, e impuseram taxas a bel-prazer sobre toda espécie de propriedade da terra existente no reino. O máximo que Henrique concedeu é que terras cultivadas pelo próprio arrendatário militar fossem menos taxadas; manteve, porém, o poder de taxar os fazendeiros. É sabido, contudo, que nenhum dos artigos da carta régia de Henrique jamais foi observado, e é certo que esse príncipe e seu sucessor cancelaram esse indulto menor e arrecadaram impostos arbitrários sobre as terras de todos os seus súditos, sem distinção. Esses impostos eram por vezes bastante pesados. Por causa deles, no reinado de Guilherme Rufo, os fazendeiros simplesmente puseram o arado de lado, provocando assim um surto de fome.

Os confiscos eram outro importante ramo de poder da Coroa e de arrecadação, especialmente nos primeiros reinados após a conquista. As terras de um barão sem herdeiros revertiam para o rei, o que aumentava continuamente suas posses. A Coroa detinha o poder de confiscar legalmente heranças, o que fazia a fortuna de seus amigos e servos e aumentava sua própria autoridade. E podia reter bens confiscados, confundindo-os com as posses reais; provavelmente por essa razão, o rei alienava suas próprias terras.

Além do confisco por falta de herdeiros, também eram frequentes aqueles por crimes ou pelo não cumprimento de obrigações para com o senhor. Um vassalo que fosse convocado três vezes à corte de seu senhor por acusação de fealdade e se recusasse a submeter-se a ele perdia todo direito ao título da terra. O que dissemos é suficiente para provar que a antiga posse da propriedade feudal era precária, e a ideia primária de que ela era uma espécie de *emolumento* ou *benefício* nunca desapareceu.

Outra fonte importante de poder e receita eram as multas, punições e oblatas, como eram chamadas. Os documentos do Erário que nos restaram conservam o surpreendente registro das numerosas multas e punições aplicadas naqueles dias, bem como das estranhas invenções a que se recorria para extrair dinheiro dos súditos. Parece que os antigos reis da Inglaterra se igualavam aos bárbaros príncipes orientais, aos quais nenhum homem poderia dirigir-se sem uma oferenda. Vendiam seus bons ofícios e imiscuíam-se em todas as transações que pudessem trazer dividendos; a justiça era abertamente comprada e vendida; a corte real, judicatura suprema do reino, só estava aberta a quem trouxesse oferendas para o rei; subornos, para apressar, atrasar, suspender e, sem dúvida, perverter a justiça, entravam nos registros do tesouro real, e continuavam como um monumento da permanente iniquidade e tirania desses tempos.

Comércio Para que se tenha uma ideia da situação do comércio na Inglaterra, basta observar que os judeus, apesar de todos os constrangimentos a que estavam submetidos, concentravam boa parte das transações e dos empréstimos em moeda; e não surgira no reino nenhuma espécie de atividade comercial, no que tange à agricultura, por conta das imensas posses da nobreza, pela desordem dos tempos e pela condição precária da propriedade feudal.[10]

Sir Harry Spellman afirma como verdade indubitável que os éditos dos reis, emitidos com o consentimento de seus conselhos privados, tinham força plena de lei, durante os reinados dos primeiros príncipes normandos.[11] Mas os barões certamente não eram tão passivos que entregassem ao soberano um poder totalmente despótico e arbitrário. Parece que a constituição não fixava limites precisos ao poder real. O direito de emitir decretos extraordinários e exigir obediência a eles, que sempre se supôs ser inerente à Coroa, dificilmente se distingue, na verdade, de uma autoridade legislativa. A extrema imperfeição das leis antigas e as emergências súbitas, tão frequentes em governos turbulentos, obrigavam os príncipes a exercer poderes latentes de sua prerrogativa, e o rei naturalmente assumia, com aquiescência do povo, em situações de emergência, uma autoridade da qual fora privado por seus próprios estatutos, cartas ou concessões, e que, no geral, repugnava

---

10 Os extratos do *Domesday Book* fornecidos pelo dr. Brady em seu *Treatise of the Boroughs* mostram que quase todos os burgos da Inglaterra sofreram o choque da Conquista, e decaíram extremamente entre a morte do Confessor e a época em que o *Domesday* foi redigido. (N. A.)

11 *Glossarium archaiologicum* (1664), verbete *judicium Dei*. O autor de *Le miroir des justices* (Andrew Horne, 1642) queixa-se de que as ordenações são feitas somente pelo rei e por seus clérigos, e por estranhos que não ousam contradizer o rei, ao contrário, bajulam-no; assim, conclui ele, as leis são com mais frequência ditadas pela vontade do que fundadas no direito. (N. A.)

ao gênio da constituição. A lei assegurava tão bem a vida, a liberdade pessoal e a propriedade de seus súditos contra sua autoridade arbitrária quanto o poder independente e as conexões privadas de cada indivíduo. Pelo que mostra a Carta Magna, não somente João, príncipe tirânico, e Ricardo, príncipe violento, como também o pai de ambos, Henrique (em cujo reinado a prevalência de abusos deve ter sido menor), tinham o costume de aprisionar, banir e proscrever homens livres, respaldados pela autoridade real soberana e à revelia da lei.

Um barão destacado considerava-se a si mesmo como uma espécie de soberano de seu território, e vivia cercado de cortesãos e dependentes, mais leais a ele do que ministros de Estado e altos oficiais ao soberano. Não raro mantinha em sua corte uma ostentação de realeza; nomeava um oficial de justiça, um condestável, um marechal, um ecônomo, um senescal, um chanceler; e concedia a cada um deles uma província e um comando em separado. Era assíduo no exercício de sua jurisdição, e deleitava-se de tal modo com a imagem de soberania que se tornou necessário regular por lei as reuniões dessas cortes. Os ofícios do barão, bons ou maus, sua justiça ou injustiça, tudo isso encontrava-se à venda; tinha o poder, consentido pelo rei, de extorquir mesmo os cidadãos livres que viviam em seu baronato; e como suas necessidades o tornassem rapace, sua autoridade era às vezes mais opressiva e tirânica do que a do soberano. Interferia em disputas hereditárias, pessoais, ou entre vizinhos, e não recusava proteção a aventureiros e criminosos porventura úteis aos seus propósitos mais violentos. Somente ele tinha o poder de obstruir, em tempos de paz, a aplicação da justiça em seus territórios; aliando-se a uns poucos barões de distinção e poder, lançava o Estado em convulsão. Embora a autoridade real estivesse confinada a certos limites, frequentemente estreitos, a restrição a ela era irregular, o que causava grandes desordens. Nada disso, porém, derivava da liberdade do povo, mas, com efeito, do poderio militar de muitos tiranetes, tão perigosos para o príncipe quanto opressivos para os súditos.

Igreja   O poder da Igreja era outra trincheira contra a autoridade real, ao mesmo tempo em que provocava muitas inconveniências e danos. O excelso clero talvez não fosse tão propenso à violência quanto os barões, mas como aspirasse à completa independência em relação ao Estado e tivesse a religião para acobertá-lo, mostrou-se um obstáculo à constituição do reino e à execução das leis. Nesse pormenor, a política do Conquistador não foi tão acertada. Fomentou a veneração supersticiosa por Roma, sentimento para o qual os tempos inclinavam-se, e rompeu os laços que, na época dos saxões, haviam preservado uma união entre a ordem laica e a clerical; proibiu os bispos de ocupar assento nas cortes de condados; permitiu que as contendas eclesiásticas fossem decididas em cortes da ordem espiritual; e promoveu o poder do clero a ponto de consignar à Igreja 28.015 dos 60.215 feudos em que dividira a Inglaterra.[12]

---

12 Spellman, *Glossarium archaiologicum* (1664), verbete *manus mortua*. Não se deve imaginar, como fizeram alguns, que a Igreja possuísse terras nessa proporção; apenas que ela e seus vassalos desfrutavam dessa parte em proporção às terras consignadas. (N. A.)

Leis civis   A primazia do primogênito foi introduzida com o direito feudal. Trata-se de uma instituição nociva, que produz e mantém divisão desigual de propriedade privada, mas também vantajosa, pois acostuma as pessoas a dar primazia ao filho mais velho, evitando assim divisões e disputas na sucessão do trono. Os normandos introduziram o uso de sobrenomes, que contribuem para o reconhecimento de famílias e linhagens. Não aboliram a crucificação e o calvário, métodos absurdos de punição, aos quais acrescentaram outro, não menos absurdo, o duelo, que se tornou parte regular da jurisprudência e era conduzido com toda ordem, método, devoção e solenidade. As ideias de cavalaria também parecem ter sido trazidas pelos normandos; não se encontram traços dessas fantasiosas noções nas simplórias e rústicas maneiras dos saxões. As instituições feudais, ao promover os arrendatários militares a uma posição de dignidade similar à de um soberano, e fazer da força e do valor pessoais um requisito para que cada cavaleiro e barão pudesse se defender e vingar-se por si mesmo, instilaram o orgulho marcial e o senso de honra, que, uma vez cultivados e embelezados pelos poetas e romancistas, redundaram na cavalaria. O virtuoso cavaleiro não se limitava a suas querelas particulares: socorria os inocentes, os desprotegidos, e, acima de tudo, o belo sexo, que protegia com braço forte. O descortês cavaleiro que atacasse ou assaltasse viajantes era objeto de sua perpétua indignação, e não hesitava em abatê-lo quando quer que deparasse com ele. A grande independência dos homens fazia da honra pessoal e da fidelidade os principais vínculos entre eles, tornando-as virtudes capitais de todo cavaleiro digno desse nome ou que genuinamente professasse a cavalaria. As solenidades do combate individual, tais como estabelecidas por lei, baniram dos duelos a noção de injustiça ou desigualdade, mantendo a aparência de cortesia entre os combatentes até o momento em que se enfrentassem. A credulidade da época acrescentou a esse caldo as noções de gigantes, magos, dragões, feitiços e mil outras maravilhas, que se multiplicaram ainda mais no tempo das Cruzadas, quando os homens, retornando de longas distâncias, tomaram a liberdade de impor as mais variadas ficções à sua crédula audiência.[13] Essas ideias de cavalaria infestaram os escritos, a conversação e o comportamento dos homens durante alguns séculos; e, após terem sido em boa medida banidas pelo renascimento das letras, deixaram como legado o galanteio e a questão de honra, frutos legítimos das antigas afetações e cuja influência perdura até hoje.[14]

---

13 Em todos os combates legais, era parte do cavaleiro declarar que não trazia consigo nenhuma mandinga, feitiço ou amuleto para favorecer a sua vitória. (N. A.)

14 Hume discute a importância do galanteio para o abrandamento das maneiras dos modernos, em contraste com a rispidez dos antigos, no ensaio "Do surgimento e progresso das artes" (1742). Quanto à cavalaria, suas concepções na *História da Inglaterra* representam uma mudança em relação ao fragmento de juventude "Ensaio histórico sobre a cavalaria e a honra moderna", em que afirmara: "Quando os bárbaros começaram a apreciar a virtude e a polidez, em algum grau para além do que estavam acostumados, foi inevitável que a sua mente abraçasse concepções vastas, que, por não contarem com a correção do juízo e da experiência, só poderiam ser va-

A concessão da Carta Magna, ou antes, sua redação final (pois há um considerável intervalo entre uma coisa e outra), fomentou gradualmente uma nova espécie de governo e introduziu alguma ordem e justiça na administração. Por isso, as cenas que se seguirão em nossa história são muito diferentes das que acabamos de contemplar. No entanto, a Carta Magna não introduziu o estabelecimento de novas cortes, magistrados ou senados, tampouco aboliu as antigas, não inovou na distribuição de poderes no corpo político ou no direito público do reino; tudo o que fez foi proteger, e meramente por meio de cláusulas verbais, contra inovações tirânicas tais que são incompatíveis com o governo civilizado, e, se forem muito frequentes, com qualquer governo. Os bárbaros abusos dos reis, talvez também os dos nobres, foram desde então contidos. Os homens adquiriram mais segurança para sua propriedade e para suas liberdades, e o governo aproximou-se um pouco mais do fim para o qual fora instituído, a saber, a administração da justiça e a indiferente proteção de todos os cidadãos. Atos de violência e iniquidade da parte da Coroa, antes considerados ofensi-

---

zias e frágeis. E assim, o monstro da cavalaria romântica, ou do cavaleiro errante, veio ao mundo, por uma operação necessária dos princípios da natureza humana. Descendia dos mouros e árabes, que absorveram algo da civilidade dos romanos, pois viviam em províncias por eles dominadas, e eram um povo do sul; e os povos do sul, como mostra a observação, por serem mais ágeis e inventivos do que os do norte, foram os primeiros a atinar com essa invenção". Citado por Mossner, "David Hume's An Historical Essay on Chivalry and Modern Honour". In: *Modern Philology*, v.45, n.1 (1947). (N. T.)

vos em relação a indivíduos, em proporção ao número, ao poder e à dignidade das pessoas afetadas, eram agora, em certa medida, considerados ofensas públicas, violações de uma carta calculada para a segurança geral. E assim o estabelecimento da Carta Magna, se de modo algum inovou na distribuição do poder político, tornou-se uma espécie de marco na história da Constituição inglesa.

5
Origens da liberdade na Inglaterra[1]

Acompanhamos a história da Inglaterra através de uma série de épocas sucessivas de barbárie até chegarmos, por fim, à aurora de civilidade e ciências e termos a perspectiva de adquirir maior certeza em nossas narrações históricas bem como de oferecer ao leitor um espetáculo mais digno de sua atenção. A incerteza em relação aos fatos e a escassez de circunstâncias, porém, não afetam igualmente cada uma das partes da extensa narrativa que ora se encerra. Esta ilha possui muitos historiadores antigos dignos de crédito, assim como muitos documentos históricos, e é incomum que os anais de um povo tão pouco cultivado como os ingleses, e os de outros povos europeus, tenham sido transmitidos à posteridade, após o declínio da erudição romana, tão integralmente e com tão pouca mistura de falsidade e fábula. Essa vantagem, nós a devemos

---
[1] Seção final, sem título, do Livro II (1761). Por ter sido esse volume o último a ser publicado, o presente texto pode ser lido como uma espécie de conclusão filosófica da obra. (N. T.)

inteiramente ao clero de Roma, que ao fundar sua autoridade num conhecimento superior evitou a total extinção da preciosa literatura da Antiguidade e, sob o abrigo de numerosos privilégios e imunidades, adquiriu uma segurança, por meio do fomento da superstição, que em vão poderia esperar do escasso senso de justiça e humanidade de uma época licenciosa e atribulada. O espetáculo que a história desses tempos nos oferece não chega a ser desprovido de entretenimento e instrução. A contemplação das maneiras humanas, em toda a variedade sob a qual se apresentam, é proveitosa e agradável; e se o seu aspecto em certos períodos parece horrível e deformado, isso pode nos ensinar a acalentar com assiduidade a ciência e a civilidade, tão intimamente ligada à virtude e ao senso de humanidade, e que, por ser o soberano antídoto contra a superstição, é também o mais eficaz remédio contra toda espécie de desordens e vícios.

O surgimento, o progresso, a perfeição e o declínio da arte e da ciência são objetos curiosos de contemplação e estão intimamente conectados com a narrativa de transações civis. Eventos de um período em particular só podem ser plenamente explicados pela consideração dos graus de avanço que os homens alcançaram nesses particulares.

Os que lançam os olhos sobre as revoluções gerais da sociedade podem constatar que quando praticamente todas as melhorias de que a mente humana é suscetível chegaram quase próximas da perfeição, ou seja, por volta da época de Augusto, a partir desse ponto ou período o homem decaiu paulatinamente na ignorância e na barbárie. A extensão ilimitada do Império Romano e o consequente despotismo de seus monarcas[2] extinguiram toda emulação, deprimiram o vigor dos espíritos e apagaram a nobre chama que acalenta e fomenta cada uma das artes refinadas. O governo militar que veio a seguir tornou inseguras e precárias até mesmo a vida e a propriedade dos homens, mostrou-se fatal às artes vulgares, porém necessárias, da agricultura, das manufaturas e do comércio, e, no fim, à própria arte e gênio militar, que unicamente poderiam sustentar o imenso edifício do império. A posterior irrupção das nações bárbaras destruiu totalmente o conhecimento humano, que já se encontrava em plena decadência, e cada vez mais os homens afundaram em ignorância, estupidez e superstição, até que a luz da antiga ciência e da história se extinguisse quase por completo em todas as nações europeias.

Há um ponto de depressão e um ponto de elevação a partir dos quais os assuntos humanos tomam a direção contrária, e que eles, em sua ascensão ou declínio, dificilmente ultrapassam. A época em que a Cristandade mergulhou mais profundamente na ignorância e, consequentemente, em desordens de toda espécie, pode ser fixado com precisão no século XI, no período de Guilherme, o Conquistador. A partir dessa época, o sol da ciência começou a raiar no firmamento e a esparramar seus raios de luz, antes da manhã propriamente dita, que veio com o

---

2 Ver Montesquieu, *Considerações sobre as causas da grandeza dos romanos e de sua decadência* (1734; Rio de Janeiro: Contraponto, 2002); e Gibbon, *Declínio e queda do Império Romano* (1775; São Paulo: Companhia das Letras, 1997). (N. T.)

renascimento das letras no século XV. Os dinamarqueses e outros povos do Norte, que com suas depredações por tanto tempo infestaram o litoral e mesmo o interior da Europa, aprenderam as artes do arado e da agricultura, encontraram sustento em seus novos domínios e nunca mais pensaram em trocar os frutos de sua própria diligência pela precária subsistência fornecida pela rapina e pilhagem de seus vizinhos. Os governos feudais de nações meridionais, por sua vez, foram moldados em conformidade a um sistema, e embora a estranha espécie de organização política que surgiu fosse inadequada para assegurar liberdade ou tranquilidade, era preferível à licença e à desordem universais que por toda parte a haviam precedido. Mas nenhum evento parece ter sido tão propício ao aprimoramento dessa época quanto a descoberta acidental e pouco notada de uma cópia do códex de Justiniano, por volta do ano de 1130, na cidade italiana de Amalfi.

Eclesiásticos com tempo ao seu dispor e com alguma propensão para o estudo imediatamente adotaram com zelo esse excelente sistema de jurisprudência, e disseminaram seu conteúdo por cada uma das partes da Europa. Além do mérito intrínseco da obra, recomendava o códex aos seus olhos a conexão de origem com a cidade imperial de Roma, que, por ser o trono de sua religião, parecia ganhar lustre e autoridade redobrados, graças à difusão de leis pelo mundo ocidental. Menos de dez anos após a descoberta do códex, Vacário, sob o patrocínio de Teobaldo, arcebispo de Canterbury, proferiu lições públicas de direito civil na universidade de Oxford, e por toda parte o clero, pelo exemplo bem como pela exortação, difundiu a mais alta estima pela nova ciência. Essa ordem de homens, por ter muitas posses a proteger, foi de alguma maneira compelida a dedicar-se aos estudos do direito; e como suas propriedades estivessem sob constante ameaça de violação por príncipes e barões, tinham o interesse de reforçar a observância das regras gerais e equitativas que unicamente poderiam protegê-la. Por concentrarem todo o conhecimento que havia na época e serem os únicos acostumados a hábitos intelectuais, a prática e a ciência do direito como que caíram em suas mãos. E embora a estreita conexão que, sem qualquer necessidade, haviam formado entre direito canônico e direito civil, tenha despertado a desconfiança dos laicos na Inglaterra, o que impediu que a jurisprudência romana se tornasse, como em outros Estados da Europa, a lei nacional do país, boa parte dela foi incorporada, insensivelmente, à prática das cortes de justiça, e os ingleses, imitando seus vizinhos, gradualmente empenharam-se em resgatar seu próprio direito da condição rudimentar e imperfeita em que se encontrava.

São facilmente discerníveis as vantagens que a Europa teria a colher da herança que lhe fora integralmente legada pelos antigos, uma arte tão completa e ao mesmo tempo tão necessária para dar segurança a todas as outras, e que, ao refinar o juízo e torná-lo mais sólido, serviu como modelo para aprimoramentos ulteriores. A evidente utilidade do direito romano, para o interesse privado bem como para o público, recomendava o seu estudo numa época em que as ciências mais rarefeitas e mais especulativas eram, sem dúvida, as mais atraentes; e assim o último ramo da literatura antiga a ser preservado em sua pureza original foi afortunadamente transmitido para o mundo moderno. É admirável que durante o declínio da erudição romana, quando a superstição e o sofisma infectavam os filósofos e o barbarismo contagiava os poetas e os historiadores, os juristas, que na maioria dos países dificilmente são modelos de ciência e polidez, tenham sido os responsáveis por manter, com dedicação aos estudos e afinco na imitação de seus predecessores, o mesmo bom senso que estes haviam mostrado em suas decisões e raciocínios, a mesma pureza que haviam adotado na linguagem e na expressão.

O mérito do direito civil foi ainda maior, se pensarmos na extrema imperfeição da jurisprudência em todas as nações europeias, em especial entre os saxões, ou ingleses antigos. Os absurdos que prevaleciam na administração da justiça podem ser inferidos a partir dos documentos do direito saxão que chegaram a nós: uma comutação pecuniária era aplicada a todos os crimes; preços eram fixados para a preservação da vida de um homem ou de membros do seu corpo; a vingança privada era autorizada para todas as ofensas; a ingestão de um pedaço de pão consagrado por uma benção e a determinação da inocência ou culpa por tortura, posteriormente substituídos pelo duelo, eram os métodos de confissão mais aceitos; juízes eram proprietários rurais, reunidos de última hora, decidiam a causa a partir do resultado do debate ou altercação entre as partes. Em tal condição, a sociedade pouco avançara em relação ao estado de natureza mais rudimentar: a violência prevalecia em lugar de máximas gerais e equitativas; a suposta liberdade dos tempos era mera incapacidade de se submeter ao governo; e os homens, por não terem a vida e a propriedade garantidas pela lei, buscavam proteção se submetendo ao representante local da Coroa ou se associando voluntariamente a outros na mesma situação.

O progresso gradual do aprimoramento elevou os europeus um pouco acima dessa condição inculta, e nesta ilha em particular os negócios de Estado tomaram desde cedo um rumo mais favorável à justiça e à liberdade. Empregos e ocupações civis logo se tornaram honoráveis entre os ingleses, pois a perpétua atenção à guerra não era tão necessária como em nações vizinhas. A profissão militar não era a única valorizada: a pequena nobreza, e mesmo a grande, começou a considerar o estudo do direito como uma parte necessária da educação, enquanto que o estudo de outras ciências, posteriormente mais valorizadas, não os atraía tanto. Conforme nos diz Fortescue,[3] na época de Henrique VI havia nas cortes de justiça cerca de dois mil estudantes, a maioria deles bem-nascidos, que escolheram se aplicar a esse ramo da administração civil. Essa circunstância prova que houvera um progresso considerável na ciência de governar, e tal que permitia esperar por outros ainda maiores.

Uma das principais vantagens resultantes da introdução e progresso das artes foi a introdução e progresso da

---

3 Fortescue, *De laudibus legum Angliae*. (N. T.)

liberdade,[4] consequência que afetou os homens em sua condição *pessoal* e *civil*.

Se considerarmos a condição anterior da Europa, veremos que a maior parte da sociedade era privada de liberdade (*freedom*) *pessoal*, e vivia inteiramente à mercê de seus senhores. Os que não eram nobres eram escravos; camponeses eram vendidos junto com as terras; os poucos habitantes da cidade não estavam em melhores condições; a pequena nobreza era o elo inferior de uma longa cadeia de barões principais ou vassalos superiores da Coroa. Embora se encontrassem em condição mais favorável, mal eram protegidos pela lei, estavam expostos a todo tipo de turbulência do Estado, e, dada a precária condição em que viviam, pagavam caro pelo poder de oprimir e tiranizar seus inferiores. A primeira ruptura com esse violento sistema de governo foi a prática, iniciada na Itália e imitada na França, de erigir comunidades e corporações dotadas de privilégios e com um governo à parte, que as protegia contra a tirania dos barões e que o próprio príncipe considerava prudente respeitar.[5]

---

4 A partir deste momento, Hume utiliza dois termos para liberdade: *freedom*, como nesta passagem, e *liberty*, que vinha sendo utilizado até aqui. Assinalaremos a seguir essas ocorrências. Na pena do autor escocês, o primeiro significa a liberdade individual; o segundo, a liberdade como qualidade do corpo político. (N. T.)

5 Houve de início sintomas de desconfiança da parte dos barões em relação às artes, como se fossem nocivas ao usufruto de suas licenças. Uma lei promulgada por Henrique IV proibia que alistassem filhos no aprendizado de uma profissão qualquer alguém que não possuísse renda em terras equivalente a

Origens da liberdade na Inglaterra

O relaxamento dos títulos de posse feudal e a observância mais estrita do direito público propiciaram aos vassalos uma independência que seus ancestrais desconheciam. Mesmo os camponeses, ainda que muito depois das outras ordens do Estado, livraram-se dos grilhões da escravidão que os aprisionavam.

Pode parecer estranho que o progresso das artes, que entre os gregos e os romanos contribuiu para o diário aumento do número de escravos, tenha se mostrado, em tempos mais recentes, tão favorável à liberdade (*liberty*). Essa diferença de resultado, no entanto, procede de uma grande diferença nas circunstâncias concomitantes a essas instituições em cada um desses períodos. Os barões, obrigados a adotar uma postura vigilante, desprovidos de gosto para elegância e esplendor, empregavam no serviço militar não os seus vassalos ou serviçais domésticos, menos ainda seus manufatores, mas um séquito próprio de libertos, prontos para apoiá-los em toda empreitada e cujo espírito marcial tornava seu chefe imponente aos olhos dos vizinhos. Os vassalos ocupavam-se inteiramente do cultivo da terra de seu senhor e pagavam o tributo em cereais, gado e outros produtos, ou prestando serviços à família do barão e arando as terras que ele possuía.

---

20 xelins por ano. Percebeu-se que as cidades já começavam a atrair lavradores e fazendeiros; mas não se entrevia o quanto o aumento do comércio elevaria o valor das propriedades rurais. Para encorajar os burgos, os reis concederam o privilégio de que um vassalo que tivesse pertencido por doze meses a alguma corporação ou guilda deveria, a partir desse momento, ser considerado livre. (N. A.)

À medida que a agricultura se aprimorava e trazia mais dividendos, constatava-se que esses préstimos, extremamente fatigantes para o vassalo, tinham pouca ou nenhuma utilidade para seu senhor, e não havia motivo para que a produção de uma propriedade de grandes dimensões não fosse apropriada pelos próprios camponeses que a cultivaram, e não pelo senhor de terras ou por seu feitor, que estavam acostumados a recebê-la. Começaram a ser realizadas permutas, de arrendamento da terra por serviços ou dinheiro; e como os homens percebessem que fazendas são mais bem cultivadas quando o fazendeiro usufrui de sua posse em segurança, a prática de realizar alocações a camponeses começou a tornar-se mais comum, contribuindo para romper definitivamente com usos remanescentes, ainda que mais relaxados. Dessa maneira, a vassalagem caiu gradualmente em desuso nas partes mais civilizadas da Europa. Os interesses do senhor e do servo concorreram para essa alteração. As derradeiras leis que encontramos na Inglaterra com o intuito de reforçar ou regrar essa espécie de servidão foram promulgadas por Henrique VII. E embora os estatutos do antigo regime continuassem vigentes no tempo de Elisabete, parece que antes do fim de seu reinado a distinção entre vassalo e liberto havia sido totalmente abolida, ainda que não pelo parlamento, e não restava no reino sequer uma pessoa a quem se aplicassem as antigas leis.

Assim, a liberdade (*freedom*) *pessoal* tornou-se generalizada em toda a Europa, vantagem que pavimentou o caminho para a liberdade (*liberty*) *política* ou *civil*. Mesmo onde esse efeito salutar não foi obtido, os membros da comunidade puderam desfrutar de algumas de suas vantagens mais consideráveis.

A constituição do governo inglês pode se orgulhar do fato de que desde a invasão desta ilha pelos saxões em nenhum momento a vontade do monarca foi inteiramente absoluta e irrestrita. Contudo, em outros aspectos, a balança de poder oscilou ao extremo entre as muitas ordens do Estado, e essa estrutura experimentou a mesma mutabilidade que incide em todas as instituições humanas.[6]

Os antigos saxões, a exemplo de outras nações germânicas em que cada indivíduo tinha armamento próprio e a independência dos homens era assegurada pela equivalência de suas posses, parecem ter admitido parcela considerável de democracia em sua forma de governo, e foram, ao que parece, uma das nações mais livres de que há registro na história. Após o estabelecimento dessa tribo na Inglaterra, e em especial após a dissolução da Heptarquia [ano 860], a grande extensão do reino produziu grande desigualdade de posses, e a balança parece ter pendido para o lado da aristocracia. A conquista normanda deu mais autoridade para o soberano, que, no entanto, concedeu poder considerável às demais ordens, menos por artigos gerais da constituição, que era inacurada e irregular, que pelo poder independente desfrutado por cada barão em seu respectivo distrito ou província. O estabelecimento da Magna Carta constitucional [ano

---

6 Confirmação histórica da refutação conceitual da tese *whig* de que a Constituição inglesa seria um contrato original firmado entre o povo e o rei. (N. T.)

1216] promoveu ainda mais a aristocracia, impôs limites regrados ao poder real e paulatinamente introduziu uma parcela de democracia na constituição. Mesmo durante o período entre a acessão de Eduardo I e a morte de Ricardo III [1272-1485], a condição dos Comuns não os tornava elegíveis; prevalecia uma espécie de aristocracia à polonesa, e embora os reis tivessem poder limitado, o povo estava longe de ser livre. Foi necessária a autoridade quase absoluta do soberano para que, no período seguinte, fossem derrubados os desordeiros e licenciosos tiranos tão nocivos à paz quanto à liberdade (*freedom*) e se estabelecesse uma execução regular das leis, o que no período seguinte permitiu ao povo erigir um plano de liberdade (*liberty*) regular e equitativo.

Em cada uma dessas alterações sucessivas, a única regra de governo que permaneceu inteligível ou manteve alguma autoridade é a prática estabelecida de cada época, ou seja, máximas de administração que se impuseram e receberam assentimento universal. Aqueles que, alegando respeito à antiguidade da constituição, apelam sempre que podem ao seu suposto plano original, apenas escamoteiam seu espírito desordeiro e sua ambição pessoal sob a aparência de formas veneráveis. Não importa o período que tomem como modelo, pode-se sempre remetê-lo a outro mais antigo, em que se encontrarão parâmetros de poder inteiramente diferentes e em que as circunstâncias, em razão da barbaridade dos tempos, não parecerão tão dignas de ser imitadas. Acima de tudo, uma nação civilizada como a inglesa, que teve a felicidade de estabelecer o mais perfeito e mais acurado sistema de liberdade (*liberty*) que já existiu em compatibilidade com o governo, deveria pensar duas vezes antes de apelar para a prática de seus ancestrais ou de adotar máximas de épocas incultas como regras certas de conduta no presente. O conhecimento dos períodos ancestrais de seu governo pode ser *útil*, principalmente por ensiná-la a ser vigilante em relação à constituição atual, pela comparação ou contraste com a daqueles tempos primordiais; e também *curiosa*, por mostrar-lhe o remoto e no mais das vezes pálido e desfigurado original de suas bem-acabadas e nobres instituições, instruindo-a assim a respeito da considerável parcela de acidentes que se combinaram com uma pequena dose de sabedoria e antevisão para erigir a complexa estrutura do mais perfeito dos governos.

6
Leis de Henrique VII[1]

O poder dos reis da Inglaterra sempre teve algo de irregular ou discricionário, mas em nenhum reinado, não depois do estabelecimento da Carta Magna, chegou a ser tão absoluto como sob Henrique. Além das vantagens advindas do caráter pessoal do homem, cheio de vigor, empenho e severidade, decidido na execução de todos os seus projetos, firme na realização de seus propósitos, respaldado pela precaução, bem como pela sorte em todas as suas empreitadas, há que considerar que ele subiu ao trono após longas e violentas guerras civis, que arruinaram completamente a grande nobreza, única ordem que poderia resistir ao avanço de sua autoridade; que o povo, cansado de discórdias e convulsões intestinas, estava predisposto a aceitar usurpações e mesmo agressões, se isso servisse para evitar novas catástrofes; que as infrutíferas tentativas de resistência como sempre serviram

---

[1] "Henry VII. Laws", Capítulo 26, Livro III (1759), fim. (N. T.)

apenas para confirmar sua autoridade; que, por governar apoiado por uma facção, e por uma facção minoritária, os que eram nomeados para ocupar cargos, cientes de que deviam tudo a sua proteção, estavam prontos para respaldar sua autoridade, que fosse a expensas da justiça, e dos privilégios do Parlamento. Tais foram, ao que parece, as principais causas que contribuíram, nesse período, para o considerável crescimento da prerrogativa da Coroa, e fizeram que esse reino marcasse época na história da Constituição inglesa.

Embora tenha elevado sua prerrogativa acima da lei, Henrique VII é exaltado pelo historiador de seu reinado[2] por ter promulgado numerosas leis benignas para o governo de seus súditos. E, de fato, muitas regras importantes encontram-se em seus estatutos, tanto em relação à política interna quanto ao comércio. Mas as primeiras são em geral formuladas com muito mais acerto do que as últimas. As ideias mais simples de ordem e equidade são suficientes para guiar o legislador em tudo o que diga respeito à administração doméstica da justiça, enquanto que os princípios de comércio são muito mais complicados e requerem longa experiência e profunda reflexão para serem adequadamente compreendidos, em qualquer Estado que seja. As verdadeiras consequências da lei e da prática comercial contrariam amiúde as aparências mais imediatas. Não admira que durante o reinado de Henrique VII essa matéria tenha sido com frequência tratada

---

2 Lorde Bacon, *The History of the Reign of King Henry the Seventh* (1622). (N. T.)

equivocadamente, e pode-se afirmar com segurança que mesmo na época de lorde Bacon as ideias formadas a esse respeito permaneciam muito imperfeitas e errôneas.

No início do reinado de Henrique, a autoridade da Câmara Estrelada,[3] anteriormente fundada no direito comum e na prática tradicional, foi confirmada por ato do Parlamento. Lorde Bacon enaltece a utilidade dessa corte, mas já em sua época começou-se a perceber que uma jurisdição tão arbitrária como essa era incompatível com a liberdade. À medida que o espírito de independência da nação se exaltou, cresceu a aversão por ela, até que foi por fim abolida por um ato do Parlamento, sob Carlos I, pouco antes do início das guerras civis.

No reinado de Henrique foram promulgadas leis que ordenavam que os presos por assassinato fossem executados até um ano e um dia após a condenação. Anteriormente, as execuções demoravam a acontecer, e era comum que os familiares ou amigos da pessoa morta entrassem em acordo com o criminoso e o crime não fosse punido. Petições passaram a ser emitidas para os pobres *in forma pauperis*, como se diz, sem que fosse preciso pagar taxas pelos decretos ou emolumentos aos conselhos locais. Trata-se de uma boa lei, não importa a época, mas especialmente para tempos como esses, quando o povo padecia sob a opressão dos grandes; contudo, é difícil executá-la.

---

3 O nome *star-chamber* ou *starred-chamber* refere-se ao teto pintado com estrelas do prédio em que primeiro se reuniu esse tribunal, surgido no século XIV e abolido em 1641, juntamente com a Corte do Alto Comissariado. Ver neste volume o Capítulo 9, nota 4. (N. T.)

Outra lei promulgada proibia que mulheres fossem presas à força. A imunidade do clero foi suprimida. Ordenou-se que os criminosos, quando da primeira ofensa cometida, tivessem uma das mãos queimada com uma letra denotando o crime; em caso de reincidência, recebiam a pena capital. Os xerifes perderam o direito de multar uma pessoa sem antes submetê-la à sua corte; é estranho que a prática contrária tenha prevalecido. A presença diante de um tribunal era garantida para casos em que a multa pelo crime excedesse 40 libras; aparentemente equânime, essa lei se mostrou inconveniente. Ações populares não mais poderiam ser burladas por conluio ou fraude. Um serviçal que conspirasse contra a vida de um mordomo, administrador ou criado do rei, poderia ser punido por felonia, ainda que seus desígnios não fossem executados. Esse estatuto foi promulgado em benefício do arcebispo Morton, que tinha numerosos inimigos.

Nesse reinado, mal houve sessão do parlamento em que não tenha sido aprovado algum estatuto contra a contração de dependentes, que recebiam flâmulas e emblemas, prática que os alistava, de certa maneira, sob um grande lorde, prontos para servi-lo, por ocasião de guerras, insurreições, tumultos, agressões e mesmo testemunhando a seu favor em cortes de justiça. Tal desordem, que prevalecera por sucessivos reinados, quando a lei oferecia pouca proteção ao súdito, estava profundamente enraizada na Inglaterra, e para extirpá-la foram necessários toda a vigilância e o rigor de Henrique. Conta-se um episódio de sua severidade contra esse abuso; parece louvável, embora seja citado como exemplo de sua rapacidade e avareza. O conde de Oxford, general favorito do rei, no qual este depositava merecida confiança, recebeu Henrique no castelo de Heningham com pompa e circunstância. Ansioso por exibir toda a magnificência possível, preparou uma cerimônia de despedida para o convidado real e ordenou que seus dependentes, com suas respectivas flâmulas e emblemas, se perfilassem em duas linhas, formando uma passagem e dando uma ideia ainda mais exaltada de esplendor e gala. "Milorde", disse o rei, "ouvi muito a respeito de vossa hospitalidade, mas a realidade excede qualquer relato. Esses formosos cavalheiros e alabardeiros que vejo ao meu redor, sem dúvida são todos vossos servos?" Ao que o conde sorriu, e disse que sua fortuna não era suficiente para tamanha magnificência. "A maioria deles", explicou, "são meus dependentes, que aqui estão, com seus serviços, para auxiliar-me na honra de receber vossa Majestade." O rei, ligeiramente sobressaltado, disse: "Por Deus! Agradeço a bela recepção! Mas não posso permitir que minhas leis sejam violadas à minha vista. Meu procurador conversará com o senhor". Diz-se que Oxford teria pago nada menos que 15 mil marcos como multa compensatória.

O aprimoramento das artes, muito mais do que a severidade das leis, pôs fim a essa prática perniciosa. A nobreza, em vez de rivalizar quanto ao número e qualidade de seus dependentes, adquiriu com o tempo uma espécie de emulação mais civilizada e empenhou-se em se exceder no esplendor e elegância de sua equipagem, de suas casas, de sua mesa. O povo comum, não mais sustentado em viciosa preguiça por seus superiores, foi obrigado a desenvolver alguma vocação ou a aprender alguma prática, tornando-se útil para si mesmo e para os outros. É preciso reconhecer, a despeito dos que denunciam tão violentamente o refinamento nas artes (que preferem chamar de *luxo*), que assim como um industrioso mercador é um homem e um cidadão melhor do que um desses preguiçosos que dependem de grandes famílias, também a vida de um nobre moderno é melhor que a de um barão antigo.

Porém, a lei mais importante promulgada por Henrique, quanto às consequências, foi aquela pela qual a grande e a pequena nobreza adquiriram o direito de revogar testamentos e alienar suas posses. Graças a ela, aliada às primeiras manifestações de luxo e refinamento, as fortunas dos barões foram gradualmente dissipadas, e a propriedade dos Comuns aumentou na Inglaterra. É provável que Henrique tenha previsto e tencionado essa consequência, pois o esquema recorrente de sua política consistia em depreciar os grandes e exaltar clérigos, advogados e homens de novas famílias, mais dependentes dele.

O gosto do rei pelo dinheiro levou-o a estimular o comércio, o que aumentou a receita destinada à Coroa. Mas, a julgarmos pela maioria das leis promulgadas nesse reinado, o comércio e os negócios foram mais prejudicados do que favorecidos pelo cuidado e atenção dados a eles. Formularam-se leis severas contra empréstimos a juros, então denominado usura. Mesmo os lucros da troca foram proibidos, como se favorecessem a usura, zelosamente proscrita pela superstição dos tempos. Contratos evasivos, que facultavam lucros com o empréstimo da moeda, também foram cuidadosamente proibidos. Desnecessário dizer que essas leis eram inteiramente insensatas e iníquas, impossíveis de ser executadas, e nocivas ao comércio, caso fossem exequíveis. Pode-se observar, no entanto, em prol do rei, que para promover o comércio ele chegou a emprestar aos mercadores somas de dinheiro sem juros, ciente de que não dispunham de recursos para os empreendimentos que tinham em vista.

Foram formuladas leis contra a evasão de moeda de prata e de ouro, precaução que a outro propósito não serviu que o de estimular a exportação desses bens. A ansiedade a esse respeito era tamanha, que mercadores estrangeiros que importavam mercadoria para o reino se viram obrigados a investir em bens ingleses toda a moeda que adquiriam com vendas, para não exportá-la de maneira ilegal.

Proibiu-se a exportação de cavalos, como se ela não estimulasse sua criação e os tornasse mais abundantes no reino. Para promover o tiro com arco, o preço máximo dos arcos não poderia ultrapassar 6 xelins e 4 pence, ajustado aos valores de hoje. O único efeito dessa regra deve ter sido o de suprir arcos ruins ao povo ou de não supri-los. Os preços de casacos de lã, capas e chapéus também foram fixados. Os salários dos trabalhadores foram regulados por lei. É evidente que tais matérias devem permanecer livres, confiando-se no curso dos negócios e do comércio. Pode parecer surpreendente a alguns que o preço da jarda de tecido escarlate tenha sido limitado a 20 xelins, ajustado aos valores de hoje, e o da jarda de tecido tingido, a 18 xelins, preços mais altos que os atuais, e que os salários de trabalhadores como mestres de obras, pedreiros, marceneiros etc. tenham sido regulados a 10 pence por dia, valor não muito inferior ao pago hoje em certas partes da Inglaterra. O preço do trabalho e das mercadorias certamente subiu, após a descoberta das Índias Ocidentais, mas não tanto quanto geralmente se imagina. A diligência superior de nossos tempos fez que o número de trabalhadores aumentasse, de modo que salários se mantiveram praticamente no mesmo patamar que antes, apesar do grande aumento na circulação de ouro e prata. A arte empregada nas manufaturas mais finas fez o preço de certas mercadorias cair em relação ao que era antes. Sem mencionar que mercadores e negociantes, contentando-se com lucros menores que o de outrora, fornecem aos seus consumidores bens mais baratos. Um estatuto de Henrique mostra que bens adquiridos a 16 pence chegaram a ser vendidos pelos mercadores a 3 xelins. As mercadorias cujos preços subiram mais, como a carne de açougue, as aves e principalmente os peixes, são aquelas cuja quantidade não aumenta com a intensificação da arte e das atividades comerciais. A profissão mais comum, escolhida mesmo pelas classes mais baixas, era o clero. Uma cláusula estatutária proibiu os estudantes de mendigarem sem autorização do vice-chanceler.

Uma importante causa do estado de depressão das atividades comerciais no período foram as restrições impostas a elas. O parlamento, ou antes o rei (pois eram suas as iniciativas), afrouxou um pouco algumas limitações, mas muito menos que o necessário. Uma lei promulgada por Henrique IV estipulava que um homem só poderia destinar seu filho ou filha ao aprendizado de uma arte se possuísse o equivalente a 20 xelins em terras. Diante da queixa da decadência das manufaturas em Norwich por falta de braços, Henrique VII isentou essa cidade das penalidades da lei. Posteriormente, o condado inteiro de Norfolk obteve semelhante isenção em relação a certos ramos da manufatura de lã. Essas absurdas limitações procediam do desejo de promover a agricultura, que, no entanto, nunca é tão estimulada como pelo aumento da produção manufatureira. Pela mesma razão, a lei aprovada contra o cercamento de terras, em prol da preservação das fazendas, não merece os elogios que lhe foram feitos por lorde Bacon. Se os agricultores compreendem sua prática e têm destino certo para o produto da terra, não é preciso recear uma diminuição no número de pessoas empregadas no campo. Todo método de apoio à preservação do número dessas pessoas é violento e ineficaz, exceto pelo interesse dos proprietários. Por cerca de um século após esse período, verifica-se a frequente renovação de leis e éditos contra a emigração do campo para as cidades; disso podemos inferir que jamais foram executados. O curso natural dos aprimoramentos terminou por fornecer um remédio.

Um obstáculo considerável às atividades comerciais na Inglaterra foi o estabelecimento de corporações de ofício, abuso que ainda não foi inteiramente corrigido. Promulgou-se uma lei para que as corporações não aprovassem leis paralelas sem o consentimento de três oficiais do Estado; proibiu-se a utilização de cancelas em seus portões.

As cidades de Gloucester e de Worcester haviam imposto cancelas ao rio Sverne, que foram removidas.

Uma lei de Henrique contém um preâmbulo que mostra que a companhia de mercadores de Londres proibira, por autoridade própria, os mercadores do reino de estabelecer comércio com os grandes empórios dos Países-Baixos, exceto mediante o pagamento de uma soma de quase 70 libras. Admira que uma lei paralela como essa (se é que merece ser chamada de lei) tenha sido executada, e que para revogá-la tenha sido preciso recorrer à autoridade do Parlamento.

Durante esse reinado, em 2 de agosto de 1492, pouco antes do pôr do sol, Cristóvão Colombo, um genovês, partiu da Espanha em memorável expedição rumo à descoberta do mundo ocidental. Poucos anos depois, o português Vasco da Gama cruzou o Cabo da Boa Esperança e abriu nova passagem para as Índias Orientais. Esses grandiosos eventos tiveram consequências de monta para todas as nações da Europa, mesmo para as que não se envolveram diretamente nas expedições navais. Por toda parte, a expansão do comércio e da navegação incrementou as atividades comerciais e as artes; os nobres dissiparam suas fortunas com onerosos prazeres; homens de classes inferiores adquiriram uma parcela da propriedade da terra e criaram para si mesmos uma propriedade considerável, de novo tipo, em fundos, mercadorias, arte, crédito e comunicação. Em algumas nações, os privilégios dos comuns aumentaram por causa desse aumento de sua propriedade. Na maioria delas, os reis, ao verem que os barões depunham as armas, pois não suportavam mais o modo de vida rústico de outrora, estabeleceram exércitos permanentes e suprimiram as liberdades de seus súditos. Em toda parte, a condição do povo, que era oprimido por tiranetes, e não governado por eles, melhorou muito, e ele adquiriu, senão a liberdade completa, ao menos as vantagens mais consideráveis que dela decorrem. Como o curso geral desses eventos tendesse a rebaixar os nobres e a promover o povo, Henrique, que adotara esse mesmo sistema político, adquiriu reputação maior do que a que, rigorosamente falando, seria merecida por suas instituições ou pela sabedoria nelas incutida.

Por puro acidente o rei não teve participação decisiva nas descobertas navais pelas quais sua época ficou conhecida. Colombo, após deparar com seguidas recusas das cortes de Portugal e Espanha, propôs a Londres enviar seu irmão Bartolomeu para que expusesse seus planos a Henrique e solicitasse seu patrocínio para executá-los. O rei convidou-o a vir para a Inglaterra, mas Bartolomeu, sequestrado por piratas, não conseguiu chegar a Londres. Entrementes, com o apoio de Isabel, Colombo obteve pequena frota e lançou-se na empreitada. Mas Henrique não se deixou abater. Comissionou Sebastião Cabot, um veneziano estabelecido em Bristol, e em 1498 despachou-o em missão rumo ao ocidente, em busca de novos países. Cabot descobriu o continente americano perto do sexto grau de latitude norte; navegou para o sul, ao longo da costa, e chegou a Newfoundland e outras terras; mas retornou à Inglaterra sem ter realizado conquistas ou fundado assentamentos. Elliot e outros mercadores de Bristol realizaram viagens como essa em 1602. O rei empregou 14 mil homens na construção de um navio, batizado *Great Henry*. Foi esse, propriamente dizendo, o primeiro navio da frota inglesa. Antes disso, quando um príncipe queria um navio, só lhe restava alugar ou confiscar embarcações de comerciantes.

O desenvolvimento da navegação e a descoberta das Índias foram os mais memoráveis eventos jamais ocorridos nessa ou em qualquer outra época. Mas não foram os únicos pelos quais ela se distinguiu. Em 1453, Constantinopla foi tomada pelos turcos. Os gregos, que haviam preservado alguns vestígios do saber antigo, foram expulsos pelos bárbaros e refugiaram-se na Itália, trazendo consigo, além de sua admirável língua, laivos de ciência e de gosto refinado na poesia e na eloquência. Na mesma época, a pureza da língua latina foi reavivada, o estudo da Antiguidade tornou-se elegante, e a estima pela literatura se propagou gradualmente por cada uma das nações da Europa. A arte de imprimir, inventada nessa época, facilitou ao extremo o progresso de todos esses aprimoramentos; a invenção da pólvora mudou por completo a arte da guerra; poderosas inovações logo foram introduzidas na religião, tais que afetaram não somente os povos que as adotaram como também os que aderiam à antiga fé e culto. E assim ocorreu, nessa parte do mundo, uma revolução geral nos assuntos humanos, que gradualmente promoveu os homens à condição que mantêm até hoje, no que diz respeito ao comércio, às artes, à ciência, ao governo, à política e à cultura. Começa aqui, portanto, a parte mais útil, bem como a mais agradável, dos anais modernos. A certeza ganha lugar em todos os eventos históricos consideráveis, mesmo em boa parte das minúcias da narrativa histórica; a grande variedade de acontecimentos, preservados pela arte de imprimir, permite ao autor selecionar, bem como adornar, os fatos que ele relata; e como cada um dos incidentes refere-se a nossas maneiras e à nossa condição presente, lições instrutivas ocorrem a cada momento, ao longo da narração. Quem quer que aprofunde suas investigações a respeito de períodos precedentes pode muito bem ser movido por uma curiosidade generosa, e mesmo louvável, mas certamente não pela expectativa de adquirir conhecimentos seguros a respeito dos assuntos públicos ou das artes do governo civil.

7
Digressão sobre o poder eclesiástico[1]

Durante anos, diversas partes da Europa foram agitadas pelas controvérsias religiosas que produziram a Reforma, um dos maiores eventos de toda a história. Mas como Henrique VIII só entrou na querela mais tarde, esperamos até aqui para expor a origem e o progresso da Reforma, explicar as disputas teológicas e, o que é mais relevante, remontar às suas origens os abusos que por toda parte difundiram a opinião de que uma reforma da Igreja ou da ordem eclesiástica se tornara altamente conveniente, para não dizer absolutamente necessária. Estaremos mais preparados para compreender esse objeto se nos alçarmos um pouco mais alto e refletirmos, por um instante, sobre as razões de por que, em toda comunidade civilizada, deve haver uma ordem eclesiástica e

---

1 "Ecclesiastical Affairs", passagem do Capítulo 29, livro III (1759); com adições de trechos dos capítulos 45 e 46, Livro V (1754), posteriormente suprimidos por Hume, pelo tom agressivo. (N. T.)

uma religião pública oficial. A importância dessa matéria justificará, espero, esta breve digressão.[2]

A maioria das artes e ofícios existentes num Estado é de natureza tal que ao mesmo tempo em que promovem o interesse da sociedade também são úteis ou agradáveis para os indivíduos que as praticam. Nesse caso, a regra invariável do magistrado, exceto talvez quando da introdução de uma arte qualquer, é deixar que a profissão siga seu próprio curso, confiando que será estimulada pelos que dela se beneficiarão. Ao constatarem que seus lucros sobem proporcionalmente à preferência que lhes é dada pelos consumidores, os artesãos aumentam o quanto podem sua destreza e afinco, e se não houver intromissões desastradas, é certo que a oferta de mercadoria será quase sempre proporcional à demanda.

Mas há ocupações que, apesar de úteis e mesmo necessárias ao Estado, não trazem qualquer vantagem ou prazer para os indivíduos, o que obriga o poder soberano a adotar uma conduta diferente em relação aos que se dedicam a elas. Deve estimulá-los, tanto para que obtenham os dividendos de sua subsistência quanto para evitar a negligência que naturalmente se apodera deles. Com esse intuito, oferece títulos honoríficos para cada profissão, estabelecendo extensa linha de posições hierárquicas ou recorrendo a outro expediente qualquer. Exemplos de

---

[2] Os quatro parágrafos a seguir são citados por Adam Smith em *A riqueza das nações*, livro V, artigo 3, em defesa da tese de que o Estado, para controlar as facções religiosas e "moderar o zelo do clero", deve arcar com o sustento das instituições de ensino religioso. (N. T.)

homens dessa ordem são os empregados nas finanças, em exércitos e na magistratura.

À primeira vista, seria natural pensar que os eclesiásticos pertencessem à primeira dessas classes e que o estímulo a sua profissão, assim como à dos advogados ou dos médicos, pudesse ser confiado com segurança à liberalidade de indivíduos que se interessam por suas doutrinas e encontram benefício ou consolo no serviço e na assistência espiritual que oferecem. Afinco e vigilância seriam, sem dúvida, aguçados por esse motivo adicional, e a habilidade de cada um na profissão, bem como a capacidade de governar a mente do povo, aumentariam a cada dia com a prática, o estudo e a dedicação.

Todavia, se considerarmos a questão mais de perto, constataremos que a diligência interessada do clero é precisamente o que todo legislador sábio mais deve evitar, pois em toda religião, exceto na verdadeira, trata-se de algo extremamente pernicioso, que tende, inclusive, a pervertê-la, por infundir nela forte dose de superstição, tolice e ilusão. Seus sombrios praticantes, com o intuito de tornarem-se indispensáveis e sagrados aos olhos dos devotos, inspiram-nos com a mais violenta repulsa em relação a todas as outras seitas e tentam continuamente, com a introdução de alguma novidade, excitar a lânguida devoção dos que as seguem; as doutrinas por eles inculcadas desprezam inteiramente a verdade, a moral e a decência; adotam todos os dogmas que convenham às desordeiras afecções do molde humano; novos clientes são atraídos para o consumo de cada artigo, com afinco renovado e pela destreza com que fomentam as paixões e a credulidade do populacho. Ao fim e ao cabo, o magistrado civil constatará que pagou caro por sua pretensa frugalidade, ao destinar uma soma ínfima à formação de sacerdotes, e verá que o mais decente e vantajoso arranjo que poderia fazer com guias espirituais é comprar sua indolência, consignando salários fixos à profissão e desestimulando assim outras atividades além daquela de evitar que o rebanho procure por outros pastos. Desse modo, instituições eclesiásticas, embora geralmente tenham na origem uma intenção religiosa, mostrar-se-iam vantajosas para os interesses políticos da sociedade.

Pode-se observar que poucas instituições eclesiásticas se firmaram sobre base tão desfavorável como a Igreja de Roma ou foram acompanhadas por circunstâncias mais nocivas à paz e à felicidade do gênero humano.

Os suntuosos privilégios, arrecadações, imunidades e poderes do clero lhe deram um aspecto formidável aos olhos do magistrado civil, e autoridade excessiva a uma ordem de homens que atuam sempre em concerto e à qual nunca falta desculpa plausível para realizar intromissões e usurpações. Os títulos mais altos da Igreja serviram, é inegável, para sustentar a pequena e a grande nobreza. Mas, com o estabelecimento de monastérios, muitos praticantes de artes úteis, recrutados junto ao vulgo mais baixo, foram introduzidos nesses antros de preguiça e ignorância. O sumo sacerdote da Igreja era um potentado estrangeiro, guiado por interesses divergentes em relação aos da comunidade, quando não contrários a eles. E como a hierarquia precisava ser mantida para que se preservasse a unidade da fé, dos ritos e das cerimônias, a liberdade

Digressão sobre o poder eclesiástico

de pensamento era constantemente ameaçada; violentas perseguições, ou, pior ainda, uma credulidade estúpida e abjeta, instalaram-se por toda parte.

Não bastassem esses males, a Igreja, apesar de suntuosas arrecadações, não se dava por satisfeita com suas posses; queria explorar ainda mais a ignorância dos homens. Chegou a permitir aos padres que se apropriassem, para sua fortuna pessoal, das doações voluntárias dos fiéis, o que os urgiu a praticar sua vocação com ainda mais afinco e diligência. E assim, embora fosse uma instituição cara e onerosa, a Igreja expunha-se a muitas das inconveniências de uma ordem de sacerdotes que dependesse inteiramente, para obter subsistência, de sua própria arte e invenção.

As vantagens atinentes à hierarquia romana, embora consideráveis, não chegavam a compensar suas inconveniências. Nesses tempos bárbaros, os privilégios eclesiásticos ajudavam a restringir o despotismo dos reis; a reunião de todas as Igrejas do ocidente sob um pontífice supremo facilitava o intercurso entre as nações e tendia a promover estreita conexão entre as diferentes partes da Europa; a pompa e o esplendor do culto, característica dessa instituição, contribuíam de alguma maneira ao estímulo das belas-artes, e um gosto elegante começou a se difundir, unido à religião.

Embora as desvantagens predominassem na balança da Igreja romana, facilmente se vê que não foi essa a principal razão que produziu a Reforma. Diversos incidentes contribuíram para precipitar essa imensa revolução.

Com seu temperamento generoso e empreendedor, Leão X exauriu o tesouro papal e viu-se obrigado a recorrer a toda sorte de expediente para arrecadar fundos e financiar seus projetos, prazeres e liberalidades. O esquema de venda de indultos foi um mecanismo que, mais de uma vez, no passado, ajudara a extrair dinheiro dos cristãos e incitara os devotos a contribuírem generosamente para a grandeza e as riquezas da corte de Roma. A Igreja supostamente possuía grande reserva de erário, pois respondia pelas benfeitorias de todos os santos, que em muito excediam o gasto para justificá-las, e mesmo pelas do Cristo, que eram infinitas e ilimitadas. O papa ficava com uma parcela desse tesouro inexaurível, e com o tráfico arrecadava dinheiro a ser empregado para propósitos pios, como combater infiéis e disciplinar dissidentes. Quando o dinheiro chegava ao tesouro, a maior parte já fora desviada para outros fins.

Diz-se a respeito de Leão, que, dada a penetração de seu gênio e seus extensos conhecimentos de literatura antiga, estaria plenamente ciente do ridículo e da falsidade das doutrinas que, como sumo pontífice, era obrigado a promover. E não admira que tenha empregado, em benefício próprio, as pias fraudes que seus predecessores, totalmente ignorantes e crédulos, nunca hesitaram em utilizar, com propósitos igualmente egoístas, sob a alegação de boas intenções. Publicou a venda de um indulto geral; e como seus gastos não apenas suplantassem a receita como absorvessem o esperado de outras fontes da receita, os diversos ramos desta foram cedidos a indivíduos privados, intitulados a cobrar as novas imposições. O montante oriundo da Saxônia e dos países às margens do Báltico foi consignado à sua irmã, Madalena, casada

Digressão sobre o poder eclesiástico

com Cibo, filho adotivo de Inocêncio VIII. Madalena, por sua vez, para aumentar os próprios lucros, delegou a administração geral da receita a Arcimboldo, um genovês, outrora mercador, agora bispo, que não abandonara as lucrativas artes de sua antiga profissão. Os frades agostinianos, tradicionalmente empregados na Saxônia para conceder indultos, derivavam lucro e respeito desse tesouro. Arcimboldo, porém, receando que a prática tivesse ensinado a eles os meios de desviar dinheiro, e descrente dos métodos de coleta em voga, atribuiu essa ocupação aos dominicanos. Estes, ansiosos por se mostrar dignos da distinção que lhes fora conferida, exageraram os benefícios dos indultos com os mais exaltados panegíricos e sustentaram doutrinas que, embora não fossem mais ridículas do que as anteriormente aceitas, não soavam familiares aos ouvidos do povo.[3] O que é mais escanda-

---

3 Escritores protestantes imaginam que porque qualquer um podia comprar com 1 xelim um indulto pelo mais hediondo dos crimes seguiria-se necessariamente, das práticas da Igreja romana, a total dissolução da moralidade, e, consequentemente, da sociedade civil. Não consideram assim que após a promulgação desses indultos restavam ainda, além do fogo dos infernos, os principais motivos que operam no gênero humano, a saber, a punição aplicada pelo magistrado civil, a infâmia perante o mundo e os remorsos de consciência. A filosofia de Cícero, que postulava um Eliseu, mas rejeitava um Tártaro, oferecia um indulto muito mais universal do que o pregado por Arcimboldo ou por Tetzel: e, no entanto, ninguém jamais pensou em acusar Cícero de promover a imoralidade. Portanto, a venda de indultos não parece mais criminosa do que outras trapaças da Igreja de Roma ou de qualquer outra Igreja. Os reformadores, ao abolirem o pur-

loso, circulavam boatos de que tais coletores de impostos tinham vidas licenciosas e gastavam em tavernas, casas de jogos e lugares ainda mais infames o dinheiro que os devotos haviam extraído de suas próprias economias para obter indulto pelos pecados.

Essas circunstâncias, embora muito ofensivas, não teriam maiores consequências se não surgisse um homem qualificado para extrair proveito do incidente. Martinho Lutero, frade agostiniano, professor na Universidade de Wittemberg, ressentido com a afronta à sua ordem, começou a pregar contra os abusos na venda de indultos. Dotado de um temperamento naturalmente incandescente, sentiu-se provocado pela oposição às suas opiniões, passou a denunciar os indultos e, no calor da disputa, foi levado a questionar a autoridade do papa, da qual seus adversários extraíam os principais argumentos contra ele. À medida que ampliava suas leituras com o intuito de sustentar suas posições, descobria novos abusos ou erros da Igreja de Roma e, constatando que não faltava quem concordasse com suas opiniões, que fosse por pura ganância, promulgou-as por meio de escritos, discursos, sermões e

---

gatório, ofereceram, na verdade, gratuitamente, um indulto mais generalizado do que os indultos parciais do papa, de mesma natureza do que estes e válido para todos os crimes e ofensas, sem exceção ou distinção. Uma vez consignadas ao inferno, as almas supostamente seriam irredimíveis, por qualquer preço que fosse. Só há registro de um exemplo de alma danada que tenha sido salva por intervenção especial da Virgem. Ver as *Provençais*, de Pascal. O indulto adquirido só valia para o purgatório. (N. A.)

conferências, diariamente angariando novos discípulos. Em pouco tempo, a Saxônia inteira, a Alemanha inteira, a Europa inteira foram inundadas pela voz desse intrépido inovador, e os homens, despertados da letargia em que por longo tempo haviam permanecido, começaram a questionar as mais tradicionais e antigas opiniões. O eleitor da Saxônia, favorável à doutrina de Lutero, protegeu-o contra a violência da jurisdição papal; a república de Zurique reformou sua própria Igreja de acordo com o novo modelo; muitos soberanos do império, a própria dieta imperial, mostraram-se favoravelmente dispostos às inovações; e Lutero, um homem naturalmente inflexível, veemente, cioso de suas próprias opiniões, viu-se impotente, seja pelas promessas que havia feito, seja pelo terror das ameaças que sofria, para controlar uma seita que ele mesmo fundara e que lhe trouxera a glória máxima – ditar a fé e os princípios religiosos de multidões.

Rumores sobre essas inovações não tardaram a chegar à Inglaterra, e como houvesse naquele reino numerosos seguidores dos lolardos, cujos princípios eram similares aos de Lutero, as novas doutrinas adquiriram numerosos partidários entre leigos de todas as classes e persuasões. Henrique VIII, além de ter sido educado de acordo com preceitos de estrita fidelidade à Igreja de Roma, sentia particular antipatia por Lutero, que em seus escritos se referia com desdém a Tomás de Aquino, o autor predileto do rei. Não admira, portanto, que tenha se oposto ao progresso dos dogmas luteranos com toda a força de sua extensa influência e de sua autoridade quase absoluta. Chegou a ponto de combatê-los com armas inusitadas para um monarca na flor da idade e fortemente suscetível a paixões. Escreveu em latim um livro contra os princípios de Lutero, obra que, feitas as devidas ressalvas, pelo assunto de que trata e pela época em que surgiu, não é desdouro para a capacidade do autor. Enviou uma cópia a Leão, que recebeu o magnífico presente como prova de sincera consideração e conferiu ao rei o título de *defensor da fé*, denominação que os monarcas ingleses mantêm até hoje. Lutero, animado pelo calor da controvérsia, não demorou a publicar uma resposta a Henrique, na qual, sem consideração pela dignidade do antagonista, trata-o com o mesmo estilo acrimonioso que se acostumara a utilizar no curso de sucessivas polêmicas. Com tal insolência, a antipatia do rei pelas novas doutrinas aumentou mais ainda; mas o público, que naturalmente se inclina pelo partido mais fraco, atribuiu a Lutero a palma da vitória. O envolvimento de Henrique deu lustro à querela e chamou a atenção dos homens em geral. Com isso, a doutrina luterana angariou novas conversões em toda a Europa.

O rápido e surpreendente progresso dessa ousada seita pode ser atribuído à recente invenção da imprensa e ao renascimento das letras. Não que caiba à razão o mérito de ter aberto os olhos dos homens para as imposturas da Igreja romana. Cada um dos ramos da literatura e da filosofia realizara progressos, porém insípidos, e não há exemplo de argumento que tenha contribuído para libertar o povo do enorme e absurdo fardo com que a superstição o oprimia por toda parte. De resto, o rápido avanço da doutrina luterana e a violência com que foi

Digressão sobre o poder eclesiástico

adotada provam suficientemente que seu êxito não se deveu à razão e à reflexão. A arte da impressão e o renascimento da instrução promoveram seu progresso de outra maneira. Por meio dessa arte, os livros de Lutero e de seus sectários, cheios de veemência, declamação e áspera eloquência, propagaram-se mais rapidamente. O espírito dos homens, de certo modo despertado da modorra em que permanecera mergulhado por séculos a fio, estava predisposto a adotar qualquer novidade que se oferecesse, e não hesitou em trilhar o inusitado caminho que ora se abria. À medida que cópias das escrituras e de outros antigos monumentos da fé cristã se tornaram mais usuais, os homens puderam ver quais inovações haviam sido introduzidas após os primeiros séculos; e embora o argumento e o raciocínio fossem incapazes de convencê--los, um fato histórico fundamentado impressionou seu entendimento. Muitos dos poderes assumidos por Roma eram realmente muito antigos e antecediam quase todos os governos políticos estabelecidos na Europa. Mas como os eclesiásticos não aceitassem que seus privilégios fossem reduzidos a matéria de direito civil, validados pelo tempo, e continuassem a apelar para uma origem divina, veio a curiosidade de examinar seus estatutos primitivos, cujos defeitos logo mostraram-se autênticos e inegáveis.

Determinados a confirmar sua autoridade nesse tópico, Lutero e seus discípulos, não contentes em se opor à pretensa divindade da Igreja romana e expor as inconveniências temporais dessa instituição, foram além e trataram a religião de seus pais como algo abominável, detestável, deplorável, fonte de toda vilania e corrupção anunciada na sagrada escritura. O papa foi chamado de *anticristo*, sua comunhão recebeu a alcunha de *prostituta escarlate*, Roma foi designada a própria Babilônia. Essas expressões, encontradas junto à escritura, são mais adequadas para operar sobre uma multidão do que os mais sólidos argumentos. Excitados pela contestação que realizavam e pela perseguição que sofriam, animados pelo êxito que obtinham e pelo aplauso que recebiam, muitos reformadores levaram ao extremo a oposição à Igreja de Roma, e, contrariando as muitas superstições de que esta última estava repleta, adotaram uma veia entusiástica de devoção que não admitia prescrições, ritos ou cerimônias, e depositava todo o mérito numa fé de espécie misteriosa, numa visão interior, no rapto e no êxtase. Os novos sectários, tomados por esse espírito, mostraram-se incansáveis na propagação da doutrina, e desafiaram todos os anátemas e punições a que o pontífice romano recorreu para tentar esmagá-los.

Para obter proteção do poder civil, ao abrigo da jurisdição eclesiástica, os luteranos promoveram doutrinas de certo modo favoráveis à autoridade temporal dos soberanos. Denunciaram os abusos da corte de Roma, em relação aos quais havia um descontentamento generalizado, e exortaram os príncipes a recuperar os poderes de que há muito haviam sido privados pelo espírito de intromissão dos eclesiásticos, especialmente do pontífice soberano. Condenaram o celibato e os votos monásticos, abrindo as portas dos conventos para os que não tinham disciplina para obediência e castidade bem como para os que repugnavam a licenciosidade de sua conduta prévia. Censuraram o excesso de riquezas, a preguiça e a libertinagem do clero, apontando para seus tesouros e arrecadações como o espólio legítimo do primeiro invasor que se apresentasse para saqueá-los. Os eclesiásticos, de sua parte, por haverem até então lidado com uma audiência crédula e estúpida, e não terem quaisquer conhecimentos do que é uma controvérsia, menos ainda das diferentes espécies de verdadeira literatura, viram-se indefesos contra homens armados com fontes, citações e tópicos populares, qualificados para triunfar em cada debate ou altercação. Tais foram as vantagens dos primeiros reformadores, quando iniciaram o ataque à hierarquia romana; tais foram as causas de seu rápido e impressionante êxito.

* * *

Dos primeiros reformadores, que realizaram furiosos e bem-sucedidos ataques à superstição romana, abalando-a em suas mais profundas fundações, pode-se dizer com segurança que os inflamava o mais intenso entusiasmo. Estas duas espécies de religião, a supersticiosa e a fanática, opõem-se diametralmente uma à outra; e boa parte da última só pode ser, inevitavelmente, o lote dos que têm coragem para enfrentar a autoridade estabelecida e ousadia para impor ao mundo suas próprias inovações. Daí o afã de disputa que por toda parte se apoderou dos pregadores da nova religião, o desdenho pela hierarquia eclesiástica, o desprezo por cerimônias e pela pompa e esplendor nos rituais; daí também a inflexível intrepidez com que enfrentaram perigos, perseguições, a própria morte, ao pregar a paz e espalhar a guerra pela cristandade.

Essa espécie de religião, embora obstinada e arredia, não pôde deixar de sofrer alterações, ditadas pela situação particular das transações civis e pelas diferentes espécies de governo que encontrou à medida que se espalhava.

Nos eleitorados da Alemanha, da Dinamarca e da Suécia, em que o monarca foi dos primeiros a se converter, e, assumindo a liderança, adquiriu autoridade sobre os pregadores, o espírito de entusiasmo foi em certa medida temperado por um senso de ordem, e a jurisdição episcopal, juntamente com umas poucas cerimônias mais discretas, foi mantida como parte da nova religião oficial.

Na Suíça e na República de Genebra, que eram governos populares, bem como na França, na Escócia, e nos Países-Baixos, em que o povo aderiu à Reforma por oposição ao príncipe, o gênio do fanatismo exibiu-se em sua completa extensão e afetou cada uma das circunstâncias de disciplina e culto. Uma perfeita igualdade foi estabelecida entre os eclesiásticos; e sua imaginação inflamada, por não estar confinada por qualquer forma de liturgia, encontrou pleno escopo para se derramar em indômitos e espontâneos apelos à divindade.

Pregadores da Suíça, da França e dos Países-Baixos levaram a Reforma à Inglaterra. Mas, como o seu governo era monárquico e o magistrado tomasse a frente da grande revolução, a disciplina e o culto foram mitigados por um espírito religioso mais humano, ainda que as doutrinas especulativas tenham sido tomadas de empréstimo às Igrejas mais fanáticas.

Digressão sobre o poder eclesiástico

As perseguições de Maria repeliram os reformadores mais obstinados, que escaparam à sua fúria e, exilados no continente, absorveram fortes doses do gênio entusiasta. Quando retornaram, após a acessão de Elisabete, trouxeram-no consigo, com força e virulência intactas.

Essa famosa princesa, cujo bom gosto lhe dera senso de ordem e decoro, e cujo sólido juízo repelia a inovação, empenhou-se com firme severidade em refrear esse obstinado entusiasmo, que não era simpático nem à Igreja nem à monarquia. Por um ato do parlamento publicado em 1593, determinou que toda pessoa acima de 16 anos que não frequentasse a Igreja ao menos uma vez por mês ou que, por escrito ou verbalmente, expressasse sentimentos contrários à religião oficial, deveria permanecer aprisionada até que declarasse em público sua conformidade. Se levasse mais do que três meses para fazê-lo, deveria renunciar ao reino; e se se recusasse a renunciar ou permanecesse na Inglaterra por mais tempo do que o fixado, seria declarada culpada de felonia, sem poder apelar ao clero. A tais extremos de rigor se viu constrangida a administração de Elisabete.

A rainha estabeleceu ainda a Corte Suprema de Inquérito, que preservava a uniformidade de culto em todas as Igrejas e infligia severas penas a todos os inovadores. Os poderes de que essa corte foi investida eram, em sua maioria, discricionários, embora a lei permitisse a aplicação de uma multa de 20 libras por mês, para quem se ausentasse do culto oficial.[4]

* * *

---

4 Ver neste volume o Capítulo 9. (N. T.)

Anteriormente à Reforma, todos os homens sensatos e virtuosos esperavam impacientes por um evento capaz de frear o exorbitante poder do clero em toda parte na Europa e pôr um fim às desmedidas usurpações e pretensões do pontífice romano. Porém, quando a doutrina de Lutero foi promulgada, sentiram-se alarmados com a virulência do remédio, e não tiveram dificuldade para prever, a partir do ofensivo zelo dos reformadores e da posição defensiva da Igreja, que a cristandade entraria em combustão. No tranquilo estado de ignorância sob o qual medrava a humanidade, o apego à superstição, embora incondicional, não era extremo; e a religião popular, a exemplo da antiga idolatria pagã, consistia mais em práticas e rituais exteriores do que em princípios que se apoderassem do coração ou influenciassem a conduta. Seria lícito esperar que a instrução e o conhecimento, como outrora na Grécia, introduzindo-se gradualmente, abrissem os olhos dos homens e corrigissem os mais grosseiros e opressores abusos eclesiásticos. Foi observado pelos historiadores que quando as letras renasceram, um generoso e inclusivo sentimento de religião prevaleceu por toda a Itália; durante o reinado de Leão, a própria corte de Roma, imitando seu ilustre príncipe, não carecia de justo senso de liberdade. Mas, a partir do momento em que os raivosos e fanáticos reformadores empunharam armas contra a hierarquia papal, e ameaçaram a Igreja com a privação de suas riquezas e de sua autoridade, não admira que tenha sido tomada por igual zelo e ardor na defesa de posses de antiguidade e de valor incalculável. Ao mesmo tempo em que empregava a fogueira contra seus inimigos declarados, estendeu seu zelo à instrução e à filosofia, que até então, do alto de sua arrogância, considerara inocentes e inofensivas. Daí a severa restrição sofrida pelo conhecimento na Itália: daí sua total extinção na Espanha: daí seu lento progresso na França, na Alemanha, na Inglaterra. Da admiração da literatura antiga, da investigação de novas descobertas, a mente dos estudiosos se voltou, em toda parte, para a ciência da polêmica; por toda parte, nas escolas e academias, furiosas controvérsias de teologia tomaram o lugar das calmas disquisições eruditas.

A vaga de disputas e violência estimulou ainda mais as variadas ilusões de que os homens padeciam, e com sua influência maligna infectou cada uma das relações sociais. O pontífice romano, que não tinha força temporal suficiente para se defender, foi obrigado a redirecionar sua artilharia espiritual e propagar a doutrina da rebelião e mesmo do assassinato, na tentativa de subjugar seus inimigos. Sacerdotes exaltados, temerosos e descontrolados dirigiram os concílios dessa seita e provocaram eventos que parecem espantosos para a brandura e docilidade das maneiras modernas.[5] Os massacres de Paris e da Irlanda, o assassinato dos dois Henriques da França, a conspiração da pólvora na Inglaterra são exemplos memoráveis, mas de modo algum únicos, da intolerância dessa superstição. O abominável tribunal de inquisição, instância máxima da depravação humana, é um duradouro monumento que nos mostra a que ponto podem

---

5 Ver neste volume o Capítulo 4, no fim. (N. T.)

chegar a iniquidade e a crueldade, quando recobertas com o manto sagrado da religião.

A expectativa de repartir o butim da Igreja levou alguns príncipes a aderirem à Reforma; mas pode-se afirmar que o sistema romano permaneceu a religião favorita entre os soberanos. A cega submissão inculcada por toda superstição, em particular pela dos católicos, aliada à total supressão de todo juízo, razão ou curiosidade individual, é uma disposição muito vantajosa para a autoridade civil bem como para a eclesiástica, e é de supor que tais princípios sejam mais nocivos para a liberdade dos súditos do que para as prerrogativas do magistrado. O esplendor e a pompa dos cerimoniais cuidadosamente promovidos por essa religião concordam com o gosto pela magnificência que prevalece nas cortes e formou uma espécie de devoção que, ao mesmo tempo em que agrada aos melindrosos sentidos dos grandes e poderosos, não chega a causar perplexidade em seus entendimentos. O delicioso país em que o pontífice reside deu origem a toda arte e refinamento modernos, e lustrou a superstição católica com um verniz de polidez que a distingue da grosseira rusticidade das demais seitas. E embora ela tenha assumido, por razões políticas, em certos monastérios, uma feição de austeridade que agrada ao vulgo, a autoridade continuou a residir nos prelados e príncipes espirituais, cujo temperamento, mais cultivado e humanizado, inclinava-os a toda espécie de prazer e indulgência, desde que com um mínimo de decência. Como toda outra espécie de superstição, a católica incita os vãos temores dos infelizes mortais; mas ela conhece bem o segredo para aliviar esses receios, e, por meio de rituais, cerimônias e aviltamentos, ainda que em detrimento da moral, promover a reconciliação entre o penitente e a ofendida deidade.

Empregando tal variedade de artimanhas, aliadas a uma iniciativa incansável, a religião católica conquistou o favor de muitos monarcas que haviam sido educados na doutrina rival. Além da Inglaterra, também a Suécia sentiu o efeito de seu perigoso poder de sugestão.

8
Transações diversas de Henrique VIII[1]

Foram dez os parlamentos convocados por Henrique VIII; reuniram-se em 23 sessões. O tempo total de reunião desses parlamentos nos 38 anos de reinado foi de três anos e meio. Nos primeiros vinte anos, esse tempo não chegou a doze meses. As inovações religiosas obrigaram o rei a convocar assembleias com mais frequência, e apesar da importância da questão, certamente a mais relevante submetida ao Parlamento, a devotada submissão de seus membros à vontade de Henrique, aliada ao sincero desejo de retornar a suas propriedades rurais, produziu sessões de breve duração em que os decretos e as leis eram examinados com expedição. Os caprichos do rei eram simplesmente acatados, sem qualquer consideração pela segurança ou liberdade do súdito. Além da violenta perseguição de tudo o que ele houvesse por bem denominar heresia, as leis de traição foram multiplicadas

---

[1] "Henry VIII. Miscellaneous Transactions", Capítulo 33, Livro III (1759), fim. (N. T.)

a um número sem precedente. Palavras que desagradassem o rei ou a rainha ou que contrariassem seu interesse eram submetidas a esse gênero de penalidade. O descuido na formulação desses rigorosos estatutos foi tal que eles contêm flagrantes contradições; se executados à risca, todo e qualquer homem seria, sem exceção, condenado por traição. Um deles, por exemplo, declarava traição confirmar a validade do casamento do rei com Catarina de Aragão ou com Ana Bolena; outro considerava traição ofender as princesas Maria e Elisabete, e certamente seria ofensivo dizer que eram herdeiras ilegítimas do trono. Nem mesmo o profundo silêncio a respeito de tais questões poderia isentar uma pessoa dessas penas. Pelo mesmo estatuto, quem quer que se recusasse a responder a uma questão sob juramento estaria sujeito às mesmas punições reservadas à traição. Bastava que o rei propusesse uma questão sobre a legalidade de seus primeiros casamentos: se a pessoa se calasse, era considerada traidora; se respondesse na negativa ou na afirmativa, era igualmente traidora. Tais foram as monstruosas inconsistências advindas das furiosas paixões do rei e da servil submissão dos parlamentos. Difícil dizer se essas contradições deviam-se mais às ansiedades de Henrique ou a um plano deliberado de tirania.

Parece apropriado recapitular o que há de mais memorável nos estatutos desse reinado com relação ao governo e ao comércio. Nada mostra tão bem o gênio de uma época como a recensão de suas leis.

A abolição da antiga religião contribuiu consideravelmente para a administração regular da justiça. Sob o domínio da superstição católica, era impossível punir qualquer crime do clero, a Igreja não permitia ao magistrado julgar as ofensas cometidas por seus membros, e ela mesma não podia submetê-los a penalidades civis. Henrique restringiu essas perniciosas imunidades. O privilégio dos membros do clero subordinados ao diácono foi abolido para crimes de traição, assassinato e felonia. Mas a ancestral superstição não protegia apenas crimes do clero, isentava também os leigos, oferecendo-lhes abrigo em igrejas e santuários. O Parlamento tolheu esses privilégios. Declarou primeiro que santuários não poderiam servir de abrigo para crimes de alta traição, estendeu depois a mesma injunção aos crimes de assassinato, felonia, estupro e roubo. O progresso subsequente da Reforma suprimiu as distinções entre o clero e os demais súditos, e aboliu os privilégios de santuários. Essas consequências estavam implícitas na supressão do direito canônico.

O único expediente encontrado para manter desperto o espírito militar foi reviver e ampliar velhas leis, promulgadas para estimular o surgimento de arqueiros, dos quais supostamente a defesa do reino dependia. Ordenou-se que todo homem tivesse arco e flecha; alvos foram erigidos em cada paróquia; os artesãos deveriam fabricar, para cada arco de teixo, dois de olmeiro para uso do povo comum; proibiu-se a utilização de bestas e pistolas. Os arqueiros ingleses eram formidáveis, por trazerem consigo uma alabarda, que permitia travar combate corpo a corpo com o inimigo. O povo era passado em revista regularmente, mesmo em tempos de paz, e todos os homens de posses eram obrigados a ter uma armadura completa, ou arnês, como era chamada. O espírito marcial dos ingleses tornava essa precaução suficiente, ou assim se pensava, para a defesa da nação, e como o rei detivesse o comando absoluto sobre o serviço de seus súditos, podia prontamente, numa emergência, nomear novos oficiais, recrutar regimentos e reunir um exército tão numeroso quanto fosse preciso. A não ser que uma facção ou divisão prevalecesse sobre o povo, nenhuma potência estrangeira pensaria em invadir a Inglaterra. Londres sozinha era capaz de arregimentar quinze mil homens. A disciplina, no entanto, era uma vantagem que essas tropas não tinham, embora a guarnição de Calais funcionasse como escola de oficiais, função posteriormente desempenhada também por Tournay, e depois por Boulogne. Todo aquele que servisse no exterior tinha o direito de alienar suas terras sem pagar taxas, bem como de nomear em testamento os herdeiros de suas terras.

O Parlamento era tão pouco cioso de seus privilégios que estes mal estavam definidos. Basta mencionar o exemplo de certo Strode, que, por ter proposto à Casa dos Comuns uma lei sobre o uso do latão, foi severamente punido pela corte de Cornwall: pesadas multas lhe foram aplicadas, e como se recusasse a pagá-las, foi encarcerado, acorrentado e condenado a trabalhos forçados. O máximo que o Parlamento fez face a essas brutalidades foi propor que dali por diante nenhum homem fosse interrogado sobre sua conduta naquela instância. Com toda probabilidade, essa proibição aplicava-se apenas às cortes de justiça inferiores, pois o rei, o Conselho Real e a Câmara Estrelada não eram afetados por nenhuma lei.

A lei do imposto de tonelagem mostra as ideias incertas que o Parlamento formara de seus próprios privilégios e dos direitos do soberano. Essa lei fora votada em prol de cada rei, a partir de Henrique IV, como uma concessão temporária do Parlamento.[2] A partir de Henrique V, passou a ser uma concessão vitalícia, para que a Coroa mantivesse uma força naval para defesa do reino. A necessidade de arrecadar esse imposto era tão óbvia, que cada rei a assumia no momento da acessão ao trono, cabendo ao Parlamento apenas ratificar a posse de algo que já se encontrava nas mãos da Coroa. No melhor espírito da antiga constituição, esse abuso, embora considerável, nunca foi detectado ou remediado, quando teria sido fácil para o Parlamento suprimi-lo. Para evitar inconvenientes, bastaria conceder o imposto ao rei de forma vitalícia e por um ano ao seu sucessor; com isso, poderia ser arrecadado com base numa autoridade legítima. Dificilmente, porém, um mecanismo dessa natureza poderia ter ocorrido a uma época tão rude. Um governo complicado e fragmentado como o inglês não pode subsistir sem diversos refinamentos, e não é difícil ver que tal indeterminação é extremamente favorável à autoridade real, que, a cada emergência, é obrigada a suprir, por poder discricionário, a lacuna deixada pelas leis. Concedeu-se a Henrique VIII que arrecadasse o imposto durante seis anos, sem qualquer legislação a respeito; e embora quatro parlamentos tenham se reunido nesse período, nenhum

---

2 A continuação deste parágrafo é uma inserção do Capítulo 51, Livro V. (N. T.)

dignou-se a emitir um termo de concessão ou de recusa. Finalmente, um deles decidiu dar esse suprimento ao rei, mas no próprio ato não soube determinar se se tratava de uma concessão ao rei ou de um direito deste. Alegaram que o imposto fora conferido de forma vitalícia a Henrique IV, mas não ao seu sucessor; censuraram, ao mesmo tempo, os mercadores que estavam em falta com o rei; observaram que a lei do imposto de tonelagem havia expirado, e não hesitaram em reconhecer, ao mesmo tempo, que o imposto era devido ao rei; constataram ainda que ele sofrera grandes e numerosas perdas por sonegação, e, para remediar a situação, votaram que o imposto fosse arrecadado enquanto vivesse Henrique VIII, mas não após sua morte. É notável que, apesar desta última cláusula, todos os seus sucessores tenham, por mais de um século, preservado a mesma prática irregular, se é que merece este epíteto uma prática que recebia aquiescência de toda a nação e aparentemente não ofendia ninguém.

Permitiu-se a Henrique impor leis a Gales sem o consentimento do Parlamento. Mas assim não se considerou que em relação a Gales, bem como à Inglaterra, a limitação fora abolida por estatuto, o que dava às proclamações reais força de lei.

O comércio exterior da Inglaterra no período restringia-se principalmente aos Países Baixos, que adquiriam mercadorias inglesas e as vendiam em outras partes da Europa. Daí a mútua dependência entre a Inglaterra e essa nação, e as enormes perdas sofridas por ambos, quando houve uma ruptura.

Em meio às oscilações da política, os soberanos empenharam-se para evitar que se chegasse a esse ponto, mas, apesar da amizade entre Henrique e Francisco, da Espanha, a nação como um todo pendia mais para Carlos V, Habsburgo. Em 1528 tiveram início as hostilidades entre Inglaterra e Países Baixos, e a inconveniência da situação não tardou a ser sentida de parte a parte. Como os flamengos estivessem proibidos de comprar tecidos da Inglaterra, os mercadores ingleses não tinham por que comprá-los dos tecelões, que foram obrigados a demitir seus trabalhadores. Estes, por sua vez, inquietaram-se com a falta de provisões. Para apaziguá-los, o cardeal Wosley ordenou que os mercadores comprassem tecidos como de costume; ao que responderam que não tinham como vendê-lo como de costume. Ameaçou-os, mas não conseguiu que mudassem de opinião. Finalmente, chegou-se a um acordo para que o comércio entre os dois Estados prosseguisse durante a guerra.

Nos últimos anos desse reinado, hortaliças, cenouras, nabos e outras raízes comestíveis começaram a ser plantadas na Inglaterra. Antes disso, o escasso consumo desses vegetais fora suprido pela Holanda e por Flandres. Quando o apetite da rainha Catarina a inclinava por uma salada, ela enviava uma missão a esses países. A utilização e o plantio do lúpulo foram introduzidos, a partir de Flandres, nos primeiros anos desse reinado.

Os artesãos de países estrangeiros eram em geral muito superiores aos ingleses, em matéria de destreza, diligência e frugalidade, o que explica a violenta animosidade contra aqueles que se instalavam em solo pátrio.

Os ingleses queixavam-se de que seus fregueses os haviam trocado por comerciantes estrangeiros. Em 1517, incitados pelos sermões de certo dr. Bele e pelas intrigas de Broker, um atravessador, insurgiram-se. Em Londres, aprendizes oriundos das classes mais pobres libertaram presos que haviam atacado estrangeiros. Dirigiram-se em seguida à casa de Meutas, um francês que detestavam, assassinaram seus criados e pilharam seus bens. O prefeito não conseguiu acalmá-los, tampouco sir Thomas More, embora fosse respeitado por todos os cidadãos. Ameaçaram o cardeal Wolsey, que fortificou sua casa e se pôs a guardá-la. Por fim, cansados de promover a desordem, debandaram; os condes de Shrewsbury e Surrey capturaram alguns. Emitiu-se uma proclamação que proibia as mulheres de se reunirem para conversar ou cochichar, seus maridos deveriam trancá-las em suas casas. No dia seguinte, o duque de Norfolk chegou à cidade, à frente de 1.300 homens armados, e realizou buscas à casa dos tumultuosos. Bele, Lincoln e outros foram encarcerados na Torre de Londres e condenados por traição. Lincoln e outros treze foram executados. Quanto aos demais, quatrocentos ao todo, foram trazidos diante do rei, com cordas amarradas em torno do pescoço. Atiraram-se aos seus pés e rogaram o seu perdão. Henrique ainda sabia perdoar; libertou-os sem outras punições.

O número de artesãos residentes na capital era tão grande que pelo menos 15 mil flamengos foram obrigados a deixá-la por ordem do conselho municipal, quando Henrique percebeu que favoreciam a rainha Catarina. O próprio reconhece, num édito da Câmara Estrelada impresso junto aos estatutos, que os estrangeiros haviam superado os nativos, e que não restara a estes, com sua indolência, senão roubar, matar e cometer outras calamidades. Afirma ainda que a presença de uma multidão de estrangeiros aumentara os preços dos grãos e do pão. Para impedir o progresso desses males, proibiu-se os artífices estrangeiros de hospedarem mais de dois compatriotas, fossem eles aprendizes ou simples viajantes. Similar desconfiança cresceu em relação aos mercadores estrangeiros, e para apaziguá-la foi aprovada uma lei que obrigava os residentes temporários a pagar as taxas impostas aos estrangeiros em geral. O Parlamento teria feito melhor em estimular os mercadores e artesãos estrangeiros a vir em grande número para a Inglaterra, o que poderia excitar a emulação dos nativos e aprimorar suas habilidades.

Uma ata do Parlamento estima em mais de 60 mil o total dos presos no reino por dívidas e crimes, número que parece implausível. Harrison assegura que 72 mil criminosos teriam sido executados sob Henrique VIII, por assalto e roubo, o que equivale a 2 mil execuções por ano. Acrescenta ele que no período final de Elisabete as execuções não chegavam a quatrocentas anuais. Atualmente, em toda a Inglaterra, não passam de cinquenta por ano as execuções relativas a tais crimes. Se esses fatos estiverem corretos, houve aprimoramento significativo em matéria de moral, desde os tempos de Henrique VIII, e essa melhoria se deve principalmente ao aprimoramento das artes e das atividades comerciais, que propiciou sustento, e, quase tão importante, ocupação às classes mais baixas.

Uma cláusula curiosa num estatuto aprovado logo no início do reinado poderia induzir-nos a crer que a Inglaterra decaíra extremamente em relação à florescente condição de tempos anteriores. Fora decidido sob Eduardo II que nenhum magistrado, em cidades ou burgos, poderia vender, na duração de sua magistratura no tribunal local, no atacado ou no varejo, vinhos e outros licores. Parecia uma lei equitável, calculada para prevenir a fraude ou o favorecimento privado na nomeação dos membros de tribunais locais; mas foi revogada por Henrique. A razão atribuída foi a seguinte: "desde a elaboração desse estatuto e ordenação, muitas cidades, condados e vilarejos com corporações, senão a maior parte deles, caíram em ruína ou decadência, e não são mais habitadas por mercadores e homens de posses. Hoje, a maioria dos habitantes dessas cidades são padeiros, vinhateiros, peixeiros e outros fornecedores de víveres, e quase não restam interessados pelas ocupações de outrora". Tão grande é a propensão dos homens a exaltar tempos passados em detrimento do presente, que parece arriscado dar crédito a essa consideração do Parlamento sem uma evidência que possa confirmá-la. As perspectivas sobre um mesmo objeto podem ser tão diferentes que alguns se sentiriam inclinados a extrair a inferência oposta desse mesmo fato. Sob Henrique VIII houve uma política mais regular e uma administração mais estrita da justiça, vantagens que induziram os proprietários de terra a deixar as cidades de província e se estabelecerem no campo. Num discurso no Parlamento, o cardeal Wosley citou o aumento da arrecadação do imposto aduaneiro em relação a outros períodos como prova de que a riqueza do reino aumentara.

Supondo que tenha de fato havido na Inglaterra uma decadência do comércio, dos negócios e do povoamento, os estatutos de Henrique, embora tragam medidas de impacto considerável, como a abolição dos monastérios a supressão de feriados, não foram calculados para remediar esses males. O salário dos artífices foi fixado, itens de luxo foram proibidos, mas provavelmente em vão. O chanceler e outros ministros tinham o poder de estipular o preço de aves, queijo e manteiga. Um estatuto fixava o preço das carnes de boi, porco, cabrito e vitela: boi e porco deveriam ser vendidos por meio pêni a libra; cabrito e vitela, por meio pêni o quarto de libra.[3] O preâmbulo do estatuto diz que essas quatro espécies de carne eram o alimento dos mais pobres. Posteriormente, esse ato foi revogado.

A prática de despovoar o campo com o abandono do arado e a conversão de terras para o pasto era comum. É o que mostram leis promulgadas de tempos em tempos contra essa prática. O rei estava intitulado à metade do aluguel das terras, no caso de conversão de plantações em pastos. Uma agricultura defectiva parece ter sido a causa de os proprietários não obterem lucros com o cultivo da terra. Restringiu-se a 2 mil cabeças o número de ovelhas permitidas por rebanho. Havia proprietários, segundo o estatuto, com mais de 20 mil cabeças por rebanho. Note-se que o Parlamento atribui o preço cada vez mais alto do cabrito ao aumento dos rebanhos de ovelha. Como

---

[3] A libra, no caso, refere-se a uma medida de peso, e não dinheiro; uma libra equivale a 0,45359237 quilogramas. (N. E.)

havia menos proprietários desse animal, dizem, seu preço subiu descontroladamente. Mais provável é que esse efeito tenha procedido do aumento constante do valor da moeda; não é plausível que uma mercadoria como essa pudesse se valorizar tanto.

Em 1544, um acre de terra arável em Cambridgeshire era arrendado por 1 xelim, ou quinze centavos pelo valor atual, dez vezes menos que hoje. As mercadorias, porém, eram, se tanto, quatro vezes mais baratas, outro sinal de que a agricultura da época era defectiva.

Promulgaram-se leis a respeito de mendigos e vagabundos, questão a respeito da qual recomenda-se ao benevolente legislador que consulte seu senso de humanidade. À primeira vista, esse problema parece fácil de resolver. Contudo, é dos mais difíceis de encaminhar, de modo que a obtenção do fim desejado não aniquile a diligência do povo. Em épocas anteriores, os conventos ofereciam alento aos pobres, o que tendia a estimular a preguiça e a mendicância.

Uma lei de 1546 fixava a taxa de juros em 10% ao ano, a primeira taxa legal de que se tem notícia na Inglaterra. Até então, todo empréstimo a juros fora considerado usura. O preâmbulo dessa mesma lei trata o juro da moeda como ilegal e criminoso; mas os preconceitos permaneciam tão arraigados que a lei foi revogada por Elisabete.

O reinado de Henrique, a exemplo de muitos que o precederam e o sucederam, é abundante em leis de monopólio que confinam certas manufaturas a determinadas cidades ou excluem o campo. Encontram-se até hoje resquícios desses absurdos. Sob Elisabete, as corporações, que haviam sido instituídas por decreto e eram obrigadas a admitir homens de diferentes ocupações, tiveram o número de vagas restringido por ato do parlamento, e proibiu-se o exercício de todo negócio que não o da corporação.

Henrique VIII mostrava algum talento para as letras e estimulou o mesmo talento em outros. Fundou o Trinity College em Cambridge e concedeu generosas dotações a essa instituição. O cardeal Wolsey, seu secretário de Estado, fundou o Christ Church em Oxford. Chamava-se originalmente Cardinal College, mas, com a queda de Wolsey antes da conclusão do projeto, a receita destinada à nova instituição foi cancelada pelo rei, violência que, de todas as sofridas pelo cardeal, parece ter sido a que lhe causou mais pesar. Posteriormente, Henrique restituiu os fundos ao College, apenas mudando o seu nome. O cardeal fundou em Oxford a primeira cadeira de ensino do grego. Essa inovação mergulhou a Universidade em violentas disputas facciosas. Os estudantes dividiram-se em partidos, denominados Gregos e Troianos, e lutaram com animosidade similar à outrora mostrada por essas nações hostis. Com a introdução de um método novo e mais correto de pronunciação do grego, os Gregos também se dividiram em partidos; os católicos defendiam a antiga pronunciação, os protestantes favoreciam a nova. Gardiner recorreu à autoridade do rei e do conselho para suprimir a inovação e preservar a sonoridade corrompida do alfabeto grego. Quão restrita era a liberdade dos homens! As penalidades infligidas aos que adotassem a nova pronunciação eram o açoite, a degradação pública e a expulsão da instituição. O bispo chegou a declarar que seria preferível banir a língua grega das universidades a permitir a liberdade de inovar sua pronúncia. A introdução do idioma em Oxford excitou a emulação de Cambridge. Wolsey tinha a intenção de enriquecer a biblioteca de Cardinal College com cópias de todos os manuscritos que se encontravam no Vaticano. O respeito com que as letras foram tratadas por Henrique e seus ministros contribuiu para tornar a instrução elegante na Inglaterra. Erasmo refere-se com satisfação à consideração de que os homens de ciência desfrutavam junto à grande nobreza bem como à pequena. Não é necessário mencionar os escritores que viveram nesse reinado ou no precedente. Nenhum homem dessa época poderia aspirar a um lugar entre nossos clássicos. Sir Thomas More é aquele cujo caráter mais se aproxima do de um autor clássico, mas escreveu em latim.

9
Elisabete I. Quadro geral[1]

Governo Há algum tempo o partido que se distinguiu entre nós pela adesão à liberdade e ao governo popular vem reiterando, com panegíricos descomedidos à virtude e à sabedoria de Elisabete, suas próprias concepções em relação à sucessão do trono. A ignorância que mostra a respeito das transações desse reino é tamanha, que exaltam a rainha pelas qualidades que ela menos possuía: o cuidadoso respeito pela constituição e a manutenção das liberdades e privilégios de seu povo. Dificilmente, porém, os preconceitos de um partido poderiam recobrir por muito tempo, como que sob um véu, fatos palpáveis e irrecusáveis, já que o público pende para o extremo oposto, repudiando a memória de uma princesa que teria exercido a autoridade real de maneira totalmente contrária às nossas atuais ideias de legalidade constitucional. Mas Elisabete apenas defendeu as prerrogativas que lhe haviam sido transmitidas por seus

---

[1] "Appendix to the Reign of Elizabeth", Apêndice 3, Livro IV (1759). (N. T.)

predecessores; acreditava que seus súditos não tinham direito a uma liberdade mais ampla do que a desfrutada por seus antepassados; percebeu que aquiesciam por completo à sua administração arbitrária, e não seria natural que tivesse considerado defeituosa uma forma de governo que a investia dessa autoridade ilimitada. Nos atos de exercício do poder, jamais se deve esquecer a questão *o que é melhor?*. Porém, na distribuição geral de poder entre os diversos membros de uma constituição, mal cabe outra questão além desta, *o que é estabelecido?*. Mal se encontram exemplos de príncipes que voluntariamente tenham renunciado ao poder, e nunca houve algum que tenha permitido, sem resistência ou relutância, que lhes fosse extorquido, sem mais. A adoção de uma regra diferente da prática consagrada implica a infindável multiplicação de facções e dissensos; e por mais que muitas constituições, e nenhuma como a britânica, tenham sido aprimoradas por meio de inovações violentas, o louvor dos patriotas a quem a nação deve seus privilégios deve ser feito com ressalvas, para não provocar o rancor dos aderentes à antiga constituição.[2]

---

2 Por *antiga constituição* entenda-se a que prevaleceu antes do regime que estabeleceu nosso presente plano de constituição livre. Na antiga constituição, embora o povo tivesse menos liberdade que sob os Tudor, a autoridade do rei também era menor. O poder dos barões restringia muito a autoridade real e exercia tirania sobre o povo. Houve uma constituição ainda mais antiga, antes da assinatura das cartas régias, quando nem o povo nem os barões tinham privilégios regulares; e o poder do governo, se o príncipe tivesse habilidade, se concentrava inteiramente nas mãos do rei. A Constituição inglesa, como toda outra constituição, encontra-se em flutuação contínua. (N. A.)

Se quisermos compreender a antiga constituição da Inglaterra, não há período que mereça estudo tão cuidadoso como o reinado de Elisabete. Poucas vezes a prerrogativa da princesa foi contestada, e ela a empregou sem escrúpulos. Seu temperamento imperioso, característica em que excedia em muito seus predecessores, tornava violentos e frequentes os atos de poder arbitrário, revelando assim a plena extensão de sua autoridade. A enorme popularidade de que desfrutava prova que ela não infringiu qualquer uma das liberdades *estabelecidas* do povo. Há evidências documentais suficientes para atestar os principais atos de sua administração; e estas, por não se encontrarem nos historiadores tradicionais, provam de maneira contundente que seus atos de poder arbitrário se confundiam com o curso ordinário da administração, e não eram considerados dignos de registro pelos autores contemporâneos. Se nesse particular houve alguma diferença em relação a outros reinos, é que o povo parece ter mostrado mais submissão no período anterior ao de Elisabete.[3] Pode ser apropriado retomar aqui algumas das antigas prerrogativas da Coroa, de modo a explicitar as

---

3 Num memorando sobre a situação do reino redigido pelo secretário Cecil em 1569, lê-se o seguinte: "Seguiu-se o declínio da obediência civil, fenômeno que, comparado ao temor e reverência das ordens inferiores pelas superiores no passado, parecerá surpreendente a toda pessoa sábia e refletida que observe as desordens da Reforma". Haynes, *A Collection of State Papers Relating to Affairs in the Reign of Queen Elizabeth* (1759), p.586, 588. (N. A.)

fontes do enorme poder de que uma vez desfrutaram os monarcas ingleses.

Um dos instrumentos de poder mais ancestrais e mais solidamente estabelecidos era a Câmara Estrelada, que possuía autoridade discricionária ilimitada para multar, aprisionar e infligir punição física, e cuja jurisdição se estendia a toda sorte de ofensa, desrespeito e desordem que não estivesse prevista na lei comum. Essa corte era formada pelos juízes e membros do conselho real, fora do exercício de suas funções. Nas ocasiões em que o próprio príncipe se fazia presente, era o único juiz, cabendo aos demais aconselhar. Em qualquer governo, essa corte teria sido suficiente para pôr fim a todo e qualquer plano regular, legal e detalhado de liberdade. Quem ousaria opor-se à Coroa e ao ministério? Ou quem arrogaria para si o caráter de patrono da liberdade, sob uma jurisdição arbitrária como essa? Eu me pergunto se alguma das atuais monarquias absolutas europeias contém um tribunal despótico e ilegal como esse.

A jurisdição da Corte Suprema de Inquérito era ainda mais terrível, seja porque o crime de heresia previsto por ela não estivesse tão bem definido como o de ofensa civil, seja porque seus métodos de inquisição e extração de confissão fossem inteiramente contrários às ideias mais simples de justiça e equidade. Com frequência decretava multas e aprisionamentos. As privações e suspensões do clero por inconformismo também eram numerosas e chegaram a ser aplicadas a um terço dos eclesiásticos da Inglaterra. Em carta ao arcebispo de Canterbury, a rainha declara expressamente "que homem algum poderia transpor os limites traçados pela autoridade e pelas leis e injunções da Coroa".[4]

A Corte Marcial ia ainda mais longe do que as duas instâncias anteriores, no que tange à adoção de métodos de decisão imediatos, arbitrários e violentos. Se ocorria insurreição ou havia desordem pública, a Coroa aplicava a lei marcial não somente a soldados, mas também ao povo em geral; qualquer um poderia ser punido como rebelde ou cúmplice ou instigador de rebelião, se assim aprouvesse o magistrado da corte ou seu lugar-tenente ou ainda o suplente deste. Lorde Bacon diz que o julgamento do conde de Essex e seus comparsas pela lei comum foi um favor, pois o caso admitia, requeria mesmo, a severidade da lei marcial.[5] Vemos instâncias de sua aplicação pela rainha Maria, em nome da ortodoxia. Temos uma carta da rainha Elisabete ao conde de Sussex, redigida após a supressão da rebelião do Norte, em que ela o reprova asperamente por não ter executado prisioneiro algum de acordo com a lei marcial; mas é provável que cerca de oitocentas pessoas tenham sido sacrificadas por causa dessa insurreição menor.[6] Os monarcas ingleses não restringiram o exercício dessa lei a tempos de guerra civil e desordem interna. Em 1552, quando não havia rebelião nem insurreição, o rei Eduardo outorgou a seus comissários uma concessão de lei marcial e deu-lhes poderes para executá-la "na ex-

---

4 Neal, *Dialogus* (1590), v.I, p.479. (N. A.)

5 *Obras*, v.04, p.510. (N. A.)

6 Manuscrito de lorde Royston, depositado no Paper Office. (N. A.)

tensão que julgassem necessário fazê-lo".[7] A rainha Elisabete não foi mais parcimoniosa no emprego dessa lei. Em 1573, certo Peter Burchet, um puritano, persuadido de que seria meritório matar os que se opusessem à verdade do livro sagrado, saiu pelas ruas e feriu Hawkins, o famoso capitão naval, que tomara por Hatton, o favorito da rainha. Esta ficou tão furiosa que ordenou que fosse imediatamente punido pela lei marcial; mas, após ouvir o conselho de auxiliares prudentes, que lembraram que era usual aplicar essa lei apenas em tempos turbulentos, revogou a ordem e submeteu Burchet à lei comum. Nem por isso mostrou mais comedimento nos atos pelos quais exercia sua autoridade. Há registro de uma proclamação em que ordena o uso da lei marcial contra todos os que importassem livros ou panfletos censurados e proíbe o questionamento dos lugares-tenentes ou de seus subordinados no exercício da punição arbitrária de quem viole a lei, "apesar de eventuais leis ou estatutos contrários".[8] Há registro de um ato ainda mais extraordinário. As ruas de Londres estavam infestadas de vagabundos e desordeiros. O prefeito tentara reprimir a desordem. A Câmara Estrelada exercera sua autoridade e infligira punições a eles. A rainha, porém, considerando-as insuficientes, ressuscitou a lei marcial e deu a sir Thomas Wiford o cargo de magistrado da corte marcial, "concedendo-lhe

---

7 Strype, *Annals of the Reformation* (1603), v.II, p.373, 458. (N. A.)

8 Camden, *Annales rerum gestarum angliae et hiberniae regnate Elizabetha*, p.446; Strype, *Annals of the reformation* (1603), v.II, p.288. (N. A.)

autoridade e ordenando que, a partir de notificação dada pelos oficiais de paz de Londres e condados vizinhos, transgressores que merecem ser imediatamente executados por lei marcial fossem presos e encaminhados à presença dos ditos oficiais, de acordo com os procedimentos de cumprimento da lei marcial, para serem executados no cadafalso ou na forca, em logradouros públicos próximos àqueles em que os ditos transgressores haviam perpetrado as graves ofensas".[9] Seria difícil encontrar exemplo de ato tão autoritário como esse em qualquer localidade mais próxima de Londres do que Moscou. A patente de Alto Condestável, concedida por Eduardo VI ao conde Rivers, é prova da natureza desse cargo. Seus poderes são ilimitados e perpétuos, e vigem tanto em tempos de paz como nos de guerra ou rebelião. Sob Eduardo VI, o parlamento reconheceu a jurisdição do Condestável e da Corte Marcial como parte do direito da terra.

A Câmara Estrelada, a Corte Suprema e a Corte Marcial, embora fossem jurisdições arbitrárias, pelo menos realizavam julgamentos e emitiam sentenças. Havia na época uma espécie mais terrível de punição, infligida indiscriminadamente, sem outra autorização além do decreto de um secretário de Estado ou do Conselho Real: o encarceramento por período indeterminado ou pelo período que o ministro julgasse mais adequado. Em tempos de desconfiança generalizada, as cadeias ficavam lotadas de prisioneiros de Estado. Essas infelizes vítimas da suspeita pública eram às vezes lançadas em calabou-

---

9 Rymer, *Foedera* (1713), v.XVI, p.279. (N. T.)

ços, acorrentadas e tratadas da maneira mais cruel, sem direito a recurso.

Essa prática equivalia a uma modalidade indireta de tortura. E embora a tortura propriamente dita não entrasse na administração ordinária da justiça, era com frequência utilizada em suspeitos, mediante autorização do secretário de Estado ou do Conselho Real. Até o conselho dos pântanos de Gales tinha o poder, previsto em concessão real, de recorrer à tortura, quando quer que julgasse adequado fazê-lo. Não há prova mais contundente da leviandade com que a tortura era empregada do que esta anedota de lorde Bacon, que citamos em suas próprias palavras: "A rainha estava furiosa com sir John Hayward por causa de um livro que ele dedicara a lorde Essex, uma história dos primeiros anos do reinado de Henrique IV; pareceu-lhe um prelúdio sedicioso, que visava inculcar no povo a indisciplina e a facção.[10] Declarou que em sua opinião isso constituía traição, e perguntou-me se eu não poderia destacar passagens que consubstanciassem o caso. Ao que respondi, de traição não encontro nenhuma passagem, de felonia há muitas. Como sua Majestade indagasse, *e quais são essas passagens?*, respondi que o autor cometera um plágio evidente, pois a maioria de suas sentenças encontrava-se em Cornélio Tácito. Limitou-se

---

10 Para nossa surpresa, o livro de sir John Hayward, *The First Part of the Life and Reign of King Henry IV* (1599), parece mostrar tendência contrária. Encontra-se preservado ali o famoso discurso do bispo de Carlisle, que contém, em termos explícitos, a doutrina da obediência passiva. Mas a rainha Elisabete era muito difícil de contentar, em se tratando desse tópico. (N. A.)

Elisabete I. Quadro geral

a traduzi-las para o inglês e inseri-las em seu texto. Ao que a rainha retorquiu que o autor dessas linhas não era quem dizia ser, mas outro, mal-intencionado, declarando aos brados que torturaria o falsário para que ele entregasse seu senhor. Ao que respondi, Senhora, o autor é um erudito, não torturai a sua pessoa, torturai o seu estilo: dai-lhe pena, tinta e papel, emprestai-lhe livros; pedi-lhe que retome a narrativa do ponto em que a interrompeu, para que eu possa verificar, comparando os estilos, se se trata do mesmo autor".[11] Não fosse a sensibilidade de Bacon, ou antes sua sagacidade, o autor em questão, um homem de letras, teria sido torturado por causa de uma obra perfeitamente inofensiva. Sua verdadeira ofensa foi ter dedicado o livro ao conde de Essex, munificente patrono das letras, quando esse nobre caíra em desgraça junto a sua Majestade.

A ameaça da rainha de julgar e punir Hayward por traição poderia ter sido cumprida mesmo que o livro fosse inofensivo. Se muitas intimidações pairam sobre o povo, nenhum júri absolverá um homem que a corte tenha decidido condenar. Ademais, a prática de não confrontar testemunhas com o prisioneiro dava aos advogados da Coroa toda a vantagem contra o réu. De fato, mal se encontra nos reinados dessa época um caso em que o soberano ou seus ministros tenham sido contrariados pelo veredicto. Júris tímidos e juízes fora do exercício de suas funções invariavelmente subscreviam as visões da Coroa. A prática ancestral era multar, aprisionar ou punir,

---

11 Bacon, *Letters from the Cabala* (1654), p.81. (N. A.)

segundo decisão da corte, os jurados que contrariassem veredictos desses juízes, e é óbvio que os júris não ofereciam salvaguarda à liberdade do súdito.

Outra prerrogativa totalmente incompatível com a liberdade é o poder de coagir alguém a servir a Coroa, em terra ou nos mares, ou obrigá-lo a aceitar um cargo, por mais desprezível ou incompatível com sua posição. Osborne descreve nas seguintes palavras o método de Elisabete para efetivar essa prerrogativa: "Se encontrava uma pessoa que pusesse obstáculo às suas pretensões, precavia-se contra ela, nomeando-a para um cargo remunerado no exterior ou para um posto em que executaria tarefas consideradas degradantes. Contrariava assim a máxima que julga que é melhor comprar inimigos do que remunerar amigos, adotada com resultados duvidosos por seus sucessores".[12] A prática que Osborne reprova nos sucessores imediatos de Elisabete procedeu em parte da posição extremamente precária, em parte da disposição leniente desses príncipes. Com frequência o poder de pressão era utilizado de maneira abusiva pelos de condição inferior, e não raro os oficiais cobravam propina para liberar os responsáveis pela execução desses serviços.

Sob esse aspecto, o governo da Inglaterra dessa época tinha alguma similaridade com o atual governo da Turquia, a despeito de outras diferenças. Em ambos, o soberano concentra em suas mãos todos os poderes exceto o de criar impostos; em ambos essa limitação, por ser o único privilégio do povo, termina por prejudicá-lo. Na

---

12 Referência não identificada. (N. T.)

Elisabete I. Quadro geral

Turquia, ela faz que o sultão permita a extorsão dos paxás e dos governadores de províncias, dos quais ele depois recebe presentes ou demite; na Inglaterra, levou a rainha a erigir monopólios e conceder patentes de exclusividade comercial, invenção tão perniciosa que, se tivesse sido mantida, este país, que hoje abriga riquezas, artes e comércio, seria tão próspero quanto o Marrocos ou a costa da Barbária.

Esse precioso privilégio, que tempos depois permitiu que o Parlamento privasse a Coroa de outras prerrogativas, foi consistentemente violado, de maneira indireta, durante o reinado de Elisabete, a exemplo do que ocorrera nos de seus predecessores. Era comum que a Coroa exigisse empréstimos do povo, imposição que, além de ser arbitrária e injusta, era demasiadamente severa para com os indivíduos. Mesmo que o dinheiro fosse restituído, o que raramente acontecia, como não corriam juros enquanto permanecesse nas mãos do príncipe, quem o emprestava sofria perdas consideráveis.

Há registro de uma proposta feita por lorde Burleigh para levantar junto ao povo um empréstimo equivalente a um subsídio, esquema que teria sido mais equânime do que os mencionados, mas que mesmo assim equivaleria a uma taxação não consentida pelo parlamento. Note-se que esse esquema, proposto por esse sábio ministro sem qualquer necessidade aparente, era tal como o que fora executado por Henrique VIII, e que Carlos I, cansado dos desmandos do Parlamento e pressionado por dificuldades, viria a colocar em prática, para descontentamento geral da nação.

Outro dispositivo inventado para taxar o povo foi a chamada *doação compulsória*. Essa prática era considerada tão perfeitamente regular, que os Comuns ofereceram à rainha em 1585 uma doação que ela generosamente recusou, pois na ocasião não tinha uso para o dinheiro. A rainha Maria, mediante ordem emitida pelo conselho, aumentara o imposto de alfândega sobre alguns produtos, e sua irmã lhe imitou o exemplo. Quando da invasão espanhola, cobrou-se uma espécie de imposto naval[13] e exigiu-se dos muitos portos que equipassem certo número de embarcações arcando eles mesmos com os custos. Tamanha foi a alacridade mostrada pelo povo em prol do poder público, que alguns portos, Londres em particular, doaram o dobro da quantia solicitada. Nas arrecadações para as campanhas da Irlanda, da França e dos Países Baixos, a rainha decretou que os condados sustentassem os soldados, fornecendo armamento e vestimenta, e transportassem-nos para os portos marítimos arcando com todos os custos. Doações de ano novo eram regra, da parte da grande nobreza bem como da pequena.

Outro método de taxação injusto, arbitrário e opressivo eram os direitos de provisão e preempção. O reino como um todo sentia agudamente o fardo dessas imposições; somente Oxford e Cambridge tinham o privilégio de proibir que agentes do governo confiscassem mercadorias, no limite de cinco milhas a partir de suas

---

13 *Ship-money*, imposto cobrado de cidades portuárias, equivalente ao fornecimento e sustento de um navio; em 1635, foi estendido a cidades do interior. Ver neste volume o Capítulo 12. (N. T.)

respectivas sedes administrativas. Nos primeiros anos de seu reinado, a rainha provisionou a Marinha por meio dessa prerrogativa.

Talvez a mais regular e legítima das imposições de prerrogativa fosse a tutela. Para as famílias mais importantes, era uma espécie de opressão equivalente à escravidão. Uma mulher que herdasse propriedades era obrigada pelo soberano a se casar com um de seus escolhidos; fosse o herdeiro feminino ou masculino, a Coroa tinha direito a se apropriar de seus rendimentos, enquanto permanecesse menor de idade; a concessão da tutela de uma pessoa rica, menor de idade, era um método a que se recorria para premiar um cortesão ou um favorito da Coroa.

As invenções do poder arbitrário para extorquir dinheiro pareciam não ter fim, mas mesmo assim o povo imaginava que sua propriedade estava assegurada só porque a Coroa não podia arrecadar impostos. Strype preservou um discurso de lorde Burleigh diante da rainha e do conselho no qual se encontram peculiaridades extraordinárias.[14] Burleigh sugere que ela deveria erigir uma corte para a correção dos abusos e conferir aos comissários um poder inquisitorial geral, válido em todo o reino. Oferece o exemplo do sábio avô de Elisabete, Henrique VII, que com tais métodos aumentara em muito a receita, e recomenda que essa nova corte procedesse "tanto pela direção e curso ordinário das leis quanto em virtude do supremo regimento e do *poder absoluto* de sua Majestade, *dos quais a lei emana*". Numa palavra, com essa

---

14 Strype, *Annals of the Reformation* (1603), v.IV, p.234 ss. (N. A.)

instituição esperava angariar mais fundos para o tesouro real do que Henrique VIII conseguira fazê-lo com a abolição das abadias e o confisco da receita eclesiástica. Em minha opinião, esse projeto dispensa comentários. Só pode ser muito arbitrária uma forma de governo em que um ministro sábio e bem-intencionado propõe algo assim ao soberano.

Outro mecanismo do poder real que permitia aos príncipes extorquirem o povo eram os embargos de mercadorias. Há exemplos no reinado de Maria; e Elisabete, antes de ser coroada, emitiu uma ordem para que a casa alfandegária proibisse a venda de carmim, que deveria ser importado até que a corte estivesse devidamente suprida. Sem dúvida esperava obter um quinhão do que cabia aos mercadores, enquanto durasse a injunção.

O Parlamento reclamava o direito de formular leis e conceder subsídios; esse privilégio, porém, foi completamente ignorado. Elisabete proibiu expressamente que se intrometessem em assuntos de Estado ou causas eclesiásticas, e não hesitou em aprisionar os membros que ousaram transgredir o édito imperial. Poucas foram as sessões do Parlamento, em seu reinado, em que não houve exemplos de conduta arbitrária.

A capacidade legislativa do Parlamento só poderia ser quimérica, enquanto o soberano tivesse o poder de cancelar as leis e as tornar inválidas. Ao mesmo tempo, o exercício desse poder era um método indireto de erigir monopólios. Se um ramo de manufatura encontrava-se sob restrição estatuária, o soberano, ao eximir da lei um indivíduo, concedia a ele, com efeito, o monopólio daquele produto. Não havia ofensa maior ou mais universal do que a isenção de estatutos penais.

A Coroa possuía, efetivamente, poderes legislativos plenos, graças a decretos que incidiam sobre toda e qualquer matéria, mesmo as de maior importância, que a Câmara Estrelada tinha o cuidado de executar com mais diligência do que as próprias leis. Os motivos desses decretos eram às vezes frívolos, e mesmo ridículos. O perfume do anil desagradava à rainha; emitiu um édito proibindo o cultivo dessa planta tão útil. Decidiu que não lhe agradavam as espadas longas e os rufos altos em voga; instruiu oficiais da Coroa para que quebrassem as espadas e podassem os rufos que excedessem certa altura. Práticas como essas lembram as de Pedro, o Grande, que determinava quais roupas seus súditos deveriam vestir.

A proibição de *profecias* e de assembleias de pregação ou reunião de fanáticos tinha lá suas razões, mas mostra bem a extensão ilimitada da prerrogativa real. Condicionaram-se à permissão da Coroa as reuniões de leitura das escrituras e as conversas sobre religião, por ortodoxas que fossem.

Havia outros ramos da prerrogativa incompatíveis com o desfrute estável e regular da liberdade. Nenhum dos membros da nobreza poderia se casar sem a permissão do soberano: a rainha deteve longamente na prisão o conde de Southampton, por ter se casado em segredo com a sobrinha do conde de Essex. Ninguém tinha autorização para viajar ao exterior sem o consentimento do príncipe: sir William Evers foi severamente punido porque ousara realizar uma visita ao rei dos escoceses.

O soberano tinha suprema e irrestrita autoridade sobre transações internacionais, e não permitia que uma pessoa entrasse no reino ou o deixasse sem sua autorização, assim como mercadorias não podiam ser importadas ou exportadas sem seu consentimento.

No décimo terceiro ano de Elisabete, o Parlamento a elogiou por não imitar a prática usual de seus predecessores, que bloqueavam os trâmites da justiça com decretos. De fato, não poderia haver maior abuso ou marca tão forte de poder arbitrário, e a rainha, ao se recusar a utilizá-los, teve postura muito louvável. Mas não perseverou em seu comedimento. Encontram-se nos arquivos públicos decretos emitidos por ela isentando cidadãos privados de processos e punições; e tais decretos, como ela mesma diz, decorriam de prerrogativa real inquestionável.

Era comum, no reinado de Elisabete, e provavelmente também nos anteriores, que nobres ou membros do conselho aprisionassem quem os perturbasse com a cobrança judicial de dívidas. O infeliz que tivesse obtido ganho de causa nas cortes de justiça se via obrigado a ceder suas propriedades para recuperar a liberdade. Outros, que haviam sido libertados por juízes, eram postos novamente sob custódia, em lugares secretos e sem direito a recurso. Oficiais de cortes eram punidos por executar mandados favoráveis a essas pessoas. Era usual aprisionar os que processassem a Coroa, por ordem da procuradoria do conselho do rei ou da corte suprema. Tais pessoas, uma vez detidas, eram trazidas a Londres e encarceradas; para recobrar a liberdade, tinham que retirar as queixas e pagar vultosas multas. No 34º ano da rainha, os juízes queixaram-se à sua Majestade da frequência dessa prática. É provável que uma tirania egrégia como essa não tenha sido perpetuada para além do reinado de Elisabete, visto que o Parlamento, que apresentou a petição de direito, não pôde encontrar outros exemplos dela. Mesmo os juízes de Elisabete, que protegeram o povo contra a tirania dos grandes, reconhecem expressamente que uma pessoa sob comando especial da rainha não poderia ser processada.

É obvio que num governo como esse só se consegue obter justiça do soberano caso ele esteja disposto a concedê-la. A expedição naval realizada por Raleigh e Frobisher contra os espanhóis em 1592 capturou um galeão com um carregamento estimado em dois milhões de libras. Caberia à rainha um décimo do espólio; mas, por se tratar de prêmio que excedeu em muito as expectativas dos aventureiros, ela não se deu por contente. Raleigh humildemente rogou a Elisabete que aceitasse mais 100 mil libras e abdicasse de outras demandas (melhor seria dizer extorsões), lembrando a ela, ao mesmo tempo, que essa doação era a maior jamais oferecida por um súdito a um príncipe.

Não admira que em sua administração a rainha tenha mostrado tão pouco respeito pela liberdade, se lembrarmos que o Parlamento também a desprezava na formulação das leis. Os estatutos de perseguição a papistas e puritanos eram inteiramente contrários ao gênio da liberdade, e por exporem multidões à tirania de padres e intolerantes, acostumaram o povo a uma submissão abjeta. Outra prova da servidão voluntária do Parlamento[15] foi a concessão de autoridade ilimitada à rainha, ou, o que é pior, o reconhecimento de seu direito inerente a ela.

Uma lei promulgada por Elisabete em seu 23º ano submetia o uso de termos sediciosos à pena capital; estatuto extremamente tirânico, do qual se fez por vezes uso não menos tirânico. O caso de Udal, um clérigo puritano, chama a atenção, mesmo em tempos arbitrários. Publicara um livro, *A Demonstration of Discipline*, em que investia contra o episcopado oficial; e embora tivesse cuidadosamente omitido o próprio nome, foi aprisionado com base em meras suspeitas e levado à corte pela ofensa que supostamente cometera. Alegou-se que os bispos eram parte do corpo político da rainha, e que se pronunciar contra eles era o mesmo que atacá-la, ou seja, felonia prevista em estatuto. Essa não foi, porém, a única iniquidade de que Udal foi acusado. Os juízes não permitiram ao júri que determinasse outra questão além da de saber se Udal escrevera ou não o livro, examinando sua intenção ou a implicação de suas palavras. Para provar o fato, os advogados da Coroa não apresentaram uma única testemunha à corte, apenas leram o depoimento de duas pessoas ausentes, uma das quais declarou que Udal lhe dissera ser o autor do panfleto, a outra que um amigo de Udal lhe dissera o mesmo. Udal não pôde apresentar evidências de sua inocência, coisa que jamais teria sido permitida, pois contrariava os interesses da

---

15 Possível alusão ao *Discurso sobre a servidão voluntária* (1576), de Étienne de la Boétie. (N. T.)

Coroa.[16] Após tanta iniquidade, o júri emitiu a sentença de pena capital. O desfecho não poderia ter sido outro, pois a condenação de Udal era do interesse da rainha. Udal morreu na prisão antes da execução da sentença.

O caso de Penry foi ainda mais grave, se é que isso é possível. Esse homem era um zeloso puritano, ou melhor, um brownista, pequena seita que depois cresceu e recebeu o nome de *independentes*.[17] Escrevera numerosos tratados contra a hierarquia, como *Martin Marprelate*, *Theses martinianae* e outras composições repletas de sátira petulante de baixo calão. Após alguns anos de clandestinidade, foi capturado. Mas, como o estatuto contra termos sediciosos requeria que o criminoso fosse julgado até um ano após a ofensa cometida, não pôde ser indiciado pelos livros que escrevera; foi julgado por papéis encontrados em seus bolsos, como se por esse meio fosse possível disseminar sedição. O promotor da corte, Puckering, o acusou de "ter reconhecido" em alguns desses papéis "que vossa majestade teria o poder de *estabelecer* leis eclesiásticas ou civis, mas evitara termos como *formular, aplicar, decretar e ordenar*, que, no uso comum, implicam a mais absoluta autoridade da Coroa". Penry foi condenado e executado pela ofensa.

Vemos assim que "a mais absoluta" autoridade do soberano, para usarmos a expressão do promotor da corte,

---

16 Somente após a Revolução de 1688 permitiu-se aos prisioneiros apresentar evidência contra a Coroa. Ver Blackstone, *Commentaries on the Laws of England* (1769), v.IV, p.352. (N. A.)

17 Os independentes terão papel importante nas guerras civis; Oliver Cromwell será o seu membro mais destacado. Ver neste volume o Capítulo 15. (N. T.)

estava estabelecida com base em mais de vinte ramos de prerrogativa hoje abolidos, cada um deles totalmente incompatível com a liberdade do súdito. Mas o que efetivamente mantinha o povo na escravidão, mais do que esses ramos de prerrogativa, eram os princípios então vigentes, que atribuíam ao príncipe poder ilimitado e incontestável, que se supunha estar na origem de todo o Direito e não poderia ser circunscrito por quem quer que fosse. As homilias publicadas para uso do clero, lidas aos domingos nas igrejas, inculcavam por toda parte uma obediência ao príncipe passiva, cega e irrestrita, e tal que, de modo algum e sob nenhum pretexto, poderia ser legalmente infringida ou violada pelos súditos. Muito foi dito acerca do fato de se ter concedido aos capelães da corte, em reinados posteriores, o direito de pregar doutrinas como essa, mas há grande diferença entre esses sermões e os discursos publicados por autoridades, permitidos pelo príncipe e pelo conselho e promulgados à nação como um todo. Esses princípios foram de tal maneira absorvidos pelo povo, durante os reinados de Elisabete e dos que a precederam, que a oposição a eles era considerada flagrante sedição, e sequer recebia a chancela do elogio e aprovação pública, único suporte para os que se veem frente aos perigos e dificuldades que ameaçam a resistência à autoridade tirânica.[18] Apenas na geração seguinte

---

18 É notável que nas peças históricas de Shakespeare, em que maneiras e caracteres, e mesmo as transações de diversos reinos, são exatamente copiadas, mal exista menção da *liberdade civil* que, imaginam alguns pretensos historiadores, teria sido o objeto de todas as querelas, insurreições e guerras civis desde

de nobres príncipes é que os princípios de liberdade se enraizaram e, disseminando-se misturados aos absurdos dos puritanos, tornaram-se moda entre o povo.

Observe-se que as vantagens usualmente atribuídas à monarquia absoluta — maior regularidade na política, execução mais estrita das leis — não se verificavam no governo inglês, que sob muitos aspectos merecia a pecha de absoluto. Uma demonstração dessa verdade está contida num minucioso documento, preservado por Strype,[19] redigido por um eminente oficial de justiça de Somersetshire, no ano de 1596, período final do reinado de Elisabete, quando, supõe-se, a autoridade da princesa estaria plenamente corroborada pelo tempo, e suas máximas de governo teriam sido aprimoradas pela prática. Esse documento contém um relato de desordens ocorridas no condado de Somerset. Diz o autor que por assalto, roubo e outras ofensas, quarenta pessoas foram executadas em um ano, trinta e cinco tiveram as mãos marcadas a fogo, trinta e sete foram chicoteadas, cento e oitenta e três foram acusadas; que a maioria dos acusados eram pessoas vis, imprestáveis e mal-intencionadas, que não estavam dispostas a trabalhar, e nem haveria quem as empregasse; que, apesar

---

os primórdios da história inglesa. No elaborado panegírico da Inglaterra contido na tragédia *Ricardo II*, não há palavra que permita supor que a constituição civil da Inglaterra seria diferente ou superior à de outros reinos europeus da mesma época. Uma omissão como essa jamais poderia ser encontrada em qualquer autor inglês que escreveu desde a Restauração, ou ao menos desde a Revolução. (N. A.)

19 Strype, *Annals of the Reformation* (1603), v.IV, p.290. (N. A.)

do grande número de acusações, um quinto das felonias cometidas no condado não havia sido levado a julgamento, pois os criminosos haviam escapado, por astúcia própria, por omissão dos magistrados ou por conivência do povo ignorante; que as rapinas cometidas por um infinito número de pessoas vis, desocupadas ou preguiçosas eram insuportáveis para os pobres homens do campo, obrigados a manter vigilância perpétua sobre seus rebanhos, pastos, florestas e plantações; que a condição de outros condados ingleses não era melhor que a de Somersetshire, a de alguns era ainda pior; que havia pelo menos trezentos ou quatrocentos vagabundos em perfeita condição física, que viviam de roubo e rapina e costumavam se reunir em bandos de até sessenta pessoas para agredir os habitantes; que se todos os criminosos desse tipo fossem reunidos, poderiam, se devidamente treinados, enfrentar *com brio* o maior dos inimigos de sua Majestade; que os magistrados receavam aplicar a lei, e havia casos de oficiais de justiça que, após terem sentenciado patifes, interferiram pessoalmente para impedir a execução da sentença, por causa de ameaças recebidas dos comparsas desses criminosos.

Em 1575, a rainha queixou-se no Parlamento da execução defectiva das leis e ameaçou os magistrados dizendo que se eles não se mostrassem mais vigilantes transferiria sua autoridade para indigentes e necessitados, que teriam interesse em administrar a justiça com mais rigor. Ao que parece, suas palavras não surtiram efeito. Em 1601, foram feitas muitas queixas no Parlamento em relação à rapacidade dos oficiais de justiça. Um membro chegou a dizer que um magistrado que em troca de meia dúzia de galinhas aplicava um punhado de estatutos penais não passava de um animal. Não é fácil explicar tamanho relaxamento nos procedimentos do governo e semelhante negligência de polícia num reinado vigoroso como o de Elisabete. A exígua receita da Coroa é a causa mais provável. A rainha simplesmente não conseguia angariar homens em número suficiente para a execução de leis.

Em suma, a história de seus ancestrais não fornece aos ingleses nenhuma razão para que se orgulhem do quadro de monarquia absoluta ou para que prefiram a autoridade ilimitada do príncipe, com suas prerrogativas irrestritas, à nobre liberdade, à amena igualdade e à feliz segurança pelas quais esse povo atualmente se distingue das demais nações do universo. O máximo que se pode dizer em prol do governo da época que examinamos (e talvez o máximo que se possa dizer de verdadeiro a seu respeito) é que o poder do príncipe, embora realmente ilimitado, era exercido à maneira europeia, e não invadia todas as partes da administração; o exercício da prerrogativa suprema não era tão frequente que ameaçasse a propriedade ou reduzisse o povo à servidão completa; a inexistência de facções, a rapidez na aplicação da justiça e a prontidão com que eram adotadas medidas de defesa ou de acusação compensavam, até certo ponto, a ausência de liberdade legal e determinada; o príncipe não comandava um exército mercenário, havia uma restrição tácita ao seu poder, que mantinha o governo dentro de limites com os quais se acostumara o povo; e embora a Inglaterra, por sua situação, parecesse próxima de uma monarquia despótica e oriental, estava, na realidade, mais distante de algo assim do que o presente governo desse mesmo reino, em que o povo, embora protegido por múltiplas leis, encontra-se totalmente exposto, indefeso e desarmado, além de não ser amparado por um poder intermediário ou por uma poderosa nobreza independente que se interponha entre ele e o monarca.

Comércio   Ciente de que a segurança do reino dependia do poderio naval, Elisabete tentou estimular o comércio e a navegação. Mas os monopólios por ela instituídos tendiam a extinguir os negócios domésticos, muito mais valiosos do que o comércio exterior e dos quais este depende; e pode-se dizer que sua conduta geral não foi calculada para servir ao propósito que tinha em mente, menos ainda para promover as riquezas de seu povo. Companhias com patentes exclusivas eram um obstáculo adicional ao comércio exterior. Mesmo com esses desestímulos, o espírito da época inclinava-se a empreitadas navais; além das expedições militares contra os espanhóis, tentaram-se novas descobertas, e os ingleses inauguraram novas rotas comerciais. Sir Martin Frobisher realizou três viagens infrutíferas em busca da passagem noroeste; Davis, sem se deixar abater por esse fracasso, empreendeu nova tentativa e descobriu os estreitos que conhecemos pelo seu nome. No ano de 1600, a rainha concedeu a primeira patente à Companhia das Índias Orientais; o capital da companhia era de 72 mil libras, e quatro navios foram preparados, sob o comando de James Lancaster, para essa nova rota comercial. A empreitada foi bem-sucedida, e o retorno dos navios, com rico carregamento, estimulou a companhia a persistir no comércio.

Elisabete I. Quadro geral

A comunicação com a Moscóvia fora aberta no tempo da rainha Maria, com a descoberta da passagem para Arcângelo, mas o comércio com esse país só se intensificou por volta de 1569. Elisabete obteve do czar uma patente de comércio exclusiva para os ingleses, firmando assim uma aliança pessoal e nacional. O czar João Basilides, um tirano furioso, suspeitava da revolta de seus súditos, e obteve da rainha permissão para exilar-se na Inglaterra. Para garantir a viabilidade desse recurso, propôs casar-se com uma inglesa. A intenção da rainha era indicar lady Anne Hastings, filha do conde de Huntingdon; mas a jovem, ao ser informada das maneiras bárbaras daquele país, sabiamente declinou da aquisição de um império a expensas de seu conforto e segurança pessoais.

Animados com os privilégios concedidos por Basilides, os ingleses realizaram uma expedição por terras russas, adentrando-as mais do que qualquer outro europeu antes deles. Transportaram suas mercadorias ao longo do rio Dwina em barcos talhados em troncos de árvores, que eles navegaram e rebocaram até Walogda. Desse ponto em diante, carregaram as mercadorias por terra, por sete dias, até Yeraslau, de onde desceram o Volga rumo a Astracan. Ali chegando, construíram novos barcos, cruzaram o mar Cáspio e venderam as mercadorias na Pérsia. Essa arriscada viagem encontrou tantos obstáculos que nunca mais foi realizada.

Após a morte de João Basilides, seu filho Teodoro revogou a patente inglesa de monopólio do comércio com a Rússia. A rainha protestou, mas o czar disse aos ministros enviados por ela que príncipes devem se portar de maneira neutra, seja em relação a seus súditos, seja em relação a países estrangeiros, sem converter o comércio, que as leis das nações estipulam como um bem comum, num monopólio para benefício privado de poucos. As noções de comércio desse bárbaro eram mais justas do que as que transpareceram na conduta da renomada Elisabete. Teodoro manteve alguns privilégios dos ingleses, em consideração pelo fato de terem inaugurado a comunicação entre a Europa e seu país.

O comércio com a Turquia, iniciado por volta de 1583, foi confiado pela rainha a uma única companhia. Até então, o *grand signor* vira a Inglaterra como uma província da França. O poder e a reputação de Elisabete convenceram-no a receber os ingleses, a quem deu privilégios ainda maiores que os concedidos aos franceses.

Quando Elisabete subiu ao trono, os mercadores da liga Hanseática protestaram com veemência contra o tratamento recebido de Eduardo e de Maria. A rainha prudentemente respondeu que não introduziria inovações e manteria as imunidades e os privilégios. Não contentes com essa resposta, suspenderam temporariamente as transações com a Inglaterra, para vantagem dos comerciantes ingleses, que fizeram de tudo para promover o próprio comércio. Tomaram em suas mãos as transações e dividiram-se em mercadores fixos e mercadores navais, uns com residência nas cidades, outros tentando a fortuna no estrangeiro com tecidos e outras manufaturas. Seu êxito provocou a fúria da liga Hanseática, que com diversos expedientes tentou difamar os ingleses junto a outros Estados e nações. A liga obteve um édito imperial que proibia os ingleses de realizar transações comerciais com o Império Habsburgo. A título de retaliação, a rainha reteve sessenta navios capturados no rio Tagus com contrabando de bens espanhóis. Tinha a intenção de devolvê-los, como mostra de boa vontade em relação às cidades mercantes; mas quando soube que uma assembleia geral se reunira em Lubec para tomar medidas contra o comércio inglês, confiscou em definitivo não somente os navios como também os carregamentos. Somente dois foram devolvidos, para mostrar à Liga o seu desprezo pelas medidas adotadas.

Para montar uma frota naval, Henrique VIII tivera que alugar navios em Hamburgo, Lubec, Danzig, Gênova e Veneza. Essa situação alterou-se com Elisabete, que desde o início construiu navios e estimulou os mercadores a fabricar embarcações comerciais de grande porte, que pudessem, nas ocasiões requeridas, ser convertidas em navios de guerra. Em 1582, havia na Inglaterra 14.259 marinheiros e 12.032 embarcações, das quais somente 217 tinham mais de 80 toneladas; já às vésperas de 1640, de acordo com Monson, o número de marinheiros triplicara, em contraste com o declínio da navegação durante os primeiros anos de Jaime I, quando os mercadores utilizaram navios estrangeiros para as transações comerciais.[20]

A frota naval legada por Elisabete ao seu sucessor pode parecer respeitável, se refletirmos sobre o número de embarcações, 42 no total. Se considerarmos, porém,

---

20 Sir William Monson, *Naval Tracts*, p.300, 210, 256. (N. A.)

que nenhum desses navios carregava mais de quarenta canhões, só quatro carregavam quarenta, só dois pesavam mais de mil toneladas, 23 pesavam menos de 500 toneladas, alguns pesavam 50, outros 20, e que o número total de canhões pertencentes à frota era de 774, nossa ideia da Marinha inglesa será medíocre comparada à sua força atual. Em 1588, havia nos portos somente cinco embarcações com mais de 200 toneladas construídas por nobres.

Em 1599, soou o alerta de uma invasão espanhola. Para opor-se a ela, a rainha mobilizou em poucos dias uma frota e convocou um exército. Essa rápida preparação deu aos estrangeiros uma ideia exaltada do poderio militar da Inglaterra. Em 1575, a milícia do reino era composta por 182.929 homens. Em 1595 distribuíam-se pelo país 140 mil homens, sem contar os fornecidos por Gales. Mas esses exércitos, formidáveis em número, deixavam a desejar em matéria de disciplina e experiência. Pequenos destacamentos de Dunquerque e Newport realizavam incursões e saqueavam a costa leste, o que mostra que a milícia permanente não era adequada à defesa do reino. Nesse reinado, lugares-tenentes superiores foram pela primeira vez indicados aos condados.

O sr. Murden[21] cita extratos da coleção Salisbury de documentos que descrevem a força militar da nação na época em que esta enfrentou a armada espanhola; o relato que oferece é muito diferente do que costuma ser dado

---

21 Murden, *A Collection of State Papers Relating to the Affairs of the Reign of Elizabeth* (1759), p.608. (N. A.)

pelos historiadores. Segundo ele, os homens do reino aptos ao serviço militar contavam 111.513; os armados eram 80.875; destes, 44.727 haviam recebido treinamento. Supõe-se que por *aptos* entenda-se homens *registrados*, o que explicaria seu pequeno número. Nessa mesma época, porém, sir Edward Cooke, responsável, ao lado de Popham, oficial de justiça, pelo recenseamento de toda a população da Inglaterra, declarou aos Comuns que o censo contara 900 mil homens à disposição da Coroa. As regras mais aceitas de contagem permitem supor que haveria 200 mil homens aptos a empunhar armas. Mesmo esse número é surpreendentemente pequeno. Deveríamos supor que o reino seria hoje seis ou sete vezes mais populoso do que então? Ou que o número oferecido por Murden corresponderia à realidade, excluindo-se católicos e enfermos?

Harrison afirma que embora nos alistamentos realizados em 1574 e 1575 os homens considerados aptos ao serviço militar contassem 1.172.674, é provável que essa soma fosse um terço maior.[22] Tais contradições e incertezas encontram-se em todos os relatos. Embora o número citado seja considerável, o autor lamenta a diminuição da população em números absolutos, repetindo uma queixa recorrente em todas as épocas e lugares. A nos fiarmos por Guicciardini,[23] o número de habitantes da Inglaterra na época em que Elisabete assumiu o trono chegava a 2 milhões.

---

22 Harrison, *Description of Britain*. (N. T.)
23 Guicciardini, *Descrittione di tutti i Paesi Bassi* (1581). Referência provável. (N. T.)

Qualquer que seja a opinião que formemos a respeito da comparação da população da Inglaterra em diferentes períodos, é preciso reconhecer que, abstraindo-se da dívida nacional, houve prodigioso aumento de seu poder, talvez mais do que em qualquer outro Estado europeu, desde o início do último século. Não seria um paradoxo afirmar que a Irlanda por si só poderia, atualmente, exercer uma força maior do que a dos outros três reinos no tempo de Elisabete. Podemos ir além e afirmar que um condado populoso da Inglaterra é capaz de realizar ou de apoiar uma investida maior do que o reino inteiro no período de Henrique V, quando a manutenção do destacamento de uma pequena cidade como Calais respondia por um terço das despesas nacionais. Tais são os efeitos da liberdade, das atividades comerciais e do bom governo.

Manufatura O estado das manufaturas inglesas nessa época era bastante ruim; consumiam-se artigos estrangeiros de todo gênero. Por volta de 1590 havia em Londres quatro pessoas classificadas no livro de subsídios com lucro superior a 400 libras. Esse cômputo não deve ser considerado uma estimativa exata de sua riqueza. Em 1567 verificou-se que havia 4.851 estrangeiros de diferentes nacionalidades vivendo em Londres, dos quais 838 eram flamengos e apenas 58 eram escoceses. As subsequentes perseguições aos protestantes na França e nos Países Baixos atraíram um bom número de estrangeiros para a Inglaterra, e o comércio, bem como a manufatura do país, beneficiou-se muito com sua presença. Nesse tempo, sir Thomas Gresham mandou erguer por conta própria o magnífico edifício da Bolsa, destinado à recepção de mercadores estrangeiros; a rainha visitou-o e o batizou com o nome de Bolsa Real.

Elisabete I. Quadro geral

Finanças Por um feliz acidente no uso da linguagem, que tem sempre um grande efeito nas ideias dos homens, a insidiosa palavra *usura*, que antes significava o empréstimo de dinheiro a juros, passou a expressar tão somente empréstimos a juros exorbitantes e ilegais. Um ato aprovado em 1571 condena com veemência toda e qualquer usura, mas permite a cobrança de juros a 10%. Na mesma época, Henrique IV da França reduziu os juros para 6,5%, o que mostra que no comércio os franceses superavam em muito os ingleses.

O dr. Howell afirma que no terceiro ano de seu reinado Elisabete foi presenteada por sua tecelã com meias de seda preta, e nunca mais utilizou meias de tecido espesso.[24] Segundo o autor de *The Present State of England*, por volta de 1577 foram introduzidos na Inglaterra relógios de bolso oriundos da Alemanha. Supõe-se que tenham sido inventados em Nuremberg.[25] Por volta de 1580, o uso de coches foi iniciado pelo conde de Arundel. Antes disso, a rainha, em ocasiões públicas, era conduzida por seus camareiros.

Camden informa que, em 1581, Randolph, empregado pela rainha em embaixadas no exterior, foi empossado como superintendente geral dos correios. Ao que tudo indica, os correios já existiam, embora as regras publicadas por Carlos I em 1635 sugiram que havia poucos postos antes dessa data.

No quinto ano de Elisabete foi publicada a primeira lei de alívio dos pobres.

---

24 Howell, *General History of the World* (1680), v.II, p.222. (N. A.)
25 Chamberlain, *The Present State of England* (1684). (N. T.)

Um judicioso autor de nossa época[26] confirma a observação de que a população do reino diminuíra por causa do aumento dos cercamentos de terras e do declínio da lavoura, e corretamente encontra a razão desse fenômeno nas restrições impostas à exportação de cereais e na total liberdade concedida à exportação de todos os produtos derivados do pasto, como lã, couro, sebo etc. Essas estipulações, decorrentes de prerrogativa, não eram muito judiciosas. Nos primeiros anos de seu reinado, a rainha tentara adotar a prática contrária e obtivera bons resultados. O mesmo autor mostra que eram frequentes as queixas, renovadas em nossa época, em relação aos altos preços de todas as coisas. Parece ter havido dois períodos durante os quais os preços subiram muito na Inglaterra: o da rainha Elisabete, em que se calcula que tenham dobrado, e a época presente. Entre eles, parece ter havido estagnação. Ao que tudo indica, nesse período intermediário a quantidade de manufaturas teria aumentado em proporção ao incremento da quantidade de ouro e prata, o que manteria as mercadorias em paridade com a moeda.

Colônias Ao longo desse reinado, houve duas tentativas de estabelecer colônias na América, uma por sir Humphrey Gilbert, em Newfoundland, outra por sir Walter Raleigh, na Virgínia, ambas sem êxito. Os nobres assentamentos que hoje conhecemos foram consumados no reinado subsequente.

Maneiras A nobreza preservou, em certa medida, a antiga magnificência, na hospitalidade e no número de dependentes;

---

26 Anderson, *An Historical and Chronological Deduction of the Origin of Commerce* (1764), v.i., p.421. (N. A.)

a rainha julgou prudente restringir por decreto as despesas com este último item. Estimulou indiretamente os gastos com hospitalidade, com as frequentes visitas que fazia aos nobres, que eram obrigados a preparar suntuosas recepções para a ilustre convidada. O conde de Leicester lhe preparou uma festa no castelo de Kenilworth, extraordinária tanto pelo custo quanto pelo aspecto magnífico. Entre outros detalhes, 365 barris de cerveja foram consumidos na ocasião. Leicester fortificara seu castelo e pusera armas à disposição para 10 mil homens. O conde de Derby sustentava 240 dependentes. Stowe considera uma marca de singular beneficência da parte desse homem o fato de ele não aumentar abusivamente o valor da locação de suas terras e não exigir de seus locatários nenhum serviço além dos previamente combinados; o que prova que o enorme poder do soberano quase inevitavelmente sugeria à nobreza que tiranizasse o povo. Burleigh, embora tivesse hábitos frugais e não contasse com herança de família, sustentava cem dependentes. No campo ou na cidade, servia sempre um suntuoso banquete para os cavalheiros e oferecia fartas refeições para pessoas de condição inferior. Cercara-se de pessoas muito distintas, dentre as quais contavam vinte cavalheiros, cada um deles pensionista de mil libras por ano, além dos servos, que em conjunto podiam custar 3, 5, 10, às vezes 20 mil libras. Embora a receita da Coroa fosse escassa, os ministros e cortesãos adquiriam grandes fortunas por intermédio da prerrogativa ilimitada, fortunas que dificilmente poderiam ser reunidas em nossos dias, de pensões generosas, mas de autoridade limitada.

Burleigh recebeu a rainha dezenas de vezes em sua casa de campo, onde ela passava três, quatro, cinco semanas seguidas. Cada visita custava a esse nobre entre 2 e 3 mil libras. A quantidade de moedas de prata que ele tinha é surpreendente: nada menos que 14 ou 15 mil unidades; o que corresponde, sem contar o valor de confecção, a mais de 42 mil libras esterlinas atuais. Burleigh deixou como herança terras que valiam 4 mil libras ao ano, além de 4 mil libras em dinheiro. Como a terra costumava ser vendida em prestações de dez anos, as moedas de prata em sua posse igualavam a soma do restante de sua fortuna. Ao que parece, não se dava muito valor, nessa época, à confecção das moedas, que era muito rudimentar; considerava-se apenas seu peso.

Apesar da preservação dos antigos costumes, a nobreza adquiriu aos poucos um gosto pelo luxo elegante. De acordo com Camden, foram erguidas para ornamento da nação edificações belas, imponentes e majestosas, em detrimento, acrescenta ele, da gloriosa hospitalidade inglesa.[27] É mais razoável pensar que o novo pendor para os gastos tenha promovido as artes e as atividades comerciais, enquanto a antiga hospitalidade era fonte de vício, desordem, sedição e preguiça.[28]

---

27 Camden, *Annales*, p.452. (N. A.)
28 Harrison diz "que a maior parte de nossos edifícios, nas cidades e burgos da Inglaterra, era feita de madeira recoberta de argila, para proteção contra o vento. Essa espécie rústica de edificação causou espanto nos espanhóis, à época da rainha Maria, principalmente quando viram a prosperidade de muitos dos donos dessas charnecas artesanais". *History of*

Elisabete I. Quadro geral

Dentre outras espécies de luxo, o gosto pela vestimenta aumentou tanto nessa época, que a rainha julgou apropriado contê-lo por decreto. Seu exemplo, porém, não se conformava aos seus éditos. Nunca houve mulher tão iludida a respeito de sua própria beleza e mais ansiosa por impressionar seus admiradores com trajes tão extravagantes e acessórios tão variados e suntuosos. A cada dia usava uma roupa diferente, e não desdenhava de nada que fosse capaz de torná-la mais atraente. Tinha tanto gosto por seus trajes que não conseguia se desfazer deles; quando morreu, foram encontradas em seu guarda-roupa cada uma das diferentes peças que vestira em sua vida, 3 mil ao todo.

A retração da antiga hospitalidade e a diminuição do número de arrendatários favoreceram a prerrogativa do soberano e, privando a grande nobreza de sua capacidade de resistência, facilitaram a execução das leis e estenderam a autoridade das cortes de justiça. Diversas causas peculiares à situação e ao caráter de Henrique VII haviam contribuído para aumentar a autoridade da Coroa; a maioria delas atuou também sobre os príncipes que o sucederam, constituindo, juntamente com as facções religiosas e a aquisição da soberania pela Coroa, fator decisivo para o reforço da prerrogativa. As maneiras da época são uma causa geral que operou ao longo desse período e contribuiu de modo persistente para diminuir as riquezas e principalmente a influência da aristocracia, que outrora,

---

London, Livro II, Cap. 12. Acrescenta o autor que as novas casas da nobreza eram em geral construídas com tijolos ou pedras, e que janelas de vidro começavam a ser utilizadas na Inglaterra. (N. A.)

de tão formidável, avultara a Coroa. Os hábitos de luxo dissiparam as imensas fortunas dos barões mais antigos. Os novos gastos forneceram subsistência a artesãos e mercadores, que adquiriram independência e passaram a viver dos frutos do próprio trabalho. A influência dos nobres sobre eles diminuiu consideravelmente. Longe de ser ilimitada, como a que tinham sobre seus protegidos ou empregados, tornou-se moderada, como a que os consumidores têm sobre os comerciantes, o que de modo algum constitui ameaça ao governo civil. Os proprietários de terra, cuja demanda por moeda passou a ser maior do que por homens, empenharam-se para obter o maior lucro possível, cercando terras, concentrando pequenas fazendas em poucas grandes e dispensando assim os braços inúteis, até então à sua disposição para ameaçar o governo ou enfrentar um barão vizinho. Com isso, as cidades cresceram, as camadas médias tornaram-se prósperas e poderosas, e o príncipe, que efetivamente personificava a lei, foi obedecido sem contestação. O progresso ulterior dessas mesmas causas possibilitou o estabelecimento de um plano regular de liberdade, fundado nos privilégios dos Comuns. Mas, no intervalo entre a queda dos nobres e a ascensão dessa ordem, o soberano adquiriu autoridade quase absoluta.

Contrariamente ao que sugerem lorde Bacon, Harrington e autores mais recentes, as leis promulgadas por Henrique VII pouco contribuíram para a grande revolução ocorrida na Constituição inglesa no período em exame. A prática de cancelar morgadios, ou romper vínculos mediante multas e alienações, era antiga; Henrique apenas sancionou-a indiretamente, ao suprimir abusos concomitantes a ela. A autoridade mais estável da Coroa permitiu que esse soberano violasse as jurisdições de barões, o que resultou numa execução mais geral e regular das leis. Os condados palatinos tiveram a mesma sorte que os poderes feudais. Por meio de um estatuto de Henrique VIII, a jurisdição desses países foi anexada à Coroa, e seus decretos passaram a ser emitidos em nome do rei. Mas a alteração das maneiras foi a principal causa da secreta revolução no governo e da subversão do poder dos barões. Encontram-se ainda, no reinado de Elisabete, vestígios da antiga escravidão dos camponeses pelos barões; esses vestígios depois desaparecem.

Letras As letras, quando de seu renascer, eram altamente estimadas pelos príncipes e nobres ingleses. Ainda não haviam sido degradadas, tornando-se demasiadamente usuais, o que explica a ambição dos grandes pela fama literária. Quatro soberanos sucessivos – Henrique, Eduardo, Maria e Elisabete – podem, de algum modo, ser admitidos na classe dos autores. Catarina Parr traduziu um livro, *Lady Jane Gray*. Levando-se em conta sua idade, seu sexo e sua posição, pode-se considerar esse feito um prodígio literário. Sir Thomas Smith, professor em Cambridge, foi promovido primeiro a embaixador na França, depois a secretário de Estado. Os despachos dessa época, sem excetuar os de Burleigh, são com frequência pontuados por citações de clássicos gregos ou latinos. Mesmo as damas da corte se destacavam por seus conhecimentos. Lady Burleigh, lady Bacon e suas irmãs dominavam as línguas antigas, além das modernas, e orgulhavam-se mais de sua erudição do que de sua classe e distinção.

Elisabete escreveu e traduziu diversos livros, e tinha familiaridade com o grego e o latim. Diz-se que teria respondido em grego a uma missiva da universidade de Cambridge que lhe fora endereçada nessa língua. E é certo que respondeu em latim, espontaneamente e com presença de espírito, ao embaixador da Polônia, que lhe faltara o respeito. Quando terminou, voltou-se para seus cortesãos, e disse, "Deus está morto!" (adorava praguejar), "Fui forçada a polir meu velho latim, que há muito andava enferrujado".[29]

---

29 Cito aqui as palavras de Roger Ascham, preceptor da rainha: "É uma vergonha, cavalheiros da Inglaterra, que uma dama vos supere em excelência no que se refere à erudição e ao conhecimento de línguas. Apontai seis dos mais dotados cavalheiros desta corte, e juntos eles não mostrarão a mesma vontade, a mesma disposição, afinco, constância e disciplina como a de sua Majestade na aquisição de instrução e de conhecimento. Além de ser perfeitamente fluente em latim, italiano, francês e espanhol, ela lê mais grego num único dia do que um prelado da Igreja em uma semana. Dos benefícios que me foram concedidos por Deus, o maior deles, depois do conhecimento da verdadeira religião do Cristo, é ser o humilde ministro a quem coube estimular esses excelentes dotes para o saber", *The Scholemaster* (1570), p.242. "É difícil encontrar", acrescenta Harrison por seu turno, "uma única de nossas cortesãs que só conheça a língua inglesa. Eu não saberia dizer quantas damas, além de sólidos conhecimentos das línguas grega e latina, são igualmente versadas no espanhol, no italiano ou no francês; certo é que não ficam atrás dos nobres e cavalheiros, se é que não os superam. Deus abençoe tamanha dedicação! Um estrangeiro que fosse abruptamente introduzido na corte da Inglaterra poderia imaginar que se encontra antes numa escola ou universidade pública, em que

Elisabete I. Quadro geral

Mesmo após se tornar rainha, Elisabete nunca abandonou a ambição de ser autora. Parece ter sido esse o seu principal objeto de vaidade, maior que o desejo de ser admirada por sua beleza. Traduziu Boécio, *A consolação da filosofia*, para compensar, dizia, a tristeza pela conversão de Henrique IV ao catolicismo. Mas, a julgar pelas composições que nos legou, podemos pronunciar que apesar de sua aplicação e de suas excelentes capacidades, ela tinha um gosto indiferente em matéria de literatura. Seu sucessor superou-a em muito nesse quesito, embora não fosse um modelo perfeito de eloquência.

Infelizmente para a literatura, ou ao menos para a literatura dessa época instruída, a vaidade da rainha ditava que ela mesma brilhasse antes por sua própria erudição do que pelo generoso estímulo a homens de gênio. Spenser, o mais fino escritor do período, permaneceu negligenciado por um bom tempo; e após a morte de seu patrono, sir Philip Sidney, sofreu privações e veio a falecer por falta de meios de subsistência. Esse poeta contém grandes belezas, versificação suave e harmoniosa, e uma imaginação fina. Mas a leitura de sua obra é tão tediosa que é impossível terminá-la simplesmente pelo prazer que ela propicia; torna-se uma obrigação, e requere-se algum esforço e resolução para chegar ao fim do longo

---

muitos prestam atenção a alguém que lê para eles. do que num palácio real." *Description of Britain*, Livro II, Cap. 15. A nos fiarmos por esse relato, a corte teria se beneficiado do exemplo da rainha. O autor testemunha o recatado modo de vida das damas da corte de Elisabete. As mais velhas ocupavam-se com a leitura e o tricô; as mais jovens, com a música. (N. A.)

poema. Costuma-se atribuir esse efeito à alteração das maneiras. Mas as maneiras mudaram ainda mais da época de Homero para a nossa, e esse poeta continua a ser o favorito de todo leitor dotado de gosto e juízo. Homero copiou maneiras verdadeiramente naturais, que, embora rudes e incultas, formam um quadro que será sempre interessante e agradável; já o pincel do poeta inglês desenha as afetações, tolices e janotismos da cavalaria, que se tornaram ridículos assim que saíram de moda. O tédio das repetidas alegorias, com frequência fortes ou engenhosas demais, contribui para tornar cansativa a leitura de *The Fairy Queen*. Sem mencionar o excesso de descrições e o langor com que as estrofes se arrastam. Como um todo, Spenser tem lugar garantido nas estantes de clássicos ingleses; mas raramente é visto sobre a mesa, e mal se encontra alguém que não reconheça, se quiser ser franco, que, apesar de todo o mérito do poeta, o entretenimento que ele oferece logo sacia o paladar. Recentemente, numerosos poetas têm copiado seu estilo, e nenhuma dessas imitações é tão indiferente que não mostre grande semelhança com o original. É que a maneira desse poeta é tão peculiar que é quase impossível que não se transfira algo dela à cópia.

10
Primeiro conflito entre o Parlamento e a Coroa[1]

O primeiro parlamento convocado por Jaime [1604] destaca-se por ter sido aquele em que pela primeira vez se formaram regularmente, ainda que sem essas denominações, o *partido da corte* e o *partido da pátria*, que continuam a existir até hoje, e por mais que ameacem, vez por outra, com a completa dissolução do governo, são a verdadeira causa de sua prolongada vida e vigor. Na antiga constituição feudal, compartilhada pelos ingleses com outras nações europeias, havia uma mistura não de autoridade e liberdade, como a que viemos a desfrutar nesta ilha, e que atualmente subsiste como um todo uniforme, mas de autoridade e anarquia, em perpétuo choque e alternando-se entre si, conforme as circunstâncias favoreçam mais a uma ou a outra. Um parlamento composto por bárbaros, convocado nos campos e florestas, que

---

[1] Capítulo 48, Livro V (1754), fim. Os sete primeiros parágrafos deste texto foram transformados por Hume, a partir da 2ª edição, de 1763, em extensa nota de rodapé. Mantivemos aqui o formato da primeira edição. (N. T.)

não fora instruído por estudo, conversação ou viagens, que ignorava suas próprias leis e sua própria história, e desconhecia a situação de nações estrangeiras; um parlamento provisório convocado pelo rei, e dissolvido a seu bel-prazer, que por alguns dias se sentava para debater umas poucas questões, previamente selecionadas, cujos membros ansiavam por retornar para seus castelos, onde unicamente eram grandes, e à caça, seu passatempo favorito; e despreparado, portanto, para entrar em discussões acerca de questões de governo e participar de maneira assídua da administração pública. O nome e a autoridade do rei eram tudo o que aparecia na condução dos assuntos ordinários do governo; em emergências extraordinárias, por boas razões, ele assumia sozinho o comando; leis imperfeitas e disformes davam margem a muitas interpretações; e quando os fins perseguidos pelo monarca pareciam, em linhas gerais, agradáveis aos seus súditos, desconsiderava-se, às vezes por completo, qualquer escrúpulo em relação à regularidade dos meios. No reinado de um príncipe habilidoso, afortunado ou popular, nenhum membro, de qualquer uma das Casas, menos ainda da inferior, teria a ousadia de pensar em se tornar membro de um partido já formado e oposto à corte. A dissolução do parlamento, alguns dias depois, o deixaria desprotegido, exposto à vingança de seu soberano e às extensões de prerrogativa a que então se recorria para punir um súdito odioso. Se o príncipe fosse impopular e fraco, a corrente geral seria tão contrária ao monarca que ninguém se alistaria no partido da corte; ou se conseguisse angariar para o seu lado alguns barões importantes, a questão seria decidida nos campos de batalha, não com debates e argumentos em um senado ou assembleia. No geral, a principal circunstância, em tempos antigos, que contribuía para manter o príncipe nos limites de uma forma legal de administração, era o fato de seus súditos, por causa da natureza da posse feudal, empunharem a espada, restrição irregular e perigosa, cuja influência, porém, era muito maior que a dos métodos regulares e rígidos fornecidos por leis e pela Constituição. Como a nação não se deixava compelir, era necessário, quando proposta uma medida pública importante, especialmente no que se refere à coleta de impostos, que ela fosse adotada por consentimento e aprovação comuns.

Os príncipes Tudor, seja pelo vigor de sua administração, seja pelo concurso de circunstâncias favoráveis, conseguiram estabelecer um sistema de governo mais regular, mas aproximaram a constituição do despotismo, e a autoridade do Parlamento foi reduzida ao extremo. O senado tornou-se, em grande medida, um órgão da vontade e do capricho do rei; toda e qualquer oposição era considerada uma espécie de rebelião; e mesmo a religião, artigo em que seria mais perigoso introduzir inovações, passou em poucos anos por quatro alterações, todas elas introduzidas pela autoridade do soberano. O Parlamento não era um caminho para a honra, o reconhecimento e o privilégio; os talentos da intriga popular e da eloquência eram pouco cultivados, praticamente desconhecidos; e embora a assembleia preservasse algo de sua autoridade, e retivesse o privilégio de formular leis e financiar o poder público, nem por isso seus membros tinham, junto ao príncipe ou ao povo, mais peso e consideração. O rei estava acostumado a assumir os poderes necessários à condução do mecanismo de governo; suas próprias rendas forneciam dinheiro suficiente para seus gastos ordinários; e em emergências extraordinárias o príncipe não precisava solicitar votos no Parlamento para a confecção de leis ou a imposição de taxas, procedimentos indispensáveis ao interesse e à preservação do bem público.

A segurança dos indivíduos, tão necessária para a liberdade de conselhos populares, era desconhecida nessa época. Mas como nenhum príncipe despótico, nem mesmo os tiranos orientais, governa sem a concorrência de alguma assembleia que lhe provenha conselho e autoridade, parece que nada faltou à Inglaterra para que se tornasse uma monarquia pura, a não ser uma força mercenária. A milícia, embora mais favorável à autoridade real do que às instituições feudais, era muito inferior, nesse respeito, a exércitos disciplinados, e se não chegou a preservar a liberdade do povo, preservou ao menos o poder de recuperá-la, se houvesse disposição para tanto.

A inclinação pela liberdade no período Tudor era tão pequena, que Elisabete, derradeira representante dessa linhagem de príncipes arbitrários, fora a soberana mais respeitada e mais popular a ocupar o trono da Inglaterra. É natural assim que Jaime, ao assumir o governo, preservasse-o tal como o encontrou e continuasse a aplicar medidas que ele mesmo tanto aplaudira. De resto, ele não tinha penetração suficiente para perceber que as circunstâncias em que se encontrava, aliadas ao seu caráter, não poderiam sustentar uma autoridade tão extensiva. Mesmo no curso ordinário da administração, suas rendas escassas e sua falta de frugalidade começaram a torná-lo dependente do povo. Este, por sua vez, percebeu que a situação em que se encontrava era vantajosa, e tornou-se sensível em relação ao inestimável valor da liberdade civil. O rei não tinha dignidade suficiente para ser respeitado, e por ter boa índole não era temido. Um novo espírito revelava-se a cada dia no Parlamento, e um partido vigilante em relação à constituição formou-se na Casa dos Comuns.

Nessa época, a mente dos homens passou por uma revolução generalizada, ainda que silenciosa, na Europa como um todo e na Inglaterra em particular. As letras, que haviam renascido durante o reinado de Elisabete, foram de início cultivadas principalmente por homens de profissões sedentárias, e não haviam alcançado os de ocupações mundanas. A cada dia, as artes, mecânicas e liberais, recebiam melhorias importantes. A navegação espalhava-se pelo globo; viajar se tornara seguro e agradável. O sistema político da Europa em geral tornara-se mais amplo e abrangente do que antes. Em consequência dessa agitação universal, as ideias dos homens disseminaram-se por todos os lados, e certas partes constitutivas do aparato gótico do governo, que haviam permanecido inativas, começaram a operar e interagir entre si. No continente, onde a necessidade de disciplina dera origem a exércitos permanentes, os príncipes tinham autoridade ilimitada, e sobrepujavam, com força ou intriga, as liberdades do povo. Na Inglaterra, o amor pela liberdade, que, deixado a si mesmo, floresce espontaneamente em todo indivíduo de natureza mais generosa, adquirira poder adicional, e era regulado por uma perspectiva mais abrangente, adequada ao entendimento culto, que se tornava cada vez mais comum entre homens bem-nascidos e de boa educação. O contato crescente com preciosas relíquias da Antiguidade excitou nos corações generosos uma paixão limitada pela constituição e despertou uma emulação das virtudes másculas que os autores gregos e romanos recomendam com exemplos vívidos e expressão patética. O severo governo de Elisabete, embora desfrutasse de popularidade, confinara esse espírito ascendente a limites bastante estreitos. Mas quando uma nova família estrangeira sucedeu-a no trono, com um príncipe menos temido e menos amado, não tardaram a surgir na nação sintomas de um gênio mais livre e mais independente.

Apesar das vantagens adquiridas pela liberdade, a autoridade real era tão extensa, e encontrava-se tão firmemente consolidada em cada uma de suas partes, que provavelmente os patriotas jamais teriam pensado em resistir a ela, não fosse por estímulos de natureza religiosa, que instilam uma coragem que não se deixa abater por obstáculos humanos.

A tradicional aliança entre poder real e autoridade eclesiástica estava plenamente firmada na Inglaterra. O príncipe ajudava o clero a suprimir cismas e inovações, o clero retribuía o favor, inculcando a doutrina da irrestrita submissão e obediência ao magistrado civil. O gênio da Igreja Anglicana, tão simpático à monarquia, favorecia a submissão à jurisdição episcopal, a preservação de cerimônias, o apego à ordem e ao culto esplêndido, e mostrava assim mais afinidade com a superstição dos católicos do que com o fanatismo selvagem dos puritanos.

Mas a oposição à Igreja e as perseguições promovidas por ela foram suficientes para que os puritanos se inscrevessem no partido da pátria e fomentassem princípios políticos pouco favoráveis às pretensões do soberano. O espírito de entusiasmo – robusto, ousado, incontrolável – predispunha sua mente a adotar preceitos republicanos, e inclinava-os a se arrogar, em suas ações e conduta, a mesma liberdade que tinham em seus voos de rapto e êxtase. Desde o surgimento dessa seita, e durante os reinados de Elisabete e de Jaime, os princípios puritanos foram compreendidos em duplo sentido, como expressando opiniões favoráveis à liberdade política e à liberdade eclesiástica. Na tentativa de lançar no descrédito toda e qualquer oposição parlamentar, a corte afixou a denominação de puritanos aos seus antagonistas, ideia que não tardou a ser adotada pelos puritanos religiosos, por lhes ser vantajosa e confundir sua causa com a dos patriotas, ou membros do partido da pátria. Formaram-se assim, regularmente, facções de natureza civil e eclesiástica; e como nessa época o humor da nação tendesse acentuadamente para extravagâncias fanáticas, o espírito de liberdade aos poucos foi despertado da letargia em que se encontrara, e, com o auxílio de seu parceiro religioso, que lhe trouxe mais vantagens do que honra, insensivelmente estendeu seu domínio pela maior parte do reino.

De início, os Comuns só mostraram dever e submissão no Parlamento, e pareciam prontos a fazer tudo o que estivesse ao seu alcance para ter uma boa relação com o príncipe. Não permitiram que sequer fossem mencionadas as taxas e impostos aduaneiros em torno das quais tanto se disputara no Parlamento anterior. Alguns se queixaram, é verdade, do aprisionamento de membros da Casa, mas esse descontentamento logo arrefeceu, por intervenção da autoridade dos membros mais graves e solenes. Ao serem informados de que o rei remetera somas consideráveis para o palatino, os Comuns, contrariando uma máxima de parlamentos anteriores, aprovaram, já na abertura das sessões, dois novos subsídios, por sufrágio unânime.

Procederam então ao exame ponderado de uma queixa que lhes fora apresentada. Sir Giles Mompesson e sir Francis Michel, que haviam obtido patente exclusiva para a abertura de estalagens e cervejarias, requisitaram somas vultuosas aos interessados na renovação de suas licenças, ameaçando com multa, aprisionamento e perseguição os que se recusassem a satisfazer sua rapacidade. Outra patente fora concedida aos mesmos, em partilha com sir Edward Villiers, irmão de lorde Buckingham, para a confecção de colares e rendas de ouro e prata, com poderes para impedir que concorrentes eventuais confeccionassem tais produtos, com autoridade para realizar buscas nos bens daqueles que a violassem, e para punir, conforme sua vontade e discrição, os fabricantes, exportadores e vendedores de tais mercadorias. Segundo era alegado, muitos haviam sofrido severas perdas por causa dessa jurisdição exorbitante; e os colares manufaturados pelos detentores da patente haviam sido adulterados, tinham mais cobre do que metais preciosos em sua composição.

Essas queixas foram apresentadas pelos Comuns ao rei, que os recebeu com graça e cordialidade, agradeceu pela informação que lhe era transmitida e declarou-se envergonhado por tais abusos serem cometidos em nome de sua administração, à sua revelia. "Posso garantir-vos", disse ele, "que se essas queixas tivessem chegado a mim em boa hora eu teria me portado como sói a um rei, e em nome do Parlamento teria punido os infratores com a mesma severidade que pretendeis fazê-lo." Michel e Mompesson foram condenados à pena capital; o primeiro foi executado, o segundo fugiu da prisão. Como Villiers nessa época servia no exterior, e sua culpa era menor que a dos outros, foi mais fácil protegê-lo, também por ser irmão de Buckingham.

Ao verem sua reivindicação atendida, os Comuns decidiram investigar, sempre com muito tato, outros abusos. O Grande Selo Real encontrava-se nas mãos do célebre Bacon, intitulado visconde de St. Albans, homem universalmente admirado por seu grande gênio e adorado por seu comportamento cortês e brando. Era o principal ornamento do século e da nação; e nada faltava para que fosse o ornamento da própria natureza humana, a não ser a presença de espírito necessária para conter seu destemperado desejo por benefícios. Essa virtude não teria acrescentado nada à sua dignidade, mas poderia ter restringido seu incontido pendor por gastos desnecessários à sua honra e também à sua distração. Sua falta de parcimônia e a indulgência que mostrava para com seus protegidos enredaram-no em dívidas; e, para satisfazer sua prodigalidade, cedera à tentação de receber propinas, a título de presentes, e isso abertamente. Parece que essa era uma prática aceita para chanceleres. Bacon, que adotava essa perigosa conduta, alegou que, como juiz, preservara a integridade da justiça e emitira sentenças contra as mesmas pessoas de que recebera pagamentos ilícitos. As queixas tornaram-se ainda mais ruidosas por causa desse argumento, até que por fim chegaram à Casa dos Comuns, que submeteu aos Lordes um pedido de destituição do chanceler. Bacon, que conhecia a sua culpa, fez pouco do anseio de justiça dos Comuns, e tentou, com algumas manobras, evitar o constrangimento de uma investigação mais detalhada. Os Lordes, porém, insistiram para que confessasse todos os seus atos de corrupção. Reconheceu 28 artigos de culpa. Foi sentenciado a pagar multa de 40 mil libras e a ser encarcerado na torre de Londres pelo tempo que o rei julgasse necessário; doravante, não poderia mais ocupar qualquer cargo, posto ou emprego na administração pública, era privado de assento no Parlamento e estava proibido de frequentar a corte.

Essa sentença abominável, especialmente para um homem de fina sensibilidade e honra, foi suportada por Bacon ao longo de cinco anos. Depois que deixou a torre de Londres, o seu gênio, intacto, soube preservar-se em meio a circunstâncias desfavoráveis e à depressão dos espíritos, e brilhou em produções literárias que aos olhos da posteridade ofuscaram a questão de sua culpa ou inocência.[2] Em consideração por esse grande homem, o rei suspendeu a multa que lhe fora aplicada, bem como as demais partes de sua sentença, concedeu-lhe uma pensão anual de 1.800 libras e agiu como pôde para aliviar o peso da idade e dos infortúnios. No fim de sua vida, o grande filósofo reconheceu, com uma ponta de arrependimento, que negligenciara a verdadeira ambição de um gênio refinado como o seu, e, mergulhando nos negócios e na administração pública, que requerem muito menos capacidade, mas muito mais firmeza do que as exigências do estudo, expusera-se a numerosas calamidades abomináveis.

Os Comuns adotaram a ideia de que eram os patronos do povo, e a reparação de todas as queixas procederia deles; com esse princípio, angariaram a estima e a consideração do público. Na execução de tal função, mostraram-se abertos a toda espécie de queixa, e investigaram muitas denúncias que, embora sem importância, não poderiam ser tocadas sem atingir diretamente o rei e seus ministros. A prerrogativa parecia ser violada a cada momento; a autoridade do rei era disputada em cada artigo; mas Jaime, embora estivesse disposto a corrigir abusos de seu próprio poder, não permitiria que se questionasse ou negasse esse poder em si mesmo. Assim, transcorridos quase seis meses de atividade, como o Parlamento não desse sinais de que chegaria a uma conclusão no trato de importantes questões que permaneciam em aberto, decidiu o rei, alegando que o tempo se esvaía, suspender suas atividades, empenhando a pala-

---

2 Ver o perfil de Bacon no Capítulo 11 deste volume. (N. T.)

vra de que em breve os convocaria novamente, antes do início do inverno. Os Comuns submeterem aos Lordes uma requisição para que se unissem a eles numa petição de adiamento da interrupção, mas o pedido foi negado. O rei viu o projeto de petição conjunta como uma tentativa de forçá-lo a revogar suas medidas. Agradeceu aos Pares pela recusa de participar dele, e disse-lhes que, tão logo desejassem, adiaria a interrupção, mas de modo algum o faria em atenção ao pedido dos Comuns. Produziu-se assim, nesses grandes assuntos de governo, uma espécie de teimosia, similar à de picuinhas privadas, que causou frieza e desgosto nas relações entre o rei e os Comuns.

Ruptura entre o rei e os Comuns Durante o recesso parlamentar, o rei buscou de todas as maneiras aumentar sua popularidade junto à nação e apaziguar o crescente mau humor de seus representantes. Ofereceu voluntariamente ao Parlamento a circunscrição de sua própria prerrogativa, com a abdicação futura do poder de conceder monopólios. Por ora, revogaria todas as patentes do gênero e revisaria todos os artigos sobre os quais houvesse queixas, ou seja, todos os 37 artigos apresentados pelos Comuns. Mas nem por isso conseguiu atingir o fim que almejava. O desgosto que surgira com a interrupção do Parlamento não se deixaria dissipar tão facilmente. Jaime fora imprudente ao mandar prender sir Edward Sandys sem outra causa além da dedicação e do vigor que mostrara como membro do Parlamento. Mais importante ainda, as transações com a Alemanha, aliadas às manobras, negociações e delongas da parte do rei, haviam inflamado o zelo de honra e religião da nação. No verão mais recente, o Império Habsburgo publicara uma interdição ao eleitor palatino; a execução do édito fora delegada ao duque da Baváira. Esse príncipe não demorou para conquistar o Alto Palatinado, e medidas estavam sendo tomadas pelo Império para lhe outorgar o título de que o palatino fora privado. Frederico vivia com sua numerosa família, em pobreza e necessidade, ora na Holanda, ora em Sedan, com seu tio, o duque de Bouillon. Ao longo das novas conquistas, em ambos os Palatinados, na Boêmia e na Áustria, o progresso de suas armas fora acompanhado de castigos e severidades aplicadas aos que professavam a religião reformada.

de novembro   Assim que se reuniram, os Comuns foram levados por seu zelo a examinar imediatamente cada uma dessas transações. Elaboraram uma nota de repúdio, com a intenção de apresentá-la ao rei. Em seu entendimento, o crescimento do poder austríaco ameaçava as liberdades da Europa; o progresso da religião católica na Inglaterra gerava as mais sombrias apreensões de que viesse a dominar o reino; a indulgência de sua Majestade em relação aos que professam essa religião fomentara a insolência e o destemor destes; as triunfantes conquistas realizadas pela família austríaca na Alemanha haviam despertado grandes expectativas nos papistas ingleses; mas, acima de tudo, a perspectiva de um acordo com a Espanha os elevara a ponto de nutrirem esperanças de tolerância completa, para não dizer do restabelecimento de sua religião. Os Comuns exortavam assim sua Majestade a assumir sem mais a defesa do palatino com a força das armas; a empunhar a espada contra a Espanha, cujos exércitos e tesouros eram o principal sustentáculo do interesse católico na Europa; que não entrasse em negociações para o casamento de seu filho, a não ser que fosse com uma princesa protestante; que privasse os papistas rebelados da guarda de seus filhos, que deveria ser confiada a tutores e professores protestantes; e que aplicasse com severidade máxima as multas e confiscos a que os católicos estavam sujeitos.

Com esse gesto *ousado*, sem precedente na história inglesa recente, e do qual nunca se ouvira falar em tempos de paz, os Comuns atacaram, com um só golpe, as máximas de governo prediletas do rei: suas medidas cautelosas e pacíficas, sua leniência para com a religião romana, e sua fidelidade aos aliados espanhóis, dos quais esperava obter vantagens consideráveis. Mas o que principalmente causou desgosto a Jaime foi a óbvia intromissão em sua prerrogativa e a pretensão dos Comuns, sob o pretexto do aconselhamento, de dirigir sua conduta em pontos cuja gerência sempre fora de responsabilidade única e exclusiva do rei. Estava então ausente de Newmarket; mas tão logo soube da pretensa manifestação de repúdio dos Comuns, redigiu uma carta ao mediador dessa câmara, na qual os reprovava com severidade por debaterem assuntos que estavam fora de sua alçada e acima de sua capacidade, e os proibia expressamente de referir-se ao casamento de seu filho com a filha do rei da Espanha e de atacar a honra desse rei ou de seus amigos e confederados. Para intimidá-los, mencionou o aprisionamento de sir Edwin Sandys; e embora negasse que o confinamento desse membro se devesse a alguma ofensa cometida na Casa, disse a eles, com todas as letras, que se considerava plenamente autorizado a punir a má conduta no Parlamento, estivesse ele reunido ou não, e tinha a intenção de castigar todo aquele cujo comportamento insolente redundasse em ofensa.

Essa carta *veemente*, em que o rei, embora tenha imitado precedentes anteriores, dá mostras de uma postura defensiva, teve como efeito o único que seria natural esperar: os Comuns sentiram-se inflamados, não amedrontados. Cientes da própria popularidade e da propensão da nação em favor de uma guerra no estrangeiro e da perseguição aos papistas no país, mal deram ouvidos às ameaças de um príncipe que não era sustentado por força militar e cuja severidade era mitigada por sua têmpera gentil. Em nova manifestação de repúdio, insistiram nos pontos antes mencionados; defenderam, ainda que em termos respeitosos, o direito de aconselhar o rei em todos os assuntos de governo; alegaram que a irrestrita liberdade de expressão em debates acerca de matéria pública era um direito antigo e incontestável da Casa, legado de seus ancestrais; e se um membro abusasse dessa liberdade, caberia unicamente aos Comuns, que eram testemunho da ofensa, censurá-lo de maneira apropriada.

Uma resposta tão *vigorosa* não era calculada para apaziguar o rei. Conta-se que quando lhe foi anunciada a presença do comitê dos Comuns com a notificação, ele teria ordenado que se dispusessem doze poltronas, "pois doze reis haviam chegado". Sua resposta foi pronta e incisiva. Disse aos Comuns que o repúdio destes se parecia mais com uma declaração de guerra do que com a manifestação de súditos obedientes; que a pretensão de investigar negócios de Estado era pura *prepotência*, e nenhum de seus ancestrais, mesmo no reinado de príncipes mais fracos, procedera desse modo; que transações públicas dependem de complicadas perspectivas e análises, com as quais não estavam familiarizados; que seriam mais sábios e cumpririam melhor o seu dever mantendo-se na esfera dos assuntos que lhes cabiam; que em tudo o que dependia da prerrogativa, tal como as matérias em questão, não tinham o direito de se intrometer, a não ser que o rei houvesse por bem consultá-los; e concluiu com estas palavras memoráveis: "Embora eu não possa aceitar vossa maneira de expressão quando mencionais vosso *antigo e incontestável direito e legado*, e preferisse que disséseis que vossos *privilégios derivam da graça e da permissão de nossos ancestrais, bem como da minha* (pois a maioria deles surgiu de precedentes, o que atesta tolerância, mas não herança), tenho a satisfação de vos dar a minha palavra, de que conquanto vos mantenhais nos limites de vossas obrigações, serei tão ou mais cioso na manutenção e preservação das liberdades e privilégios que a lei vos garante quanto foram os meus predecessores na manutenção da prerrogativa real".

Essa declaração aberta do rei naturalmente alarmou os Comuns. Viram os seus títulos de privilégio serem plenamente negados, ou ao menos considerados provisórios. Poderiam perdê-los por causa de abusos, e os haviam cometido. Pensaram que o mais apropriado seria opor, imediatamente, pretensão a pretensão.

18 de dezembro Formularam um protesto em que repetiam todas as alegações prévias de liberdade de expressão e do direito de interpor seus conselhos ao rei, quando quer que julgassem necessário; e afirmaram "que as liberdades, franquias, privilégios e jurisdições do Parlamento são direitos de nascimento e herança ancestrais dos súditos da Inglaterra".

O rei, informado a respeito da crescente insatisfação na Casa dos Comuns, rumou para a capital. Enviou uma nota de protesto aos Comuns, de próprio punho, e ordenou que suas razões fossem inseridas no livro de registros. Seu desgosto em relação ao protesto da casa inferior era duplo, pela maneira como fora formulado, bem como pela matéria que continha. Fora votado em sessão tumultuada, tarde da noite, com a presença de poucos membros, e era redigido em termos tão gerais e ambíguos, que poderiam consubstanciar as maiores enormidades e as piores usurpações de prerrogativa.

Um encontro da Casa poderia tornar-se uma ocasião perigosa, após um rompante violento como esse. Com os homens naquela disposição, era impossível decidir o que quer que fosse. Em vista disso, o rei prorrogou o parlamento e logo depois o dissolveu por decreto, desculpando-se publicamente por sua conduta no episódio.

Sir Edward Coke e sir Robert Philips, líderes dos Comuns, foram encarcerados na torre de Londres; Selden, Pym e Mallory foram enviados para outras prisões. Como forma mais amena de punição, sir Dudley Digges, sir Thomas Crew, sir Nathaniel Rich e sir James Perrot foram extraditados para a Irlanda, juntamente com outros, para resolver pendências da Coroa. O rei tinha a prerrogativa de empregar qualquer homem, sem seu consentimento, em qualquer ramo do serviço público.

Sir John Savile, homem poderoso na Casa dos Comuns e zeloso oponente da corte, foi nomeado superintende da Casa, conselheiro do rei e, logo depois, barão. Esse evento é memorável, pois é provavelmente a primeira vez na história da Inglaterra em que o rei, movido por interesse parlamentar, cortejou um homem que se opôs a suas medidas. Essa prática, embora seja irregular, há de ser considerada pelos que raciocinam sobre a política como um dos primeiros e mais infalíveis sintomas de que a liberdade se encontra regularmente estabelecida.

Tendo o rei, com mão ríspida e indiscreta, rasgado o véu sagrado que até então recobrira a Constituição inglesa e lançara sobre ela uma obscuridade que só poderia ser vantajosa para a prerrogativa real, os homens puseram-se a raciocinar e investigar em matéria de política, e as mesmas facções que haviam surgido no Parlamento se propagaram pela nação. Em vão tentou Jaime, com sucessivos decretos, proibir que os assuntos de Estado fossem discutidos. O efeito desses decretos, se é que tiveram algum, foi apenas atiçar a curiosidade do público; em cada grupo, em cada reunião, as transações mais recentes tornaram-se objeto de argumento e debate.

A história como um todo, diziam os partidários da corte, e a história inglesa não é exceção, justifica a posição do rei em relação à origem dos privilégios populares, e os homens sensatos concordarão que a monarquia, por ser a forma mais simples de governo, deve ter sido a primeira que ocorreu a homens rudes e sem instrução. Os complicados e artificiais acréscimos a ela foram ou inventados posteriormente, por sucessivos soberanos e legisladores, ou impostos ao príncipe por súditos sediciosos. Em todo caso, sua origem mostra que são provisórios e nocivos. Na Inglaterra, a autoridade do rei, em todos os procedimentos formais do governo e na letra das leis, aparece como absoluta e soberana, e o verdadeiro espírito da constituição, tal como se mostra na prática, está muito próximo dessas aparências. O parlamento reúne-se pela sua vontade; pela sua vontade ele é dissolvido. É a sua vontade, unicamente, embora segundo o desejo de ambas as Casas, que confere autoridade às leis. Aos olhos das nações estrangeiras, apenas a majestade do monarca merece atenção e respeito. Um súdito que tenha incorrido a indignação do rei não poderia viver seguro no reino, nem tampouco deixá-lo, de acordo com a lei, sem o consentimento de seu senhor. Se um magistrado dotado com tanto poder e esplendor quisesse considerar sagrada a sua autoridade, o resultado dessa pretensão seria bastante verossímil. E mesmo que as tenhamos na conta de piedosas fraudes, não deveríamos nos surpreender se o mesmo estratagema adotado por Minos, Numa e outros célebres legisladores da Antiguidade fosse empregado, nestes tempos inquietos e inquisitivos, pelo rei da Inglaterra. Súditos não deixam de ser súditos só porque se reúnem num parlamento. Espera-se deles mesmo assim humilde deferência e respeito por seu príncipe. Não é porque concede a eles o privilégio de expor diante de sua pessoa queixas a respeito da administração doméstica, que eles conhecem bem, que estão autorizados a se intrometer nas outras províncias do governo. Em suma, para todo aquele que examine judiciosamente, haverá de ficar claro que as linhas que demarcam a esfera do dever são transgredidas por um exercício menos respeitoso dos poderes estabelecidos, tanto quanto pela pura e simples usurpação.

Os que amavam a liberdade raciocinavam de maneira diferente. É em vão, diziam eles, que o rei remonta às origens primeiras do governo e representa os privilégios do Parlamento como provisórios e dependentes da sua autoridade. A prescrição e a prática de tantas épocas sucessivas devem ser suficientes para sancionar essas assembleias, mesmo que derivadas de origem tão reles como a que o rei consigna a elas. Se de fato, como se afirma, os registros por escrito da nação inglesa representam os Parlamentos surgindo a partir do consentimento dos monarcas, os princípios da natureza humana, quando remontamos em busca da origem do governo, hão de nos mostrar que os próprios monarcas devem sua autoridade à submissão voluntária do povo. A verdade é que seria difícil apontar para uma época em que o governo inglês tenha sido uma monarquia pura e sem mistura. Se os privilégios da nação, num período qualquer, foram sobrepujados por violentas irrupções de forças estrangeiras ou por usurpações domésticas, o generoso espírito do povo aproveitou a oportunidade, a cada vez que ela surgiu, para restabelecer o antigo governo e constituição. Pode ser que na letra das leis e nas formalidades administrativas a autoridade real seja representada como sagrada e suprema; mas tudo o que há de essencial ao exercício do poder soberano legislativo deve ser considerado como igualmente divino e inviolável. Se quisermos fazer alguma distinção a esse respeito, a preferência certamente deve ser dada aos conselhos nacionais, cujas interposições restringem as exorbitâncias do poder tirânico e preservam intacta a liberdade sagrada que espíritos heroicos de todas as épocas consideraram mais preciosa do que a própria vida. Que não se diga que a branda e equânime administração de Jaime não propicia ou quase não propicia motivos de queixa. Por mais moderado o exercício de sua prerrogativa, por mais exata a observância das leis e da constituição, se ele fundamenta sua autoridade em princípios arbitrários e perigosos, é necessário vigiá-lo com o mesmo cuidado, e opor-se a ele com o mesmo vigor, como se ele se permitisse excessos de tirania e crueldade.

Em meio a essas disputas, os sábios e moderados da nação empenharam-se em preservar, na medida do possível, uma neutralidade equilibrada entre os partidos que se opunham. Quanto mais refletiam sobre o desenrolar dos assuntos públicos, mais difícil era-lhes fixar sentimentos justos a respeito. Por um lado, viam o próprio surgimento dos partidos como um feliz prognóstico de estabelecimento da liberdade, embora soubessem que jamais poderiam desfrutar de uma benção tão valiosa, num governo misto, sem os inconvenientes dessa forma de governo. Por outro lado, quando consideravam os objetivos e metas intrínsecos a cada partido, eram tomados de apreensão em relação às possíveis consequências que poderiam advir da oposição entre eles, e não conseguiam entrever um plano viável de acomodação. Práticas consagradas haviam propiciado à Coroa uma prerrogativa tão exorbitante que a liberdade não poderia se contentar com uma posição defensiva, de preservação do pouco que tinha; tornara-se necessário partir para a ofensiva, com o objetivo de circunscrever, em limites mais estreitos e mais bem demarcados, a autoridade do soberano. Diante de uma provocação como essa, o príncipe, por mais justo e moderado que fosse, não poderia deixar de reprimir seus oponentes; e como se encontrava no limiar do poder arbitrário, receava-se que por precipitação ou descuido ele transpusesse linhas que não estavam precisamente demarcadas pela constituição. O turbulento governo da Inglaterra, com sua eterna flutuação entre privilégio e prerrogativa, ofereceria uma gama de precedentes para cada um dos lados. Em questões delicadas como essa, o povo se une; as armas do Estado encontram-se em suas mãos; uma guerra civil se seguiria, pela qual nenhum dos partidos poderia ser culpado; e os justos e virtuosos não saberiam em qual lado se perfilar, não fosse a liberdade, tão necessária à perfeição da sociedade humana, motivo suficiente para que suas afeições tendessem para o lado dos que a defendem.

11
Jaime I. Quadro geral[1]

A esta altura, pode ser apropriado realizar uma pausa e examinar a situação do reino em relação a governo, maneiras, finanças, armas, comércio e saber. Sem uma justa noção desses particulares, a história é pouco instrutiva, e com frequência torna-se ininteligível.

overno civil da Inglaterra   É seguro afirmar que o governo inglês, quando da acessão da linhagem escocesa, era muito mais arbitrário do que no presente. A prerrogativa era menos limitada, e as liberdades do súdito não estavam tão bem definidas e asseguradas como hoje. Sem mencionar outros particulares, as cortes por si mesmas – a Câmara Estrelada e a Corte Suprema de Inquérito – eram suficientes para colocar o reino como um todo à mercê do príncipe.

A Corte Suprema de Inquérito fora erigida por Elisabete como consequência de um ato do Parlamento aprovado no início de seu reinado. Em virtude desse ato, pensou-se que seria apropriado, durante a grande revolu-

---

[1] "Appendix to the Reign of James I", Livro V (1754). (N. T.)

ção religiosa [a Reforma], armar o soberano com plenos poderes para desencorajar e suprimir oposição a ele. Os apelos a cortes eclesiásticas inferiores seriam submetidos à Corte Suprema, e, consequentemente, a vida e a doutrina do clero estariam inteiramente subordinadas à sua inspeção. Violações do Ato de Uniformidade e recusas a tomar parte em cerimônias eram da competência desse tribunal, que durante o reinado de Elisabete puniu com destituição, multa, confisco e cárcere. Jaime contentou-se com a pena mais branda de destituição, infligida com rigor variável, conforme o infrator. Segundo disse o primado Bancroft ao arcebispo Spotswood, alguns anos depois da acessão do rei menos de 45 clérigos haviam sido destituídos. Os católicos também eram passíveis de ser punidos por essa corte, se exercessem algum rito de sua religião ou enviassem ao exterior filhos ou outros parentes com a intenção de lhes dar uma educação que não estava disponível em seu país natal. Sacerdotes papais foram encarcerados e entregues à lei, que podia puni-los com a sentença capital, severidade parcimoniosamente exercida por Elisabete, raramente por Jaime. Numa palavra, a liberdade de consciência, que por boas razões tanto valorizamos, encontrava-se totalmente suprimida, e não era permitido no reino o exercício de outra religião além da estabelecida. Qualquer pronunciamento ou escrito que tendesse a heresia ou cisma era punível pelos altos comissários em conjunto ou por um deles em separado. Eram os únicos juízes de quais expressões tinham essa tendência; procediam com base não em informação, mas em rumores, suspeitas, ou como bem entendessem; impunham um juramento que obrigava aquele que se encontrava diante deles a responder a toda e qualquer questão que lhe fosse proposta; quem se recusasse a prestar esse juramento, por alegar que estaria comprometendo a si mesmo ou ao mais caro de seus amigos, poderia ser preso; em suma, erguera-se no reino um tribunal de inquisição, com todos os terrores e iniquidades. Plenos poderes discricionários foram concedidos para investigar, julgar, sentenciar e para aplicar penas, exceto por punições corporais, restringidas pela mesma patente do príncipe que erigira a corte, e não por um ato do Parlamento que tivesse lhe concedido esse poder. Em razão dos limites incertos que separam causas eclesiásticas de causas civis, todas as acusações de adultério e incesto eram julgadas pela Suprema Corte. Da mesma maneira, causas relativas a questão de consciência, ou seja, toda e qualquer causa, poderiam ser submetidas a essa jurisdição.

A Coroa não se preocupou em ampliar a jurisdição de sua corte. A Câmara Estrelada possuía autoridade similar em matéria civil, e seus métodos de procedimento eram igualmente arbitrários e ilimitados. As origens dessa corte são muito antigas, por mais que se alegue que seu poder tenha sido dilatado por Henrique VII. Certo é que ela nunca perdeu sua autoridade, em nenhum momento foi circunscrita, e seus métodos de procedimento nunca foram dirigidos por qualquer lei ou estatuto.

No curso desta história, tivemos a oportunidade de mencionar os poderes de aprisionar, levantar empréstimos ou doações compulsórias, perseguir e aprisionar soldados, alterar a alfândega, erigir monopólios. Essas ramificações do poder administrativo, se não se opõem diretamente aos princípios de um governo livre, devem ao menos ser vistas como perigosas para a liberdade numa constituição monárquica, em que uma eterna desconfiança deve ser nutrida em relação ao soberano, que não deve jamais receber poderes discricionários que afetem a propriedade ou a liberdade pessoal dos súditos. Os reis da Inglaterra, no entanto, exercem esses poderes quase diariamente; e se porventura o príncipe era obrigado a respeitar leis promulgadas contra seu interesse, o que ocorria na prática é que tais leis eram burladas, e invariavelmente o príncipe retornava ao modo arbitrário de administração. Durante quase três séculos, até a acessão de Jaime, a autoridade real em cada um desses particulares nunca foi posta em questão.

Os princípios gerais que prevaleceram durante esses séculos eram tão favoráveis à monarquia que davam a esta uma autoridade quase absoluta e ilimitada, além de incontestável e sagrada.

As reuniões do Parlamento eram tão precárias, e os períodos em que ele se reunia eram tão curtos, se comparados aos recessos, que quando os homens olhavam para cima, para contemplar o poder soberano, tudo o que viam era o príncipe, magistrado único e permanente, investido de toda a autoridade e majestade do Estado. A grande deferência dos parlamentos para com o rei, por um período tão prolongado, degradou e rebaixou ao extremo essas assembleias; e como todos os exemplos de oposição à prerrogativa remontassem a um passado remoto, muitos os desconheciam, e sua influência era reduzida mesmo junto aos que estavam cientes deles. Sem mencionar que os exemplos de liberdade dos tempos antigos costumavam ser acompanhados de tanta violência, convulsão, guerra civil e desordem, que ofereciam, à parte do povo interessada nesses assuntos, uma ideia desagradável, desestimulando assim a repetição dessas cenas repulsivas. Por tais razões, muitos julgavam que o governo da Inglaterra era uma monarquia simples e sem mistura, e consideravam as assembleias populares um mero ornamento da estrutura, de modo algum uma parte essencial de sua existência ou ser.[2] Os juristas re

---

2 De acordo com sir Walter Raleigh, "há monarquias de duas espécies, no que concerne seu poder e autoridade. 1. Completas, em que o poder de ordenar todos os assuntos de Estado, na paz como na guerra, cabe por lei e costume inteiramente ao príncipe, como no reino inglês, em que o príncipe tem o poder de fazer leis e confederação, de declarar guerra, de nomear magistrados, de conceder perdão aos condenados à morte etc. Embora o consentimento dos súditos tenha sufrágio na confecção das leis, estas dependem da afirmativa ou da negativa do príncipe. 2. Limitadas ou restritas, em que os poderes plenos do príncipe não se estendem a todas as matérias e assuntos de Estado, como um rei militar que não tem soberania em tempos de paz, que não participa da confecção das leis etc. É o que acontece na Polônia". *Máximas do Estado*. E, mais à frente, "em todo Estado justo, uma parte do governo é ou deve ser concedida ao povo, que seja a voz ou sufrágio na confecção das leis ou participação ativa da convocação de exércitos (quando o custo é grande, e o rei se vê forçado a contrair empréstimo junto aos súditos). A questão é submetida ao Parlamento de tal maneira que este *pareça* ter voz ativa; nesse espírito, consultas e questões legais podem

ser referidas a ele. Se o rei procede assim, é para que não se sintam descontentes em relação ao Estado ou ao governo". Esse modo de raciocínio não é muito diferente daquele de Jaime, que considerava os privilégios do Parlamento mais uma questão de indulgência do que uma herança. Apesar dessas posições, alegou-se que Raleigh tendia mais para o partido puritano. Mas as ideias sobre o governo mudam muito de uma época para outra.

Os sentimentos de Raleigh são expressos com mais franqueza ainda na obra póstuma *Prerrogativa dos parlamentos*. É um diálogo entre um cortesão ou conselheiro e um oficial de justiça de paz, que representa o partido patriota e defende as mais exaltadas noções de liberdade que a época poderia acomodar. Eis uma passagem: "*Conselheiro*. O que é feito pelo rei com a recomendação de seu conselho é feito pelo poder absoluto do rei. *Oficial*. E por qual poder é feito o que se faz no Parlamento, a não ser pelo poder absoluto do rei? Não vos enganeis, milorde: os três Estados aconselham, assim como o conselho do rei, e todo aconselhamento, uma vez adotado pelo rei, torna-se ou ato do rei, no conselho, ou a sua lei, no Parlamento".

O conde de Clare, em correspondência de caráter privado endereçada ao seu genro sir Thomas Wentworth, posteriormente conde de Strafford, exprime-se assim: "Vivemos sob um governo de prerrogativa, em que a lei de estatutos se submete à *lex loquens*". Falava por experiência própria, e pela de seus ancestrais. Não havia sequer um poder que o rei da Inglaterra não pudesse exercer, sob pretexto de necessidade ou urgência; mas a continuidade ou a frequente repetição de uma administração arbitrária poderia se mostrar perigosa, por falta de sustentação. Essa carta do conde de Clare foi redigida no primeiro ano do reinado de Carlos I, e pode-se supor que se refira ao gênio do governo em geral, não ao espírito ou à têmpera do monarca. Ver *Correspondência de Strafford*, v.I, p.32. Uma carta na mesma coleção (v.I, p.10) dá a entender que o conselho do rei podia impedir que desafetos da corte se candidatassem nas eleições. Essa autoridade era exercida em alguns casos; mas não estamos autorizados a inferir que podia impedir todo aquele que não fosse aceitável. O gênio do governo antigo depositava confiança suficiente no rei para permitir uma suspeita como essa, e autorizava procedimentos que seriam fatais para a constituição, se adotados de modo contínuo.

Não encontro nenhum autor do período que se refira à Inglaterra como uma monarquia ilimitada; todos falam numa monarquia absoluta em que o povo tem muitos privilégios. Não é uma contradição. Em todas as monarquias europeias o povo tem privilégios; se estes dependem ou não da vontade do monarca, é uma questão que os governos prudentemente evitam. Certo é que essa questão não estava decidida quando Jaime subiu ao trono. O espírito ascendente do Parlamento, aliado ao gosto do rei por princípios gerais especulativos, trouxe-a novamente à tona e colocou-a à vista de todos. O testemunho mais taxativo em favor da liberdade inglesa, que eu me lembre, é o do cardeal Bentivoglio, um estrangeiro que menciona o governo inglês como mais similar ao das províncias dos Países Baixos do que ao da França ou da Espanha. Quanto aos ingleses, não parecem ter percebido que seu príncipe era limitado, pois viam que nenhum indivíduo estava ao abrigo de abusos de prerrogativa. Estrangeiros, em comparação, podiam perceber que esses abusos, fosse pelo costume ou por causas diversas, eram menos frequentes na Inglaterra que em outras monarquias. Filipe de Comines também observou que a Constituição inglesa tinha um caráter mais popular do que a da França. Contudo um artigo redigido em 1627 por um patriota observa que a liberdade de expressão no Parlamento se perdera na Inglaterra, desde os dias de Comines. Ver Franklyn, p.238. Cito aqui uma estrofe da Ode de Malherbe a Maria de Médici, rainha-regente da França, escrita em 1614: *"Entre les rois à qui cet age/ Doit son principal ornement,/ Ceux de la Tamise et du Tage/ Font louer leur gouvernement:/ Mais en de si calmes provinces,/ Ou le peuple adore les princes,/ Et met au gré le plus haut/ L'honneur du sceptre legitime,/ Sçauroit-on excuser le crime/ De ne regner pas comme il faut"*

[Entre os reis a que essa época/ Deve principalmente o seu lustre,/ Os do Tâmisa e do Tejo/ São louvados por seu governo;/ Mas em calmas províncias,/ Em que o povo adora o príncipe,/ E mais alto é elevada/ A honra do cetro legítimo,/ Como desculpar o crime/ De quem não reina como deveria?]. Nesses versos, os ingleses, assim como os espanhóis, são apontados como súditos muito mais obedientes do que os franceses, como mais dóceis e mais submissos aos seus príncipes. Embora essa passagem seja extraída de um poeta, todo homem dotado de juízo reconhecerá que ela tem autoridade decisiva. O caráter de um governo nacional europeu não poderia ser desconhecido de súditos de outros governos da mesma época, por mais que possa mudar subitamente. Maquiavel, em suas *Dissertações sobre a primeira década de Tito Lívio*, afirma mais de uma vez que das monarquias europeias a França era a mais zelosa da lei e aquela de caráter mais popular. A obediência passiva é inculcada com zelo e de modo expresso nas homilias compostas e publicadas pelas autoridades durante o reinado de Elisabete. O parlamento convocado no primeiro ano de Jaime aprovou princípios tão profundamente monárquicos quanto os contidos nos decretos da Universidade de Oxford durante o governo dos *tories*. Esses princípios, longe de serem uma inovação, foram aprovados sem objeção, e nenhum historiador os menciona; nunca foram objeto de controvérsia, disputa ou debate; e é apenas graças ao livro do bispo Overall sobre as convocações, publicado quase setenta anos depois, que temos notícia deles. Como poderia Jaime, que era tão cauteloso, para não dizer temeroso, ter inaugurado o seu reinado com um gesto assim robusto, que forneceria aos seus súditos bons motivos de suspeitas? Pela leitura de seu *Basilicon Doron*, escrito na época em que governara a Escócia, depreende-se que nessa época princípios republicanos eram considerados uma novidade, introduzida pelos puritanos. O esquema patriarcal é inculcado nos votos de convocação preservados por Overall; Filmer não inventou essas noções absurdas [*Pathriarca, or the Natural Power of Kings* (1680)]. (N. A.)

Jaime I. Quadro geral

presentavam a Coroa como substancial e invariável, à maneira das essências das escolas, que o tempo ou a força não poderiam alterar. Os teólogos contribuíam com a sanção da religião, como se o monarca celestial estivesse interessado em apoiar a autoridade de seu vice-regente terrestre. E embora se alegue que essas doutrinas fossem abertamente inculcadas e afirmadas com mais insistência durante o reinado dos Stuart, sua invenção é mais antiga. Os reis dessa linhagem apenas julgaram que seriam particularmente necessárias, em razão de doutrinas opostas que *começavam* a ser apregoadas pelo partido puritano.

Em consequência a essas exaltadas ideias de autoridade real, muitos supunham que a prerrogativa, além dos artigos de jurisdição fundados em precedente, teria um fundo inexaurível de poderes latentes, passíveis de extensão conforme a ocasião. Em todo governo, necessidades prementes suplantam as leis e suspendem as limitações; mas, no governo inglês, supunha-se que a conveniência seria suficiente para autorizar atos extraordinários de poder real e impô-los ao povo como legais. Daí a estrita obediência exigida aos decretos, em todos os períodos da história. Se Jaime foi censurado por seus éditos, é apenas por tê-los publicado em abundância, num período em que começaram a ser menos respeitados, e não por ter exercido uma autoridade excepcional. Um exemplo notável dessas máximas é oferecido pela seguinte anedota.

Elisabete nomeara comissários para a inspeção de prisões e atribuíra a eles plenos poderes discricionários para resolver todas as pendências entre prisioneiros e credores, calcular débitos e libertar devedores honestos, porém insolventes. Pela natureza incerta e indefinida da Constituição inglesa, muitos questionaram a legalidade dessa comissão, que foi apresentada a Jaime como contrária à lei. O novo monarca se recusou a renová-la; mas as queixas com relação a abusos praticados nas prisões avolumaram-se a tal ponto que ele se viu obrigado, no 15º ano de seu reinado, a pôr seus escrúpulos de lado e nomear novos comissários, investidos com os mesmos poderes discricionários que lhes haviam sido conferidos por Elisabete.

É preciso reconhecer que sob os Stuart a monarquia era dotada, em termos gerais, de autoridade bastante extensa; todos concordavam que ela não tinha limites exatos; alguns afirmavam que não era passível de limitação. Ao mesmo tempo, porém, o fundamento dessa autoridade era a mera opinião do povo, influenciada por precedentes e exemplos ancestrais; não era sustentada pelo dinheiro ou pela força das armas. E não admira que os príncipes dessa linhagem tenham sido tão zelosos em relação à prerrogativa, pois sabiam muito bem que se abrissem mão de suas pretensões não teriam influência suficiente para manter o respeito por sua pessoa e garantir a observância das leis. Graças a mudanças introduzidas posteriormente, a liberdade e a independência dos indivíduos tornaram-se muito mais plenas, integrais e seguras, e as prerrogativas do poder público, muito mais precárias e incertas. Parece uma verdade necessária, embora lamentável, que em todo governo o magistrado deve contar com receita suficiente para manter poderio militar ou desfrutar de poderes discricionários, caso queira executar as leis e sustentar sua própria autoridade.

Governo eclesiástico

Ao longo da história de Jaime as instâncias de fanatismo são tantas, que não devemos buscar por sinais de tolerância entre as diferentes seitas. Dois arianos acusados de heresia foram queimados na fogueira; não houve reinado, desde a Reforma, que tenha permanecido imune a tais barbaridades. Um louco que se dizia o próprio Espírito Santo foi condenado à mesma punição, sem atenuante. Quem não comparecesse ao culto oficial poderia ser multado, por lei, em até 20 libras. A única cláusula de indulgência dessa lei rigorosa é que as multas não poderiam exceder dois terços da renda anual da pessoa. Elisabete permitiu que penalidades registradas em sucessão fossem multadas em parcela única, para assim arruinar os católicos que se opunham a ela. Nesse aspecto, como nos demais, Jaime mostrou-se mais humano. Os puritanos formavam uma seita secreta, cujos membros eram ligados à Igreja oficial e não reclamavam direito a culto ou disciplina à parte. Qualquer tentativa nesse sentido teria sido considerada a mais imperdoável das enormidades. E mesmo que o rei estivesse disposto a conceder tolerância plena aos puritanos, para que exercessem à parte sua religião, a própria seita, imbuída do espírito dos tempos, o teria desprezado e detestado, e o reprovaria por tepidez e indiferença em relação à causa da religião. Alegavam ser a única Igreja pura, diziam que seus princípios e práticas deveriam ser estabelecidos por lei, e que outros não deveriam ser tolerados. Pode-se questionar, em vista disso, se a administração dessa época mereceria o nome de persecutória, no que se refere aos puritanos. É verdade que membros do clero que se recusassem a participar de cerimônias previstas na lei eram privados de seu sustento, e, no reinado de Elisabete, receberam outras punições. Mas poderia um homem, que ocupa um cargo numa instituição e é beneficiado por ela, recusar-se a reconhecer e a cumprir as regras sabidas e reconhecidas dessa mesma instituição? Os puritanos nunca foram punidos por frequentar congregações em separado, pois estas não existiam, e jamais um protestante se arrogara ou reclamara para si o direito de erigi-las. Mesmo os mais devotos membros dessa seita teriam condenado uma prática que os estadistas e os eclesiásticos, os filósofos e os fanáticos unanimemente consideravam uma subversão da sociedade civil. Até um homem de raciocínio tão apurado como lorde Bacon pensava que a uniformidade em matéria de religião era absolutamente necessária para o governo, e que não era seguro conceder nenhuma tolerância aos sectários.[3] Somente a imputação de idolatria lançada sobre a religião católica poderia justificar, aos olhos dos puritanos, o cisma dos huguenotes e de outros protestantes que viviam em países papistas.

Em todas as épocas passadas, sem excetuar inteiramente a Grécia e a Roma antigas, seitas religiosas, heresias e cismas foram consideradas perigosas ou ao menos perniciosas para o governo civil, e vistas como fonte de facções, conspirações e subversão das leis. O magistrado empenhava-se diretamente na cura desse mal e de ou-

---

[3] Bacon, *Essays* (1601), "Of the Unity of Religion". (N. A.)

tros, e tentava, por meio de estatutos penais, suprimir comunidades separadas e punir inovadores mais obstinados. Porém, derramados rios de sangue em querelas teológicas, a dura experiência mostrou que o mal era de natureza peculiar, e que remédios violentos o inflamavam e espalhavam-no mais rapidamente pela sociedade como um todo. Daí o surgimento, ainda que tardio, do paradoxal princípio e da salutar prática da tolerância.

A liberdade de imprensa é incompatível com as máximas e princípios de governo então vigentes, e foi inteiramente desconhecida no período. Além de empregar duas cortes terríveis, a Câmara Estrelada e a Corte Suprema, cujos poderes eram ilimitados, a rainha Elisabete exercia sua autoridade impondo restrições à imprensa. Aprovou um decreto na Câmara Estrelada, ou seja, de acordo com o que desejava e queria, proibindo que qualquer livro fosse impresso fora de Londres, Oxford e Cambridge, e outro em que impedia, com penas severas, a publicação de qualquer livro ou panfleto "contra a forma ou o significado de qualquer restrição ou ordenação contida ou prevista em estatutos ou leis deste reino, ou em qualquer injunção, por sua Majestade ou por seu conselho, e contra o verdadeiro sentido ou significado de qualquer uma de suas cartas de patente, comissões ou proibições que tragam o grande selo da Inglaterra".[4] Jaime estendeu as mesmas penalidades à importação de livros do exterior; e para tornar mais efetivos os seus decretos, desestimulou a impressão de todo e qualquer livro sem a autorização do

---

4 Rymer, *Foedera* (1713), Tomo XVIII, p.522. (N. A.)

arcebispo de Canterbury, do arcebispo de York e do bispo de Londres, do vice-chanceler de uma das universidades ou de um subordinado a este.

Se observarmos a coerência dos modernos sistemas de teologia, poderemos notar que a doutrina dos decretos absolutos está intimamente conectada ao espírito entusiástico, pois propicia, ao suposto eleito, o mais elevado objeto de júbilo, triunfo e segurança, e exalta-o infinitamente acima do resto dos homens. Os primeiros reformadores adotaram sem exceção esse princípio, que também foi abraçado pelos jansenistas, seita fanática surgida na França, e ainda pelos muçulmanos na Ásia. Como os estabelecimentos luteranos se encontrassem sob jurisdição episcopal, seu gênio entusiástico gradualmente decaiu, e os homens puderam perceber o absurdo da suposição de que Deus puniria com tormentos infinitos o que ele mesmo inalteravelmente decretara para toda a eternidade. O rei, embora fosse simpático a essa doutrina, pois recebera educação calvinista, era, ao mesmo tempo, um zeloso partidário do episcopado, e favoreceu, no período final de seu reinado, a teologia mais branda de um Armínio. Mesmo para um teólogo eminente como Jaime, o gênio da religião prevaleceu sobre preceitos especulativos, e o clero o acompanhou no gradual abandono de princípios mais rígidos de condenação absoluta e de decretos incondicionais. Essas inovações causaram algum ruído, mas, em meio à fúria das facções e das guerras civis que se seguiram, argumentos escolásticos tornaram-se insignificantes, ofuscados pelas violentas disputas sobre poder civil e eclesiástico que agitaram a nação. Quando

Jaime I. Quadro geral

da Restauração, constatou-se que a Igreja, embora continuasse a reter as velhas prescrições e artigos de fé, alterara por completo suas doutrinas especulativas e abraçara preceitos mais adequados ao gênio de sua disciplina e culto; mas não se pôde determinar ao certo o período em que a mudança se produziu.

Movido pelo desejo de promover debates em matéria de teologia, Jaime erigiu uma faculdade em Chelsea, formada por vinte membros inteiramente dedicados a refutar os papistas e os puritanos. Bacon, apesar de todos seus esforços, não conseguira apoio para uma instituição dedicada ao cultivo da filosofia natural; e até hoje não temos uma sociedade para o polimento e a padronização de nossa língua. O único estímulo que um soberano da Inglaterra deu a qualquer coisa que lembrasse ciência foi esse estabelecimento de vida curta; uma instituição supérflua, considerando-se a infeliz propensão da nação, nessa época, para a polêmica teológica.

Maneiras   As maneiras da nação eram condizentes com o governo monárquico predominante, e não traziam a estranha mistura que atualmente distingue a Inglaterra dos demais países europeus. Desconhecia-se a oscilação entre os extremos opostos de diligência e devassidão, frugalidade e profusão, civilidade e rusticidade, fanatismo e ceticismo. As únicas qualidades que os ingleses da época tinham em comum com os de hoje eram candura, sinceridade, e modéstia.

O orgulho em relação às origens de família era um sentimento generalizado. A pequena e a grande nobreza distinguiam-se do povo comum pela dignidade e imponência. Grandes fortunas, adquiridas pelo comércio, eram mais raras do que hoje, e ainda não haviam produzido o efeito de confundir as classes de homens e fazer do dinheiro a principal marca de distinção. A vida cotidiana era pautada pela solenidade, e dificilmente os grandes permitiam que se mostrasse familiaridade com eles. As vantagens que resultam da opulência são tão palpáveis e reais que os que desfrutam delas não precisam temer a proximidade de seus inferiores. Distinções de nascimento e de título, por serem mais rarefeitas e imaginárias, esvanecem com a familiaridade e a convivência.

Os grandes gastavam com objetos de pompa e circunstância e com o sustento de seus numerosos protegidos, não com objetos convenientes ou prazeres reais. O conde de Nottingham, em missão diplomática à Espanha, foi acompanhado por quinhentas pessoas. O conde de Hertford, em missão a Bruxelas, levou consigo trezentos cavalheiros. Lorde Bacon observa que a nobreza inglesa de sua época mantinha mais criados que a de qualquer outra nação, exceto pela Polônia.[5]

Títulos civis, hoje mais estimados do que títulos militares, eram na época inferiores a estes. Jovens de origem nobre distinguiam-se pelas armas. A fúria dos duelos, que nesse período foi mais forte que em qualquer outro, veio do pendor da nação pela cavalaria, na qual adquirira reputação.

---

[5] Lorde Bacon, *Essays* (1601), "Of the True Greatness of Kingdoms and States". (N. A.)

Jaime I. Quadro geral

O livre contato entre os sexos era permitido, mas não havia licenciosidade nas maneiras. A corte não era exceção. Jaime tinha aversão e desprezo pelas mulheres, e os jovens cortesãos que tanto lhe agradavam não violavam as maneiras estabelecidas na nação.

Pela primeira vez viu-se na Inglaterra uma poltrona com estofamento revestido de seda, de propriedade do duque de Buckingham; essa peça causou grande indignação junto ao povo, que denunciou a utilização de homens para realizar o trabalho de animais.

A vida campestre, que hoje predomina na Inglaterra mais do que em qualquer outra nação cultivada da Europa, era ainda mais favorecida pela nobreza como um todo. O aprimoramento das artes, o gosto pelos prazeres e pelo contato social começaram a produzir uma inclinação pela vida mais doce e civilizada da cidade. Jaime desestimulou, tanto quanto lhe foi possível, essa alteração de maneiras. Segundo Bacon, "ele recomendava aos cavalheiros oriundos do campo que retornassem às suas fazendas; e por vezes acrescentava, *senhores, sois em Londres como navios no oceano que não se deixam avistar; mas, em vossas vilas campestres, sois como essas embarcações num rio, pareceis colossais*".[6]

O príncipe não se contentou em reprovar e exortar. Elisabete constatara com preocupação que Londres crescera demais, e decidiu restringir por decreto a construção de novos edifícios; Jaime, embora visse que esses éditos não eram obedecidos à risca, renovava-os periodicamente. Publicou também decretos, imitando sua antecessora,

---

6 Bacon, *Apophthegms* (1625). (N. A.)

com severas ameaças à pequena nobreza que vivia na capital. Essa política contraria a de todos os príncipes que uma vez quiseram aumentar a própria autoridade. Atrair a nobreza para a corte, comprometê-la com prazeres dispendiosos, que dissipem sua fortuna, aumentar sua dependência em relação aos ministros, enfraquecer sua autoridade nas províncias, tais são as artes mais usuais de governos arbitrários. Mas Jaime, além de certamente não ter um plano de extensão de seus poderes, não dispunha das quantias necessárias para sustentar uma corte esplêndida e um numeroso séquito da pequena ou da grande nobreza. Ponderou que se estes vivessem juntos, se tornariam mais cientes da própria força, e se lançariam, com curiosidade desmedida, na investigação dos assuntos do governo. Para precaver-se contra esses males, fez de tudo para que se dispersassem e retornassem às suas propriedades rurais, onde, esperava ele, teriam uma reverência mais submissa por sua autoridade e não poderiam contar com a aliança de seus pares. O efeito contrário, porém, logo se verificou. As fortunas acumuladas pelos nobres lhes deu independência; a influência que adquiriram por sua hospitalidade os tornou formidáveis; não se deixariam levar pela corte; não se deixariam conduzir; e assim, em menos de quarenta anos, o sistema do governo inglês passou por uma súbita e completa alteração.

Nos reinados precedentes, o surgimento do comércio e das artes contribuíra para privar os barões das imensas fortunas que os tornavam tão imponentes aos olhos do rei e do povo. O ulterior progresso desses benefícios sob Jaime precipitou a ruína dos pequenos proprietários de terra, o que contribuiu para aumentar o poder e a autoridade da pequena nobreza, ou da classe de homens que formava a Casa dos Comuns. As primeiras produções de luxo foram adquiridas pelos grandes nobres, que, desconsiderando a frugalidade e o cálculo, dissiparam suas fortunas com prazeres dispendiosos. Chegaram em seguida a todos os proprietários; e os de fortuna mais exígua, na tentativa de imitar os da classe imediatamente superior à sua, foram reduzidos à pobreza. Suas terras, postas à venda, engordaram as dos que eram suficientemente ricos para gastar com os produtos da moda, sem descuidar da economia doméstica.

A pequena nobreza não tinha outros gastos além dos exigidos pela hospitalidade campestre. Não havia impostos a pagar ou guerras a travar; não se esperava que frequentassem a corte; não pagavam suborno ou propinas em época de eleição. Se a natureza humana fosse capaz de atingir a felicidade, a condição da pequena nobreza inglesa, sob os auspícios de um príncipe tão brando e benigno, mereceria receber essa alcunha.

Finanças   O montante da receita destinada à Coroa, tal como a encontramos em 1617, divide-se assim: arrecadação vinda de terras da Coroa, 80 mil libras; de aduaneiro e outros impostos, quase 190 mil; de provisões e outros ramos da receita, 180 mil; a soma total arrecadada é de 450 mil libras. De acordo com a mesma estimativa, as despesas ordinárias do rei excedem essa soma em 36 mil libras. Montantes adicionais, levantados por Jaime por meio de subsídios, concessões, venda de terras, venda de títulos de baronato, dinheiro recebido como doação do rei da França, perfazem cerca de 2,2 milhões de libras, das quais 775 mil advindas da venda de terras; as despesas adicionais do rei perfaziam 2 milhões de libras, sem contar as mais de 400 mil gastas com presentes. Despesas inevitáveis, e a ausência de uma administração mais rigorosa do Erário parecem explicar por que desde o início o rei se enredou em dívidas e teve tanta dificuldade para financiar o governo.

Fazendeiros, e não comissários, coletavam o imposto aduaneiro. É verdade que o primeiro método deve ser tentado antes que se recorra ao segundo; mas este é preferível. Quando o que está em jogo é o interesse dos homens, eles recorrem a mil expedientes para impedir fraudes, dentre eles o estabelecimento, pelo poder público, de regras de conduta para os seus oficiais.

Impostos aduaneiros correspondiam a 5% do valor das mercadorias e incidiam sobre bens exportados ou importados, mas no caso destes últimos podiam chegar a 25%, em virtude de acréscimos arbitrários introduzidos por Jaime. Essa prática, tão nociva às manufaturas, continua a existir na França, na Espanha e na maioria dos países da Europa. Em 1604, as alfândegas arrecadaram 127 mil libras; no final do reinado [1620], a arrecadação foi de 190 mil libras.

Os juros permaneceram a 10% ao ano até 1624, quando foram reduzidos a 8%. Uma taxa elevada como essa propicia lucros significativos, mas não permite que o comércio progrida.

Os suprimentos extraordinários concedidos pelo Parlamento durante o reinado de Jaime não passaram de 630 mil libras, valor que dividido por 21 anos perfaz 30 mil libras ao ano. Não incluo nessa estimativa os suprimentos concedidos ao rei por seu último Parlamento, que chegaram a 300 mil libras, que mal foram suficientes para as despesas da guerra contra a Espanha. Costuma-se dizer que a frugalidade do rei não era proporcional à escassez de sua receita. Mas a verdade é que ele não se importava com a posse de equipagem esplendorosa ou de móveis caros, sua mesa não era luxuosa, e ele não tinha amantes pródigas. Não ergueu edificações imponentes, exceto por Banqueting House, monumento que, projetado por Inigo Jones, honra seu reinado. Sua principal distração era a caça, que é o prazer mais modesto que um rei poderia se permitir. Seus gastos eram efeito de liberalidade, não de luxo.

Pode-se observar que assim como no intervalo entre a queda dos Lordes e a ascensão dos Comuns em 1640 a Coroa teve vantagem sobre o povo, o povo teve vantagem sobre a Coroa no período que ora examinamos, de duração semelhante àquele intervalo. Ao mesmo tempo em que se viu privado de uma receita independente, que pudesse sustentá-lo sem que fosse preciso recorrer a doações do Parlamento, o soberano ainda não adquirira meios para exercer influência sobre essas assembleias. Os efeitos dessa situação, que teve início com a acessão da casa de Stuart, não tardaram a chegar ao extremo, e em maior ou menor medida foram sentidos em todos os reinados dessa família infortunada.

Subsídios e impostos sobre a 15ª parte de bens móveis são mencionados por historiadores, que no entanto não souberam mostrar o montante desses impostos nem explicar o método de arrecadação. Ao que parece, correspondia originalmente ao que o nome diz, ou seja, a essa proporção, aplicada a bens móveis. Eduardo II adotou um método para fixar o valor a ser cobrado e transmitiu-o à posteridade. Cada cidade pagava uma soma em particular, inalterável, estipulada aos habitantes por seus representantes. Esse mesmo imposto, em cidades de corporação, era chamado de 10ª parte, proporção a que de início correspondia. A soma da receita através da 10ª ou da 15ª parte, no reino como um todo, era de cerca de 29 mil libras. O montante do subsídio não era invariável, como a 15ª parte. No oitavo ano de Elisabete, um subsídio correspondia a 120 mil libras; no 14º, não passava de 78 mil; posteriormente, caiu para 70 mil, e continuou a decrescer. A razão disso depreende-se do método de arrecadação. As faturas mostram que um subsídio deveria ser concedido a cada 4 xelins em libras ou em terras ou a cada 2 xelins e 8 pence em bens móveis, imposto considerável, desde que corretamente arrecadado. Mas essa descrição corresponde ao estado inicial do subsídio. Sob Jaime, não se pagava sequer um vigésimo da soma prevista. O imposto era pessoal, um homem só pagava taxas no condado em que vivia, por mais que tivesse posses em outros condados; os auditores realizavam uma estimativa geral de suas propriedades e a classificavam de acordo com o resultado. Para preservar alguma regularidade nessas estimativas, levava-se em consideração avaliações anteriores, e cada um era classificado de acordo com o que seus ancestrais ou homens de posses semelhantes estavam acostumados a pagar. Essa razão era suficiente para que os subsídios não aumentassem, apesar de grandes elevações na quantidade de moeda, e da monta dos preços de arrendamento. Outra razão, igualmente evidente, explica a queda contínua dos subsídios. A tendência, como é natural supor, foi desde sempre desfavorável à Coroa, especialmente nos últimos anos de Elisabete, quando subsídios tornaram-se numerosos e frequentes, e as somas arrecadadas tornaram-se mais volumosas, em comparação a períodos anteriores. Os avaliadores, embora acostumados a levar em consideração estimativas anteriores, não eram obrigados a observar essa regra, e podiam, sem mais, alterar a classificação de uma pessoa de acordo com seu ganho presente. Quando o arrendamento caía ou partes da propriedade eram vendidas, o proprietário cuidava para que tais subtrações fossem devidamente anotadas e obtinha uma diminuição no valor do subsídio a ser pago; quando o arrendamento subia ou novas terras eram adquiridas, ele mantinha as transações em segredo e não pagava mais do que antes. A vantagem de alterar as classificações foi assim revertida contra a Coroa. Para piorar a situação, as alterações de posse da propriedade nesse período geralmente foram desfavoráveis à Coroa. O número de pequenos proprietários, ditos *homens de vinte libras*, não parou de cair; mas, quando suas terras eram absorvidas pelas dos grandes, estes não pagavam mais subsídios do que antes. O método de classificação para arrecadação de subsídios era tão impreciso que admira não tanto que o valor arrecadado tenha continuamente caído, quanto que algum valor tenha sido arrecadado. A classificação tornou-se por fim tão desigual e incerta que o Parlamento foi obrigado a convertê-la em imposto sobre terras.

O preço dos cereais sob Jaime, assim como o de outros bens de subsistência, não era mais baixo do que atualmente; ao contrário, era mais alto. O decreto real de estabelecimento dos armazéns públicos autorizava os comissários a comprar cereais para estoque sempre que o preço do trigo caísse abaixo de 32 xelins por um quarto, o do centeio abaixo de 18, o da cevada abaixo de 16. O pão dos pobres era feito de cevada. A lã de melhor qualidade, durante a maior parte do reinado de Jaime, custou 33 xelins o lote; atualmente, não chega a dois terços desse preço, apesar do aumento das exportações de bens de lã. O preço das manufaturas mais refinadas também caiu, graças ao progresso das artes e atividades comerciais, e apesar do aumento da quantidade de moeda em circulação. Em Shakespeare,[7] uma dona de estalagem diz a Falstaff que as camisas que comprou para ele, feitas com tecido holandês, custaram 8 xelins a jarda; preço alto, mesmo para os dias de hoje, e supondo-se, o que é pouco provável, que a qualidade desse tecido não tenha melhorado. Da mesma maneira, uma jarda de veludo, no período mediano do reinado de Elisabete, era avaliada em 23 xelins. O dr. Birch sugere em sua biografia de Hen-

---

7 Shakespeare, *Henrique IV*, Parte I, Ato 3, Cena 3. (N.T.)

rique VIII que o príncipe estipulara em contrato com o açougueiro real o pagamento de quase uma moeda de prata pela carne de boi e de cabrito consumida por sua família em um ano.[8] É preciso ainda considerar que a tendência geral da época, que lei alguma poderia conter, era converter terras aráveis em pastos, prova certa de que estes eram mais lucrativos, e, consequentemente, de que os preços da carne de açougue e do pão eram mais altos do que hoje. Temos uma tabela de mercado, que data dos primeiros dias de Carlos I, referente à venda de aves e outros artigos, e os preços são elevados: um peru adulto custa 6 xelins e 6 pence, um peru jovem 3 xelins; uma galinha, 6; um galo, 5; uma perdiz, 1 xelim; um ganso, 2; um frango, 1 xelim e 6 pence; um coelho, 8 pence; uma dúzia de pombos, 6 xelins. Deve-se levar em conta que a população atual de Londres é três vezes maior do que era na época, circunstância que encarece muito o preço de aves e de toda mercadoria transportada; sem mencionar que a regulação arbitrária dos preços é calculada para diminuí-los, não para aumentá-los. Os estaleiros navais recebiam do governo 8 pence por dia para alimentar seus homens no porto e 7 pence e meio no mar, quantias hoje suficientes para os mesmos fins. A principal diferença entre os gastos da época e os de hoje são as necessidades imaginárias dos homens,[9] que desde então multiplicaram consideravelmente. Por essa razão,

---

8 Birch, *Memoirs of the Reign of Queen Elizabeth from the Year 1581*, p.449. (N. A.)

9 Por "necessidades imaginárias" Hume entende hábitos criados que ultrapassam a esfera da subsistência humana, mas que, uma vez adquiridos, tornam-se como que indispensáveis.

a quantidade de moeda arrecadada por Jaime tinha mais serventia do que teria hoje, embora a diferença entre essa quantidade e a hoje arrecadada não seja tão grande quanto se costuma pensar.

Armas   O poder público estava isento dos riscos e dispêndios implicados na manutenção de um exército permanente. Jaime brandia sua vice-regência divina e alegava uma prerrogativa intocável, mas não tinha um único regimento de guardas para defender essas reivindicações, prova suficiente de que ele acreditava que suas pretensões eram fundadas e indica fortemente que elas eram sustentadas por argumentos considerados plausíveis. A milícia da Inglaterra, formada por 160 mil homens, era o único instrumento de defesa do reino. Supõe-se que tenha mantido uma postura ordeira ao longo desse período. A *City* de Londres contratava oficiais que haviam servido no exterior para treinar tropas em exercícios de artilharia, mas tal prática foi suprimida em 1588. Todos os condados da Inglaterra, emulando a capital, orgulhavam-se de uma milícia seleta e bem-treinada. A propensão natural dos homens por exibições e exercícios militares parece ter ido bem longe, com um mínimo de estímulo do soberano para excitar e manter esse espírito na nação. Rapazes imitavam os adultos, alistavam-se voluntariamente em companhias, elegiam oficiais e submetiam-se a uma disciplina cujos modelos lhes eram exibidos diariamente. Num memorial composto nos primeiros anos de Carlos I, sir Howard Harwood diz

---

Portanto, não se trata de uma ilusão a ser extirpada, mas de uma ficção naturalizada a ser regulada. (N. T.)

Jaime I. Quadro geral

que a Inglaterra era tão carente de cavalos de guerra que mal se podiam montar 2 mil homens. Atualmente, a criação de cavalos avançou tanto que os utilizados no arado, nas carroças ou nos coches estão aptos a tarefas militares.

Tumultos na Irlanda obrigaram Jaime a manter tropas estacionadas nesse país, e o custo da operação foi alto. Um soldado de infantaria recebia 8 pence por dia; um lugar-tenente, 2 xelins; um porta-bandeira, 8 pence. Os exércitos europeus não eram tão numerosos como hoje, mas os homens de infantaria eram de extração superior, tinham o nível de nossos oficiais.

Em 1583, uma inspeção geral de todos os homens capazes de empunhar armas constatou, de acordo com Raleigh, que eram 1,172 milhão.[10] É impossível verificar a exatidão desse cômputo, ou melhor, presume-se que ele seja inexato. Mas, supondo que se aproxime da verdade, conclui-se que desde então provavelmente houve aumento na população da Inglaterra. O crescimento de Londres, em riquezas e em beleza, bem como em número de habitantes, foi prodigioso. A partir de 1600, a população dobrou a cada quarenta anos; em 1680 a cidade tinha quatro vezes mais habitantes que no início do século. Foi desde sempre o centro comercial do reino e praticamente a única cidade a oferecer vida social e distrações. A afeição dos ingleses pela vida campestre explica por que as cidades de província são pouco frequentadas

---

10 Raleigh, *Of the First Invention of Shipping* (1651). Esse número é muito superior ao indicado por outros historiadores; o apresentado por sir Edward Cook é mais plausível. (N. A.)

pela pequena nobreza. A única coisa capaz de prevalecer sobre sua paixão pelos vilarejos rurais são os atrativos da capital, que tem a seu favor o fato de ser a residência do rei, a sede do governo e de todas as cortes de justiça.

Na época de Jaime I, Londres era feita quase que inteiramente de madeira, e não há dúvida de que era uma cidade muito feia, sob todos os aspectos. O conde de Arundel introduziu construções com tijolos.

Marinha   A frota naval da Inglaterra, considerada formidável no tempo de Elisabete, consistia de apenas 33 navios, sem contar escaleres, e o maior deles não se comparava aos atuais de quarta linha.[11] Raleigh aconselha que não se construa um navio de guerra com mais de 600 toneladas. Jaime não foi negligente em relação à Marinha. Nos cinco anos antes de 1623, construiu dez novos navios e gastou 50 mil libras por ano com a frota, além do equivalente a 36 mil libras em madeira, extraída das florestas reais. O maior navio até então produzido por uma doca inglesa foi fabricado nesse reinado. Pesava apenas 1.400 toneladas e carregava 64 canhões. Em caso de necessidade, os navios mercantes eram convertidos em navios de guerra. O rei declarou no parlamento que a condição da Marinha nunca fora tão boa.

Comércio   Em cada uma das sessões de parlamentos desse reinado, encontramos pesarosas lamentações sobre a decadên-

---

11 De acordo com o cômputo de Raleigh em seu discurso sobre a invenção da navegação, a frota no 24º ano de Elisabete consistia de apenas treze navios, sendo acrescentados posteriormente onze. Provavelmente contava como escaleres embarcações que Coke chamava de navios. (N. A.)

cia do comércio e o progresso do papismo, tão violenta é a propensão dos homens para se queixar do presente e reclamar de sua fortuna e condição. O próprio rei se deixou levar pelo descontentamento popular, e não soube explicar a que se deveria a falta de dinheiro tão exagerada pelos Comuns. Pode-se afirmar, no entanto, que em nenhum outro período da história inglesa houvera aprimoramento tão sensível de todas as vantagens que distinguem um povo em florescimento. A paz favoreceu os negócios e o comércio; o modo de pensar do monarca o inclinava a promover as artes; e como o comércio ainda se encontrava na infância, os estímulos dados a ele devem ter sido evidentes para os que não estivessem cegos de preconceito.

Uma estimativa que parece judiciosa e acurada calcula em 10 mil o total de homens empregados no serviço naval, o que provavelmente não excede a quinta parte do número atual. Sir Thomas Overbury[12] diz que os holandeses possuíam três vezes mais navios do que os ingleses, mas de qualidade inferior. No cômputo de sir William Monson,[13] o poderio naval inglês era pouco ou nada inferior ao holandês, o que certamente é um exagero. Os holandeses empregavam seiscentos navios no comércio com a Inglaterra, os ingleses apenas sessenta no sentido inverso.

---

12 Overbury, *Observations in Foreign Travels*, (1626), II, p.349. (N. A.)

13 Monson, *Naval Tracts*, p.329, 350. (N. A.)

Manufaturas Um catálogo das manufaturas em que os ingleses se destacavam pareceria desprezível em comparação às que florescem atualmente. Quase todas as artes elaboradas e preciosas eram cultivadas no exterior, em particular na Itália, na Holanda e nos Países Baixos. As únicas em que os ingleses mostravam alguma excelência eram a construção de navios e a fundição de canhões de ferro. Parece que detinham o segredo desta última; queixas foram apresentadas pelos parlamentos contra a exportação da produção inglesa.

Nove décimos do comércio do reino consistia em produtos de lã. A exportação de lã foi autorizada até o 19º ano do reinado de Jaime, quando foi proibida por decreto, embora esse édito nunca tenha sido propriamente posto em prática. A maioria do tecido exportado era cru, sendo tingido e trabalhado pelos holandeses, que, segundo se diz, lucravam 700 mil libras por ano com sua manufatura. Um decreto publicado pelo rei contra a exportação de tecido cru surtira efeito contrário ao desejado, pois os holandeses recusaram-se a comprar o tecido trabalhado pelos ingleses. Após muitos protestos, a medida foi cancelada pelo rei e denunciada pela nação como a mais desastrada do mundo; ao que tudo indica, fora mesmo prematura.

A reputação da lã trabalhada pelos ingleses era tão ruim que o rei se sentiu compelido a rogar aos mais elegantes que a vestissem. A manufatura do linho era desconhecida no reino.

A companhia dos mercadores navais era detentora por patente da exclusividade do tráfico de bens de lã, mercadoria fundamental do reino. Uma tentativa realizada por Elisabete de liberalizar esse importante ramo do comércio surtira efeitos negativos, por causa de um conluio dos mercadores navais, que se recusaram a comprar produtos de lã. A rainha imediatamente restaurou a patente.

O receio de provocar semelhantes incidentes, embora infundado, tornou a nação refém das companhias que detinham a exclusividade dos diversos ramos do comércio e dos negócios. No terceiro ano de Jaime, porém, o Parlamento anulou a patente da Companhia da Espanha, e o comércio com esse país em pouco tempo tornou-se o mais importante do reino. Estranhamente, contudo, não se pensou em abolir outras companhias; contentou-se em obrigá-las a ampliar sua base e admitir novos investidores.

Uma secretaria de comércio foi aberta pelo rei em 1622. Uma das razões oferecidas no estatuto do novo órgão era reverter o baixo preço da lã, suposta razão do declínio da manufatura lanoeira. Mais provável, porém, é que essa queda de preços tenha sido produzida pelo aumento da oferta de lã. O rei recomenda ainda aos comissários que investiguem e examinem se maior liberdade de comércio e o fim da limitação a companhias detentoras de exclusividade não seriam atos benéficos. Os homens eram agrilhoados pelos próprios preconceitos, e o rei corretamente receava a adoção de uma medida ousada de consequências incertas. A aceitação de um ato de navegação, similar ao que depois seria aprovado pelo parlamento republicano, é recomendada aos comissários. Os poderes arbitrários usualmente assumidos pelo conselho privado do rei estão evidentes no teor geral da comissão.

A manufatura de seda ainda não se estabelecera na Inglaterra. Obedecendo-se a orientação de Jaime, foram plantadas árvores de amora, e o bicho-da-seda foi introduzido; mas o clima mostrou-se pouco auspicioso para esse projeto. O plantio de lúpulo aumentou muito no período.

A descoberta da Groenlândia data dessa época, e a pesca da baleia foi introduzida com sucesso; a diligência dos holandeses, apesar da oposição feita a eles, privou os ingleses dessa fonte de riquezas. Uma companhia foi erigida para a descoberta da passagem noroeste, e houve diversas tentativas infrutíferas com esse intuito. Em projetos nobres como esses, o desespero só se justifica uma vez plenamente confirmada a absoluta impossibilidade de sua realização.

A passagem para as Índias Orientais fora aberta no reinado de Elisabete, mas o comércio com essa parte do mundo só se estabeleceu no governo de Jaime, quando a Companhia das Índias Orientais recebeu nova patente, aumentou seu capital para 1,5 milhão de libras e preparou numerosos navios para a realização do empreendimento. Em 1609, construiu-se um navio de 1.200 toneladas, o maior navio mercante que a Inglaterra jamais conhecera, mas que infelizmente naufragou. Em 1611, um grande navio da companhia, auxiliado por um escaler, enfrentou sucessivamente cinco esquadras portuguesas e obteve vitória completa contra forças muito superiores. Nos anos subsequentes, a companhia holandesa causou grandes danos aos ingleses, extirpando ou destruindo seus assentamentos. A corte da Inglaterra respondeu à altura a essas agressões. Uma força naval sob o comando do conde de Oxford se pôs à espera do retorno da frota holandesa das Índias Orientais. Ventos contrários impediram que Oxford realizasse seu intento, e os holandeses escaparam. Algum tempo depois, um rico navio foi capturado pelo vice-almirante Merwin, e estipulou-se que os holandeses deveriam pagar aos ingleses 70 mil libras pelas perdas infligidas. Mas nem essa estipulação, nem o receio de retaliações, nem o respeito pela amizade entre a Inglaterra e as Províncias foi suficiente para restringir a avidez da companhia holandesa ou infundir-lhes um senso de equidade em suas transações com seus aliados. Impacientes pela posse exclusiva do tráfico de especiarias, que os ingleses então dividiam com eles, os holandeses assumiram jurisdição sobre assentamentos ingleses na ilha de Amboyna, e, sob pretextos improváveis, absurdos mesmo, confiscaram todas suas posses, e, após torturas desumanas, assassinaram as famílias que as habitavam. A desoladora notícia chegou à Inglaterra no momento em que Jaime, levado pelos preconceitos de seus súditos e pelas intrigas de seus favoritos, rompera a paz com a Espanha. Após desculpar-se pelo gesto precipitado, o monarca foi obrigado a se prostrar diante de um Estado cuja aliança se tornara indispensável à Inglaterra. É espantoso como a nação se resignara, quase sem protestar, à agressão de seus confederados protestantes, que, para além da enormidade dos atos, feria o interesse nacional muito mais profundamente do que os atos da Casa de Habsburgo que haviam motivado o rompimento inicial.

As exportações da Inglaterra entre os natais de 1612 e de 1613 são estimadas em 2.487.435 libras, as importações em 2.141.151, com balanço favorável de 346.284 libras. Em 1622, porém, as exportações somaram 2.320.436 libras, as importações 2.619.315, com balanço negativo de 298.879 libras. A cunhagem de moeda entre 1599 e 1619 foi de 4.779.314 libras, 13 xelins e 4 pence, o que mostra um balanço geral bastante favorável ao reino.

Colônias O evento que principalmente torna memorável o reinado de Jaime é o início da colonização inglesa na América, com o estabelecimento de assentamentos nas mais nobres bases jamais vistas em qualquer época ou nação. Os espanhóis, que descobriram o Novo Mundo, imediatamente tomaram posse das valiosas minas que encontraram; mas, atraídos pela perspectiva de enormes riquezas, cometeram o erro de despovoar não somente seu próprio país como também aqueles que conquistaram, além de acrescentarem aos vícios da avidez e da barbaridade, que marcaram suas renomadas aventuras naquele continente, o da preguiça.[14] Negligenciaram, entre outros territórios, a bela costa que se estende entre Santo Agostinho e o cabo Breton, situada em zona de clima temperado, banhada por rios portentosos, e que oferece ao agricultor industrioso solo fértil e nada mais. Gradualmente povoadas por indigentes e necessitados oriundos da Inglaterra, que

---

14 As "renomadas aventuras" dos espanhóis são reconstituídas com mais simpatia por William Robertson no primeiro volume de sua *The History of America* (1777), redigida com o beneplácito da Coroa espanhola. (N. T.)

nada tinham a oferecer ao seu país natal em termos de riqueza ou de população, as colônias introduzidas nessa faixa litorânea promoveram a navegação, estimularam os negócios e talvez tenham multiplicado o número de habitantes da pátria-mãe. O espírito de independência que então reacendia na Inglaterra brilhou ali radiante e foi reforçado pelo caráter ambicioso dos que, descontentes com a Igreja e a monarquia, buscavam por liberdade nesses desertos selvagens.

Elisabete fez pouco mais do que dar ao continente o nome de Virgínia; após estabelecer uma pequena colônia que logo decairia, abandonou por completo esse país. Quando a paz pôs fim às investidas militares contra a Espanha e privou espíritos ambiciosos da esperança de realizar rápidos avanços na obtenção de honra e fortuna, a nação começou a apoiar as intenções pacíficas da monarca e a buscar por um expediente mais certo, ainda que também mais vagaroso, para aquisição de riquezas e glória. Em 1606, Newport adotou uma colônia e deu início a um assentamento, que uma companhia patenteada, erigida com esse propósito em Londres e Bristol, teve o cuidado de suprir anualmente com provisões, utensílios e habitantes. Por volta de 1609, Argal descobriu uma passagem direta, mais curta, para a Virgínia. No mesmo ano, quinhentas pessoas, sob a tutela de sir Thomas Gates e sir George Somers, embarcaram para a Virgínia. O navio de Somers deparou com uma tempestade e derivou para as Bermudas, onde foi estabelecida a fundação de novo assentamento. Lorde Delawar posteriormente assumiu o governo das colônias inglesas; mas apesar de toda sua diligência, auxiliada por suprimentos enviados por Jaime e por dinheiro arrecadado com a primeira loteria de que se tem notícia no reino, as dificuldades atinentes ao estabelecimento desses países foram tantas que em 1614 restavam somente quatrocentas pessoas. Supridos com as provisões mais necessárias ao sustento da vida, os novos agricultores começaram a cultivar o tabaco, e Jaime, apesar de sua antipatia por essa droga, que ele afirmava ser perniciosa à moral bem como à saúde dos homens, deu permissão para que fosse vendida na Inglaterra, ao mesmo tempo em que suspendeu por decreto sua importação da Espanha. Gradualmente, novas colônias foram assentadas no mesmo continente e deram-se novos nomes às localidades em que eram estabelecidas, cabendo *Virgínia* à mais antiga. A ilha de Barbados também foi ocupada nesse reinado.

Homens de raciocínio especulativo levantaram objeções à introdução dessas colônias remotas e previram que, tendo exaurido de habitantes a pátria mãe, seus habitantes não tardariam a se livrar do jugo e a erigir na América um governo independente. Mas o tempo mostrou que a visão dos que encorajaram essa generosa empreitada era mais justa e mais sólida. Um governo brando e uma força naval poderosa preservaram e provavelmente continuarão a preservar, por algum tempo, o domínio da Inglaterra sobre suas colônias. As vantagens colhidas nesses assentamentos pelo comércio e pela navegação foram tão grandes que se estima que atualmente mais de um quarto das embarcações inglesas é empregado no tráfico com os colonos americanos.

Jaime I. Quadro geral

A agricultura inglesa era extremamente imperfeita. As bruscas oscilações de preços dos grãos, tantas vezes mencionadas pelos historiadores, e a prodigiosa desigualdade de seu valor em diferentes anos são prova suficiente de que a produção dependia das estações e de que a arte nada fizera para protegê-la contra os castigos do clima. Sob Jaime realizaram-se melhorias consideráveis em outras artes, e também nessa, que é a mais benéfica de todas. Seria possível elaborar espesso catálogo de livros e panfletos dedicados à agronomia redigidos na época. Mas a nação continuava a depender do estrangeiro para o pão de cada dia. A exportação de grãos, apesar do crescimento da população, responde hoje por um ramo considerável de seu comércio; mas, no período de que falamos, as importações do Báltico e da França eram regra, e as nefastas consequências de eventuais interrupções não tardavam a ser sentidas por todos. Sir Walter Raleigh estima que certa vez foram gastos 2 milhões de libras com cereais.[15] Apenas no quinto ano de Elisabete a exportação de milho foi permitida, e Camden observa que a partir desse momento a agricultura recebeu novo impulso e adquiriu um novo vigor.[16]

Os esforços de Jaime para a promoção do comércio, ou melhor, da nação como um todo, produziram melhores resultados que o empenho do monarca para estimular as letras. Embora não tenham faltado escritores emi-

---

15 Raleigh, *Observations Concerning the Royal Navy and the Sea-Services* (1650). (N. T.)
16 Camden, *Annales rerum gestarum angliae et hiberniae regnate Elizabetha*. (N. T.)

nentes, prevaleceu no geral um gosto muito ruim, que contaminou, e não pouco, o próprio monarca.

Na origem das letras entre os gregos, o gênio dos poetas e dos oradores distinguia-se, como é natural esperar, por uma amável simplicidade, qualidade que, mesmo que acompanhada de alguma rudeza, é muito adequada para expressar os genuínos movimentos da natureza e da paixão, de modo que as composições que a possuem nunca perdem valor aos olhos dos homens dotados de discernimento. Se os primeiros escritores não empregaram falsos ornamentos, como figuras de discurso reluzentes, antíteses cortantes, concepções artificiais ou termos estridentes, não foi por tê-los rejeitado, mas porque não chegaram a lhes ocorrer. Uma corrente de sentimento, suave e sinuosa, perpassa suas composições. Observa-se, porém, ao mesmo tempo, aqui e ali, em meio à mais elegante simplicidade de pensamento e expressão, uma concepção pobre que ocorreu ao autor e não foi rejeitada por pura falta de senso crítico.[17] O mau gosto se apodera

---

17 O nome de Polinício, um dos filhos de Édipo, significa em grego *briguento*. Nas altercações entre ele e sua irmã Elektra, esse mesmo recurso é empregado por Ésquilo, Sófocles e Eurípides, e admira que um arremedo tão pobre não tenha sido rejeitado por nenhum desses três poetas, tão justamente celebrados por seu gosto e simplicidade. Shakespeare não faria pior. Terêncio nos oferece *inceptio est amentium, non amantium* [*Ândria*, Ato I, Cena 4: "Um plano de dementes, não de amantes"]. Exemplos similares ocorrerão aos eruditos. É sabido que Aristóteles [na *Retórica*] leva a sério os trocadilhos, divide-os em diferentes classes e recomenda seu uso aos oradores. (N. A.)

Jaime I. Quadro geral

com avidez de belezas frívolas como essas, e mesmo o bom gosto se deixa contaminar; multiplicam-se progressivamente a cada dia, em composições da moda; natureza e bom senso são negligenciados; ornamentos forçados são estudados e admirados; a completa degeneração do estilo e da linguagem abre caminho para o barbarismo e a ignorância. Daí a maneira asiática, tão distante da simples pureza de Atenas: daí a eloquência brilhosa encontrada em tantos escritores romanos, de que o próprio Cícero não está isento, e que predomina em Ovídio, Sêneca, Lucano, Marcial e em ambos os Plínios.

No reviver das letras, quando o juízo do público ainda é cru e desinformado, esse falso brilho captura os olhos e não dá brecha, na eloquência ou na poesia, para as duradouras belezas do sentido sólido e da viva paixão. O gênio então reinante é diametralmente oposto ao que prevalecera na origem primeira das artes. É evidente que mesmo os mais célebres escritores italianos não alcançaram a simplicidade desejável no pensamento e na composição. Em Petrarca, Tasso ou Guarini, predominam uma espirituosidade frívola e uma invenção forçada. O período em que as letras foram cultivadas na Itália foi tão breve que não houve tempo para que esse paladar adulterado fosse corrigido.

Os primeiros escritores franceses expõem-se à mesma censura. Voiture, Balzac, mesmo Corneille, cultivaram em excesso os ornamentos que encontraram nos muitos modelos fornecidos pelos italianos em geral e pelos autores antigos menos puros. Apenas mais tarde a observação e a reflexão vieram a gerar, nesse povo elegante, um pensamento e uma composição de pendor mais natural.

Uma caracterização similar vale também para os primeiros autores ingleses, que floresceram durante os reinados de Elisabete e Jaime, assim como para os que vieram depois deles. Quando renasceram nesta ilha, as letras trajavam o mesmo garbo pouco natural que vestiam na época de sua decadência entre os gregos e romanos. É um verdadeiro infortúnio que os escritores ingleses tenham possuído um gênio tão grande antes de serem dotados de qualquer vestígio de gosto, circunstância que terminou por sancionar os sentimentos e os torneios forçados que eles tanto cultivaram. Suas concepções e expressões deturpadas eram concomitantes a uma capacidade mental tão vigorosa, que admiramos a imaginação que as produziu ao mesmo tempo em que culpamos a falta de juízo que pôde admiti-las. Uma crítica minuciosa dos escritores desse período excederia os limites desta consideração. Um breve perfil do mais eminente dentre eles, traçado com a mesma liberdade que a história concede em relação a reis e ministros, talvez não seja inadequado. O autor está ciente, porém, do risco que corre ao fazê-lo, dados os preconceitos atualmente vigentes na nação.[18]

Shakespeare pode ser visto como um prodígio, se o considerarmos como um *homem* que nasceu em época rude, foi educado de maneira vulgar e não tinha nenhum conhecimento do mundo ou dos livros. Mas esse elogio é consideravelmente mitigado quando o consideramos

---

18 Referência velada à influência de Samuel Johnson, que louva Shakespeare como o grande poeta nacional da Inglaterra. Ver *Prefácio a Shakespeare* (São Paulo: Iluminuras, 1999). (N. T.)

Jaime I. Quadro geral

como um *poeta*, a quem cabe entreter, de modo adequado, uma audiência inteligente ou refinada. Lamentamos em suas composições as muitas irregularidades e até absurdos que com tanta frequência desfiguram as animadas e apaixonadas cenas que nelas encontramos. E se nossa admiração por suas belezas é tão grande, talvez seja por estarem cercadas por deformidades. Com frequência ele atina, como que por inspiração, com um sentimento acentuadamente peculiar, adaptado a um caráter singular; mas não consegue sustentar, por um instante que seja, um pensamento minimamente sensato. É abundante em expressões e descrições nervosas e pitorescas, mas em vão buscaremos por uma dicção pura ou simples. Sua total ignorância em relação a toda arte e conduta teatral, embora seja um defeito concreto, afeta mais o espectador do que o leitor, e é por isso mais desculpável do que a falta de gosto que frequentemente predomina em suas produções e torna intermitentes as irradiações de seu gênio. Certamente ele possuía um gênio grande e fértil, enriquecido tanto pela veia trágica quanto pela cômica; mas pode-se mencioná-lo como uma prova dos perigos de se fiar exclusivamente por essas vantagens para alcançar excelência nas artes mais refinadas.[19] Por fim,

---

19 *Invenire etiam barbari solent, disponere et ornare non nisi eruditus*. Plínio, o Jovem, *Epístolas*, III, 13. (N. A.) ["*Nam invenire praeclare, enuntiare magnifice interdum etiam barbari solent, disponere apte, figurare varie nisi eruditis negatum est*". Tradução literal: "Pois embora uma imaginação poderosa e o dom da expressão vigorosa se encontrem amiúde nos incultos, os sapientes são os únicos capazes de mostrar habilidade no arranjo e variedade nas figuras".]

não se deve descartar a possibilidade de que a grandeza de seu gênio seja superestimada, se é que isso é possível, como certos corpos que parecem gigantescos por serem desproporcionais ou disformes. Shakespeare morreu em 1616, aos 53 anos.

Jonson possuía toda a instrução que faltava a Shakespeare, e carecia de todo o gênio que ele possuía. Ambos eram deficientes em gosto e elegância, em harmonia e correção. Copista servil dos antigos, traduziu em inglês canhestro belas passagens de autores gregos e romanos, sem adaptá-las às maneiras de sua época e país. Seu mérito foi totalmente eclipsado pelo de Shakespeare, cujo gênio rudimentar prevaleceu sobre a arte não menos rudimentar de seu contemporâneo. O teatro inglês adquiriu desde então uma forte tintura do espírito e do caráter de Shakespeare, o que explica a pecha de barbarismo que a nação recebeu de seus vizinhos, acusação que suas valiosas produções em outros ramos das letras poderiam, de outra maneira, tê-la isentado. Jonson desfrutou de uma pensão de 100 marcos concedida por Jaime, que Carlos aumentou para 100 libras. Morreu em 1637, aos 63 anos.

Fairfax traduziu Tasso com elegância e facilidade, e, ao mesmo tempo, com uma exatidão surpreendente para a época. Cada linha do original encontra correspondência fiel na tradução. A de Harrington para Ariosto também não deixa de ter mérito. É lamentável que esses poetas tenham imitado as estrofes italianas, que têm uma prolixidade e uma uniformidade desagradáveis quando utilizadas em poemas longos. Mesmo assim, contribuíram muito, como Spenser fizera antes deles, para polir e refinar a versificação inglesa.

As sátiras de Donne, se examinadas com atenção, revelam laivos de engenho e de espírito, prejudicados, porém, pela expressão mais áspera e inadequada que se poderia encontrar num poeta.

Se a poesia dos ingleses era tão rudimentar e imperfeita, é razoável esperar que sua prosa se expusesse a objeções ainda maiores. Por ser o método mais natural de composição, a prosa pode parecer mais fácil do que a poesia, mas o que se vê na prática é que ela é mais preciosa e mais difícil. Mal se encontram exemplos, em qualquer língua, de perfeição na prosa antes do refinamento dos números e da expressão poética. A prosa inglesa da época de Jaime era escrita com pouca consideração pelas regras da gramática e total desprezo pela elegância e harmonia dos períodos. Recheada de sentenças e citações latinas, imitava indiscriminadamente as inversões, que, enérgicas e graciosas nas línguas antigas, são inteiramente contrárias ao gênio do idioma inglês. Eu chegaria mesmo a afirmar que toda e qualquer frase ou expressão canhestra que ocorra em livros antigos se deve principalmente ao gosto disforme do autor, e que a língua falada nas cortes de Elisabete e de Jaime quase não era diferente da que hoje se encontra em uso, na boa companhia. Essa opinião parece ser suficientemente comprovada pelos pequenos fragmentos de discursos que se encontram em jornais parlamentares e que têm ares opostos aos de orações elaboradas. Não faltam produções dessa época, escritas por homens que não eram escritores de profissão, dotadas de ares muito naturais, para nos dar uma ideia da linguagem utilizada pelos mundanos. Menciono em particular *A Discovery*, de sir John Davis; *Essex*, de Throgmorton; e as *Cartas*, de Neville. Do período anterior, pouco ou nada diferem da linguagem utilizada em nossos dias a *Life of cardinal Wolsey*, de Cavendish, as peças remanescentes de Gardiner e a carta de Ana Bolena endereçada ao rei.

A glória da literatura nesta ilha sob o governo de Jaime foi lorde Bacon. A maioria de suas obras é composta em latim, embora ele não tivesse elegância no uso dessa língua ou tampouco no de sua língua nativa. Se considerarmos a variedade de talentos por ele exibidos – orador público, estadista, homem de espírito, autor, filósofo – é justo que seja altamente admirado; mas, se o considerarmos meramente como autor e filósofo, luz sob a qual o vemos no presente, embora permaneça estimável, mostra-se inferior a seu contemporâneo Galileu, talvez mesmo a Kepler. Bacon apontou à distância o caminho que leva à verdadeira filosofia: Galileu não se contentou em apontá-lo, deu passos consideráveis rumo à própria ciência. O inglês ignorava a geometria: o florentino ressuscitou essa ciência, praticou-a com excelência e foi o primeiro a aplicá-la, aliada a experimentos, na filosofia natural. Um rejeitou com dogmático desdém o sistema de Copérnico: o outro fortaleceu-o com provas adicionais, derivadas da razão e dos sentidos. O estilo de Bacon é pedante e rígido, seu engenho, embora muitas vezes brilhante, frequentemente se mostra pouco natural e incontido; parece ter sido o inventor dos símiles cortantes e das alegorias forçadas pelas quais os autores ingleses se distinguem: Galileu é um escritor vivo e agradável, embora às vezes prolixo. A Itália, por não estar unida sob um mesmo governo, talvez saciada da glória literária de seus escritores, modernos ou antigos, não soube dar valor ao renome que adquiriu com esse grande homem. Já o espírito nacional que, para sua felicidade, prevalece junto aos ingleses, é a causa de eles dedicarem, a todos os seus escritores eminentes, e a Bacon em especial, elogios e aclamações muitas vezes parciais e excessivas. Lorde Bacon morreu em 1626, aos 66 anos.

O leitor da *História* de Raleigh que tenha paciência para suportar a erudição judaica e rabínica que compõe metade do volume constatará, quando chegar à história grega e romana, que seu sacrifício não foi em vão. Raleigh é o melhor modelo do estilo à antiga, que muitos escritores pretendem reviver atualmente. Foi decapitado em 1618, aos 66 anos.

A história do reinado de Elisabete por Camden pode ser considerada uma composição benfeita, tanto em relação ao estilo quanto à matéria. É escrita com expressão simples, coisa muito rara em sua época, e com respeito pela verdade. Talvez não seja descabido afirmar que se encontra entre as melhores obras de história já compostas por um inglês; mas sabe-se que os ingleses nunca se destacaram nesse gênero de literatura. Camden morreu em 1623, aos 73 anos.

Mencionaremos o próprio rei entre os escritores ingleses, e como o pior deles, pois tal é seu lugar, considerado como autor. É seguro afirmar que a mediocridade dos talentos literários de Jaime, aliada a uma grande alteração do gosto nacional, é uma das causas do desprezo que pesa sobre a sua memória e que os panfletistas partidários levam a extremos. É notável como os sentimentos dos antigos em relação às letras eram diferentes dos nossos. Dos primeiros vinte imperadores romanos, entre César e Severo, mais da metade foram autores; e embora poucos pareçam ter se destacado nessa ocupação, é sempre lembrado, lisonjeiramente, que seu exemplo deu estímulo à literatura; sem mencionar Germânico e sua filha Agripina, muito próximos ao trono. A maioria dos escritores clássicos cujas obras permaneceram eram homens da mais alta distinção. Nos assuntos humanos, toda vantagem é acompanhada de inconvenientes; e a mudança das ideias a esse respeito provavelmente deve ser atribuída à invenção da imprensa, que tornou os livros tão usuais que mesmo homens de fortuna exígua têm acesso a eles.

Que Jaime é um escritor medíocre, ninguém contesta; que seja desprezível, de modo algum se pode admitir. Quem quer que leia seu *Basilicon Doron*, em particular os dois últimos livros, seu *True Law of Free Monarchies*, sua resposta ao cardeal Perron, quase todos os seus discursos e mensagens ao Parlamento, reconhecerá que era um homem dotado de algum gênio. Escreveu sobre bruxas e fantasmas; mas quem em sua época não admitia a realidade desses seres fictícios? Compôs um comentário sobre o Apocalipse e provou que o papa era o Anticristo; mas não se deveria censurar, pela mesma falta, o famoso Napier, e mesmo Newton, que escreveram numa época em que o saber avançara consideravelmente? Da grosseria de suas superstições pode-se inferir a ignorância de sua época; mas não há como declarar tolo um indivíduo, por ter aceito erros populares travestidos de religião.

Jaime I. Quadro geral

As realizações literárias têm uma superioridade tão grande em relação a qualquer outra ocupação, que mesmo o escritor apenas medíocre merece mais preeminência do que homens excelentes na maioria das profissões usuais e vulgares. O porta-voz dos Comuns é geralmente um advogado destacado; mas as arengas de sua Majestade são superiores às suas se examinarmos os parlamentos desse reino.

É preciso não esquecer que as ciências, a exemplo da literatura polida, encontravam-se em sua infância. A erudição escolástica e a polêmica teológica retardaram o aprimoramento do verdadeiro conhecimento. No preâmbulo ao decreto em que destinou uma pensão aos professores de matemática e de astronomia de Oxford, sir Harry Saville afirma que a geometria era praticamente negligenciada ou desconhecida na Inglaterra. A instrução de melhor qualidade concentrava-se no estudo dos antigos. Casaubon, eminente nessa espécie de conhecimento, foi convidado por Jaime, que o trouxe da França e lhe consignou uma pensão de 300 libras por ano. O famoso Antonio di Dominis, arcebispo de Spalato, conhecido filósofo, também veio para a Inglaterra e proporcionou à nação grande triunfo, ao converter um prosélito de nome. O que se seguiu foi pura mortificação. O arcebispo, embora desfrutasse de privilégios eclesiásticos, não recebeu estímulo suficiente para satisfazer sua ambição. Retornou à Itália, onde morreu na prisão.

12
1640: da monarquia à democracia[1]

Em abril de 1640, em meio a grande agitação, Carlos I emitiu uma declaração com o intuito de convencer o povo da necessidade premente de dissolver o Parlamento. O principal tópico em que insistia era a observação de que os Comuns haviam imitado o mau exemplo de seus predecessores em anos recentes ao realizarem repetidas intromissões em sua autoridade, censurarem sua administração e sua conduta geral, discutirem cada detalhe da administração pública, e barganharem com o rei, indiretamente, no suprimento de sua receita, como se nada pudesse lhe ser dado a não ser que estivesse disposto a pagar, fosse com o abandono da prerrogativa real, fosse com a redução ou o corte da receita permanente da Coroa. Tais práticas, dizia ele, eram contrárias às máximas de seus ancestrais e, mais do que isso, totalmente incompatíveis com a monarquia.

---

1 Capítulo 53, Livro V (1754), fim, nota W; Capítulo 54, Livro V (1754), início. (N. T.)

É preciso reconhecer que com essa declaração Carlos tocou na circunstância da Constituição inglesa que pode ser considerada a mais difícil, senão impossível, de regular por meio de leis, e que só pode ser governada por certas ideias, muito delicadas, de propriedade e decência, não por uma regra ou prescrição exata. Recusar ao Parlamento todo direito de manifestar-se contra o que ele considera agressões seria reduzir essa assembleia à total insignificância e privar o povo de cada vantagem que poderia colher de conselhos populares. Queixar-se de que o Parlamento emprega o poder de taxação como um meio de extrair concessões de seu soberano seria esperar que depusesse todas as suas armas e renunciasse ao único expediente fornecido pela constituição para manter o reino sob uma administração justa e legal. Em diferentes períodos da história inglesa, há parlamentos que manifestam queixas à Coroa da maneira mais franca possível, recusando-se, por vezes, ao suprimento do rei por desgosto em relação a algum detalhe da conduta pública. É certo, porém, que esse poder, embora essencial aos parlamentos, pode facilmente ser abusado, seja pela frequência ou minúcia das queixas, seja pela intrusão em cada uma das decisões e determinações do rei. Com o pretexto de aconselhar, um parlamento pode dar ordens disfarçadas; ao queixar-se de agressões, pode capturar para si cada um dos poderes do governo. Uma medida qualquer adotada sem sua consulta é denunciada como opressão do povo; e, até que seja corrigida, o parlamento recusa o fornecimento dos suprimentos mais necessários ao seu indigente soberano. Da natureza mesma dessa liberdade segue-se que ela não pode ser constrangida pela lei; pois quem poderia prever futuras agressões ou dizer quais partes da administração seriam afetadas por elas? Da natureza mesma do molde humano, é de esperar que essa liberdade venha a ser exercida plenamente e atinja cada um dos ramos da autoridade nas mãos do príncipe; pois como poderiam as tênues limitações de respeito e decoro ser suficientes para restringir a ambição humana, que com tanta frequência viola todas as prescrições de lei e justiça?

Observe-se, no entanto, que a sabedoria da Constituição inglesa, ou antes uma concorrência de acidentes, ofereceu, em diferentes momentos, certas restrições irregulares a esse privilégio do Parlamento, preservando assim, toleravelmente, a dignidade e a autoridade da Coroa.

Na antiga Constituição, antes do início do século XVII, os encontros do Parlamento eram precários e não ocorriam com frequência. As sessões eram breves, e os membros não dispunham de tempo para se conhecer uns aos outros ou para se familiarizar com os assuntos públicos. A ignorância daqueles tempos tornava as pessoas mais submissas à autoridade que os governava. Acima de tudo, as amplas posses da Coroa, aliadas aos poucos gastos do governo, tornavam o príncipe quase que independente e ensinavam o Parlamento a se manter obediente e prestativo.

Em nossa atual Constituição, muitos acidentes que tornaram o governo da Grã-Bretanha, assim como todos os outros, muito mais oneroso do que antes, também colocaram à disposição da Coroa o uso de uma receita significativa que permite ao rei, graças ao interesse e à ambição privada dos membros do Parlamento, restringir o interesse e a ambição pública do corpo como um todo. Enquanto a oposição (pois continuamos a ter uma oposição, aberta ou velada) tenta submeter cada ramo da administração às vistas do Parlamento, os partidários da corte reservam à Coroa uma parcela da receita, e a prerrogativa real, embora privada de seus antigos poderes, mantém seu devido peso na balança da constituição.

Quis o destino que a casa de Stuart governasse a Inglaterra num período em que a antiga fonte de autoridade se tornara escassa e a nova ainda não se mostrara suficientemente abundante. Sem uma fundação fixa e regrada, o trono vacilou continuamente, e o príncipe o ocupou de forma precária e não sem ansiedade. Cada um dos expedientes a que Jaime e Carlos recorreram para sustentar sua dignidade foram, como vimos, acompanhados de sérios inconvenientes. A majestade da Coroa, derivada de poderes e prerrogativas ancestrais, demandava respeito e limitava intrusões insolentes, mas deu ao rei uma ideia tal de sua própria posição e situação que o tornou incapaz de recuar diante da torrente popular ou de se submeter, em algum grau, ao controle do Parlamento. A aliança com a hierarquia eclesiástica fortaleceu a lei mediante a sanção da religião, mas enfureceu o partido puritano e expôs o príncipe aos ataques de inimigos numerosos, violentos e implacáveis. Em virtude dessas mesmas causas, a memória desses dois príncipes conheceu uma infelicidade similar à que os perseguiu durante suas vidas.

Por mais que as habilidades de Jaime e de Carlos não fossem proporcionais à extrema delicadeza da situação em que se encontravam, eles não receberam dos historiadores a devida indulgência; pelo contrário, recaiu *sobre eles*, injustamente, toda a culpa pelos eventos que marcaram o período. As violências contra as leis, especialmente da parte de Carlos, foram, em alguns casos, transgressões de um limite claramente demarcado para a autoridade real. Mas as intromissões dos Comuns, embora de início menos importantes e menos determinadas, nem por isso são menos discerníveis para os olhos de um bom observador, e poderiam igualmente destruir a justa balança da Constituição. No exercício dos poderes que lhes haviam sido transmitidos de maneira menos independente e menos respeitosa do que a seus predecessores, os Stuart, talvez imprudentemente, mas, segundo imaginaram, movidos pela necessidade, sentiram-se tentados a assumir poderes nunca antes adotados pela Coroa. Do choque dessas pretensões opostas, aliado à controvérsia religiosa, surgiram as facções, convulsões e desordens que marcam o período.

* * *

Em 1640, dez anos após a acessão de Carlos I, as causas de descontentamento que por mais de trinta anos haviam diariamente se multiplicado na Inglaterra chegaram à plena maturidade e ameaçaram o reino com uma grande revolução ou convulsão. Os limites incertos e indefinidos de prerrogativa e privilégio foram ardentemente disputados, e em cada uma das controvérsias entre o príncipe e o povo, a questão, por duvidosa que fosse, foi decidida por cada partido em favor de suas próprias pretensões. Precipitadamente talvez, incitado sem dúvida pela aparência de necessidade, o rei chegara a assumir poderes incompatíveis com os princípios do governo limitado, e tornara impossível para seus partidários justificar de modo convincente sua conduta, a não ser recorrendo a tópicos que, de tão impopulares, pareciam mais adequados, na presente disposição dos homens, para inflamar do que para apaziguar o descontentamento geral. Da mesma maneira, os dois pilares da autoridade pública, direito e religião, haviam perdido, graças à irrestrita complacência de juízes e prelados, muito de sua influência sobre o povo, ou antes, haviam sido em grande medida capturados pelas facções, e legitimavam agora o espírito de oposição e rebelião. Também a nobreza, que o rei não tinha meios para manter ao seu lado com a distribuição de cargos e privilégios convenientes, foi tomada pelo descontentamento geral, e contribuiu inadvertidamente para reforçar o lado que começava a preponderar. Sensíveis a intromissões da autoridade real, os homens não suspeitavam dos Comuns, cujas manobras para aquisição de poder eram recobertas com a aparência de preocupação com o bem público, e que até então não haviam ido além de alguns esforços e tentativas malogradas. O progresso dos descontentes na Escócia colocara a Coroa na dependência de apoio dos Comuns; a união dos descontentes com o partido popular na Inglaterra aumentou em muito a autoridade deste; a perspectiva de sucesso dos populares pôs em circulação murmúrios e boatos até então reprimidos; e a torrente da opinião e da inclinação dos homens em geral contrariava de tal maneira a corte, que o rei não estava em posição de se recusar a atender exigências razoáveis encaminhadas pelos líderes populares no sentido de definir ou limitar os poderes de sua prerrogativa. Na verdade, dada sua situação, teria que atender mesmo às mais insensatas demandas que lhe fossem apresentadas.

O triunfo dos descontentes sobre a Igreja não foi imediato nem definitivo. Embora os puritanos políticos e os puritanos religiosos colaborassem entre si, muitos que se uniam aos primeiros declinavam de qualquer conexão com os últimos. A hierarquia estava estabelecida na Inglaterra desde a Reforma; a Igreja romana, em todas as épocas, tivera o cuidado de manter a mesma forma de governo eclesiástico; os antigos padres haviam dado seu testemunho à jurisdição episcopal; e embora a paridade tenha de início se instaurado entre os pastores cristãos, o período de sua duração foi tão breve que deixou poucos traços na história. Os bispos e seus partidários mais zelosos inferiram disso o inalienável direito dos prelados, outros consideraram que a instituição era venerável e útil; e se o gosto pela novidade levou alguns a adotar os novos ritos e a disciplina dos puritanos, a reverência pela tradição manteve em outros o apego pela liturgia e pelo governo da Igreja. Por isso, os zelosos inovadores tiveram que proceder no Parlamento com alguma cautela e tato. Apoiando todas as medidas que reduzissem os poderes da Coroa, esperavam desarmar o rei, que eles corretamente consideravam o patrono da hierarquia, por uma questão de princípio, inclinação e política. Denunciando as supostas intromissões e a presumida tirania dos prelados, tentaram arrastar a nação, do ódio à pessoa destes à oposição ao seu ofício e caráter. Calcularam que se os homens se alistassem em seu partido, não seria difícil levá-los, gradualmente, a apoiar medidas que antes teriam parecido repugnantes. E embora os novos sectários de início não formassem a maioria da nação, inflamava-os o zelo por suas próprias opiniões, como aliás costuma acontecer com os inovadores. Sua incomparável paixão, que recobriam, para si mesmos e para os outros, com o manto do fervor sagrado, era mais do que suficiente para angariarem prosélitos e se apoderarem do espírito da multidão ignorante. Um único entusiasta furioso poderia sobrepujar, com seu empenho, os indolentes esforços de muitos antagonistas razoáveis e sóbrios.

Dado o descontentamento da nação, não surpreende que o resultado das eleições tenha favorecido o partido que fomentava os preconceitos nacionais e reclamava para si exaltadas noções de patriotismo e piedade, sem que ninguém desconfiasse de seus esquemas de subversão da Igreja e da monarquia.

Era um costume tradicional elogiar o rei pelo acerto na escolha de seu porta-voz. Carlos I tinha a intenção de indicar Gardiner, magistrado de Londres, para esse importante posto; mas o interesse da Coroa não tocava a nação, e Gardiner não foi eleito em Londres nem em outros distritos. A escolha do rei recaiu sobre Lenthal, um advogado honesto, mas sem a qualificação requerida para um cargo tão elevado e tão difícil.

Reunião do Longo Parlamento. de novembro de 1640

As expectativas em torno de um parlamento convocado em momento crítico, de insatisfação geral, que não poderia ser dissolvido abruptamente, dada a situação dos assuntos públicos, e ao qual caberia resolver pendências deixadas por assembleias anteriores, foram motivos importantes e de interesse, que mobilizaram a presença de todos os membros; nunca antes se vira a Casa dos Comuns tão cheia. Sem maiores delongas, puseram-se a trabalhar; e, por consentimento geral, de imediato desferiram um golpe, que em certa medida pode ser considerado decisivo.

O conde de Strafford era o principal ministro da Coroa, tanto pelo crédito que possuía junto ao seu senhor quanto por sua grande capacidade e seu vigor incomum. Por uma concorrência de circunstâncias acidentais, esse homem tornou-se detestado pelas três nações que compunham a monarquia britânica. Os escoceses, que naquele momento tinham autoridade de peso no parlamento, viam-no como um inimigo capital, cujas decisões e influência eles tinham todos os motivos para recear. Strafford convencera o Parlamento da Irlanda a oferecer generosos subsídios para financiar uma guerra contra a Escócia, alistara 9 mil homens, com os quais ameaçara a costa oeste do país, obrigara os escoceses que viviam sob seu governo a renunciar aos presbiterianos, seus ídolos nacionais, banira na Irlanda os presbiterianos escoceses, como rebeldes e traidores, antes mesmo que o rei emitisse qualquer declaração contra eles, e persuadira Carlos a desconsiderar o recente armistício, gesto que considerava desonroso e perigoso. O ressentimento dos escoceses por conta dessas medidas era tão aberto e violento que se recusaram a enviar comissários para negociações em York, como fora de início estipulado, pois o lugar-tenente da Irlanda era general das forças do rei e mantinha em York a sede de seu comando e autoridade.

Primeiro como deputado, depois como lugar-tenente supremo, Strafford governara a Irlanda por oito anos, com grande vigilância, atividade e prudência, mas pouquíssima popularidade. Numa nação arredia ao governo e à religião dos ingleses, essas virtudes foram suficientes para angariar o ódio do público. As maneiras e também o caráter desse grande homem, cheio de cortesia e afeto para com os amigos, eram, no fundo, arrogantes, rígidas e severas. Sua autoridade e influência no período em que governou a Irlanda foram ilimitadas, mas tão logo a adversidade apoderou-se dele, a aversão reprimida da nação eclodiu, e o Parlamento irlandês recorreu a todos os expedientes para denunciá-lo.

O descontentamento universal na Inglaterra em relação à corte voltava-se inteiramente contra Strafford, sem outra razão além de ser ele o ministro de Estado em que o rei mais confiava e que mais favorecia. Era de família nobre e tinha uma fortuna considerável; a inveja acompanhara sua súbita e esplêndida elevação. Seus antigos associados em conselhos populares, ao constatarem que sua promoção se devia à traição da antiga causa, representaram-no como o grande apóstata da república, a ser sacrificado como vítima da justiça pública.[2]

---

2 O parágrafo seguinte é uma passagem extraída de *História da Inglaterra*, Capítulo 52, Livro V (1754). (N. T.)

Na situação anterior do governo inglês, quando o soberano era em boa medida independente de seus súditos, o rei escolhia seus ministros por favorecimento pessoal ou pela boa opinião que tinha de suas habilidades, sem levar em conta seu interesse no Parlamento ou se o escolhido estava capacitado a desempenhar a função. Na presente conjuntura, em que o povo se imiscuía na autoridade real, tornara-se uma máxima dos príncipes nomear líderes populares para cargos da administração, esperando que se mostrassem zelosos na proteção de um poder do qual agora compartilhavam. O fato de esse procedimento ter sido adotado por Carlos é uma prova infalível de que estava em curso, na Constituição inglesa, uma revolução secreta, pela qual o príncipe agora se via constrangido a observar novas máximas de governo. As visões da Coroa, porém, eram tão repugnantes às dos puritanos, que os líderes que ele trouxe para seu lado logo perderam os vínculos com o partido de origem e em alguns casos foram perseguidos como traidores, com ressentimento e ódio implacáveis.

Ciente do peso dos preconceitos populares que o ameaçavam, Strafford quis abdicar da obrigação de comparecer ao Parlamento, e pediu ao rei permissão para renunciar ao governo da Irlanda, para que pudesse permanecer à frente do destacamento de Yorkshire, onde estaria ao abrigo, pela distância da capital, das investidas de seus inimigos. Mas Carlos, que tinha plena confiança na capacidade do conde, ponderou que seus conselhos seriam extremamente úteis na temporada crítica que se aproximava. Como Strafford insistisse nos perigos de aparecer diante de tantos furiosos inimigos, o rei, sem recear que sua própria autoridade pudesse estar com os dias contados, prometeu-lhe proteção e garantiu que nem mesmo um de seus fios de cabelo seria tocado pelo parlamento.

11 de novembro Assim que souberam da chegada de Strafford, os Comuns armaram um ataque coordenado contra ele. Num discurso longo e razoado, dividido, bem ao seu gosto, em muitos capítulos, Pym enumerou todas as dificuldades por que passava a nação, e a partir de uma compilação delas inferiu que um plano deliberado estava em curso para alterar inteiramente a moldura do governo e subverter as antigas leis e liberdades do reino.

Destituição de Strafford "Se há algo", disse ele, "que vos deixará realmente indignados em relação a esse projeto monstruoso e criminoso, é saber que durante o reinado do melhor dos príncipes a constituição é ameaçada pelo pior dos ministros, e as virtudes do rei são pervertidas por conselhos perniciosos e perversos. É preciso que investiguemos", acrescentou, "a fonte em que nascem essas águas da amargura. Sem dúvida, muitos outros maus conselheiros contribuíram para a situação, mas há um em particular que reclama a infamante preeminência e se intitula, por sua coragem, iniciativa e capacidade, ao posto de traidor-mor da pátria. É o conde de Strafford, lugar-tenente da Irlanda e presidente do conselho de York, que nessas localidades, assim como nas demais províncias sobre as quais teve autoridade, erigiu imponentes monumentos à tirania, e cujas ações revelam ser o principal promotor de todos os conselhos arbitrários." Pym ofereceu então alguns exemplos de expressões e ações imperiosas, passando em seguida a um ataque à pessoa do ministro, com o intuito de desmascarar seu caráter e suas maneiras. O gênio austero de Strafford, às voltas com ambiciosos planos, não protegera suficientemente o coração contra a investida de paixões ternas nem o preparara para evitar o domínio do belo sexo. Em tempos sombrios como esses, quando a instabilidade do prazer é mais censurável do que os mais odiosos crimes, tais fraquezas são consideradas dignas de menção diante de vasta assembleia, tanto quanto traições públicas. Em suma, concluiu o orador, cabia à Casa prover remédio proporcional à gravidade da doença, e impedir danos ulteriores advindos da influência desse homem sobre as medidas e decisões do soberano.

Sir John Clotworthy, cavalheiro irlandês, sir John Hotham, de Yorkshire, e muitos outros escolheram os mesmos tópicos, e, após horas de amarga inventiva, foi decidido em segredo, a portas fechadas, para que não se descobrisse o propósito da deliberação, que Strafford deveria ser imediatamente destituído por alta traição. A decisão foi recebida com clamor universal; não se ergueu nos debates sequer uma voz para deter a torrente com um testemunho em prol da conduta do conde. Somente lorde Falkland, que todos sabiam ser inimigo de Strafford, modestamente pediu à Casa que considerasse se não seria mais adequado à seriedade dos procedimentos ponderar, num comitê, as circunstâncias particulares que haviam sido mencionadas, antes de elaborar uma acusação formal. Em sua inteligente resposta, Pym alegou que a demora provavelmente destruiria todas as esperanças dos Comuns e os privaria do poder de levar adiante a perseguição. Quando Strafford soubesse que muitas de suas enormidades haviam sido descobertas, teria a certeza de que seria condenado; e tão grande eram seu poder e seu crédito, que ele imediatamente tentaria obter a dissolução do parlamento ou recorreria a alguma outra medida desesperada para sua própria preservação. Os Comuns eram apenas acusadores, não juízes, e caberia aos Pares determinar se ao elenco de crimes monstruosos cometidos por uma mesma pessoa não corresponderia o maior dos crimes previstos pela lei. Sem debates ulteriores, a destituição foi votada e aprovada, Pym foi escolhido para submeter o resultado aos lordes, a maioria da Casa o acompanhou na agradável missão, e Strafford, que acabara de ser admitido entre os Pares e não poderia prever uma cassação tão rápida, foi imediatamente posto sob custódia. Muitos foram os sintomas de violento preconceito mostrados em relação a ele por seus juízes bem como por seus acusadores.

Destituição de Laud Na investigação das ofensas cometidas e na censura das medidas por ele tomadas, Laud não teve como escapar ao severo escrutínio dos Comuns, motivados, em suas acusações ao prelado, tanto por preconceitos contra a ordem a que ele pertencia [Anglicana] quanto pela extrema antipatia que neles causava seu destemperado zelo.[3]

Em todas as questões eclesiásticas, e mesmo em muitas das civis, Laud, arcebispo de Londres, tinha grande influência sobre o rei. Era um homem virtuoso, se é que

---

[3] O parágrafo seguinte é extraído de *História da Inglaterra*, Capítulo 52, Livro V (1754). (N. T.)

maneiras severas e abstenção de prazeres merecem essa alcunha; era um erudito, se as artes da polêmica intitulam a esse epíteto; era desinteressado, mas com incessante afinco estudava meios de exaltar o caráter de sacerdotes ou do prelado, que era o seu. Mostrava zelo incansável na defesa da religião; vale dizer, impusera, com medidas rigorosas, aos obstinados puritanos que haviam ousado se opor à sua autoridade, seus próprios preceitos e piedosas cerimônias. Em nome de propósitos que alegava serem sagrados, negligenciou toda consideração de humanidade; em outras palavras, o fervor e a indiscrição de seu temperamento o levaram a ignorar as recomendações da prudência e as regras das boas maneiras. Para sua felicidade, todos os seus inimigos eram, em sua imaginação, inimigos professos da causa real e da verdadeira piedade, e com isso seus acessos de raiva lhe pareciam cheios de mérito e virtude. Foi esse o homem que adquiriu enorme ascendência sobre Carlos e que, aproveitando-se do temperamento do rei, o levou a adotar uma conduta que se mostraria fatal para a Coroa e seu reino.

Os Comuns, após deliberarem por pouco mais de meia hora, votaram a destituição de Laud, principal súdito da Coroa, pela posição assim como pelo prestígio, com a acusação de alta traição. Considerando-se o precedente da destituição de Strafford e a tendência geral da nação e do parlamento, esse incidente não deveria ter surpreendido Laud, que, no entanto, traiu seus sentimentos ao ouvir a acusação. "Os próprios Comuns", disse ele, "por mais que me acusem, não acreditam que eu seja culpado pelos crimes mencionados." No dia seguinte, após refletir, pediu permissão para retratar-se por essa indiscrição, indulgência que lhe foi recusada pelos Lordes. Laud foi imediatamente expulso do parlamento e encarcerado.

A principal acusação contra esses dois poderosos homens era de formação de complô para subverter as leis e a Constituição da Inglaterra e introduzir a autoridade arbitrária e ilimitada da Coroa. De todos os ministros do rei, não havia quem pudesse ser mais simpático a essa ideia do que Finch, superintendente supremo. Fora ele, como porta-voz do rei no terceiro parlamento, que abandonara seu assento e se recusara a debater a questão, quando encaminhada pela casa. A opinião extrajudicial dos juízes no caso do imposto naval[4] fora produzida por suas intrigas, persuasões e ameaças. Mostrara-se extremamente ativo em todas as medidas impopulares ou ilegais, e acreditava-se que teria declarado publicamente que, enquanto permanecesse como superintendente, toda ordem do Conselho Real teria força de lei. Para apaziguar o crescente desgosto dos Comuns, pediu a palavra na tribuna. Prostrou-se diante deles humildemente, mas esse gesto de submissão foi inútil. Votou-se por sua destituição. Para escapar à fúria do parlamento, decidiu que melhor seria fugir em segredo para a Holanda.

Fuga do superintendente Finch

Como não era considerado da mesma envergadura que Strafford ou Laud, por sua capacidade ou pela fidelidade ao seu senhor, circularam boatos de que teria fugido com a anuência dos líderes populares; mesmo assim, sua destituição foi confirmada pelos Lordes.

---

4 Ver neste volume Capítulo 9, nota 14. (N. T.)

Sir Francis Windebank, secretário da Coroa, era apadrinhado de Laud, motivo suficiente para merecer a extrema antipatia dos Comuns. Suspeitava-se de ter tramado em segredo o retorno do papado, e sabia-se que, por consideração pela rainha, e em acordo com as máximas de governo adotadas pelo rei, concedera muitos privilégios aos católicos e assinara ordens de perdão de padres e de sua libertação. Grimstone, um líder popular na casa dos Comuns, o chamou de *cafetão* e *alcoviteiro da meretriz da Babilônia*.

Fuga do secretário Windebank

Vendo que o escrutínio dos Comuns apontava para ele, e ciente de que a Inglaterra deixara de ser um lugar seguro para uma pessoa com seu perfil, Windebank rapidamente escapou para a França.

E assim, em poucas semanas, os Comuns, sem oposição dos Lordes, ou antes, com seu auxílio, produziram tamanha revolução no governo, que os dois ministros mais poderosos e prediletos do rei foram lançados na Torre de Londres, temendo pela própria vida; outros dois só escaparam à mesma sorte por terem fugido; os que serviam ao rei viram que seu senhor era impotente para protegê-los; uma nova jurisdição foi erigida para a nação; e, diante desse tribunal, tremiam os que outrora haviam gozado de prestígio e autoridade.

Autoridade dos Comuns

O poder dos Comuns era ainda mais formidável pela extrema prudência com que era conduzido. Não satisfeitos com a autoridade adquirida ao atacar e derrubar esses importantes ministros, estavam decididos a alienar os demais membros do corpo político. Idolatrados pelo povo, queriam se tornar ainda mais fortes; ameaçavam e aterrorizavam os que ainda se inclinassem pelo sustento das partes remanescentes de uma monarquia em ruínas.

Durante as recentes operações militares, diferentes poderes haviam sido exercidos pelos lugares-tenentes e por seus representantes nos condados. Mas esses poderes, embora necessários para a defesa da nação e autorizados por toda forma de precedente, não eram delegados por estatuto. Agora, haviam sido declarados, por voto, ilegais, e as pessoas que os exercessem seriam consideradas *delinquentes*. Esse termo, que acabara de entrar em voga, expressava um grau e uma espécie de culpa que, por ser desconhecida, não poderia ser atribuída com exatidão. Consequente a essa determinação, muitos da nobreza e da mais alta estirpe da nação inesperadamente viram-se envolvidos no crime de delinquência, embora apenas tivessem exercido, em sua justa apreensão, poderes legais de magistratura. Com esse voto, os Comuns colheram múltiplas vantagens: desarmaram a Coroa, estabeleceram máximas de rigorosa lei e de liberdade e infundiram reverência por sua autoridade.

Os mandados de cobrança de imposto naval eram emitidos para os xerifes, dos quais requeria-se, exigia-se mesmo, sob a injunção de penas severas, que as somas fossem arrecadadas junto a indivíduos com a força da autoridade. Uma sentença bastante rigorosa declarou como delinquentes os xerifes e demais empregados nesse serviço ilegal. O rei, pelas máximas da lei, não poderia ser acusado. Somente seus ministros e serventes, não importa a patente, eram passíveis de culpa em caso de violação da constituição.

Oficiais da Fazenda, que por anos haviam sido empregados na arrecadação do imposto de tonelagem[5] e de

---

[5] Ver neste volume o Capítulo 8, no início. (N. T.)

outros, foram declarados criminosos, sendo inocentados após pagar, em conjunto, a soma de 150 mil libras.

Cada uma das sentenças discricionárias ou arbitrárias pronunciada pela Câmara Estrelada e pela Corte Suprema foi rigorosamente examinada, e os que haviam participado de sua emissão foram submetidos às penalidades da lei. Ministros do rei e membros de seu conselho não foram poupados dessa decisão.

Os juízes que haviam votado contra Hambden no julgamento do caso do imposto naval foram acusados diante dos Lordes e sentenciados à penhora de bens. Berkeley, juiz da bancada do rei, foi preso, por ordem dos Comuns, quando presidia a uma sessão em seu próprio tribunal. Todos assistiram atônitos à irresistível autoridade da nova jurisdição.

Declarou-se que era necessária uma sanção dos Lordes e dos Comuns, além daquela do rei, para a confirmação de cânones eclesiásticos. Apesar de razoável, ou ao menos útil, essa decisão dificilmente poderia ser justificada por algum precedente. O momento, porém, não era de questionamentos; a sanção exclusiva do parlamento, que abolia qualquer outro poder legislativo, era necessária para complementar o novo plano de liberdade constitucional e torná-lo sistemático e uniforme. A quase totalidade da bancada dos bispos e a parte mais importante da do baixo clero, que votara na convocação anterior do parlamento, viram-se expostas, por esses princípios, à imputação de delinquência.

De todas as medidas de Carlos I, a mais impopular e menos justificável foi a reativação dos monopólios, solenemente abolidos, após sucessivas tentativas, por um recente ato do Parlamento. Percebendo que se tratava de uma medida infeliz, por iniciativa própria o rei revogara, durante sua primeira expedição contra a Escócia, muitas das patentes mais opressivas; o restante era agora abolido pela autoridade do Parlamento, e todos os que tivessem envolvimento com elas eram declarados delinquentes. Os Comuns levaram a tal ponto seu ódio por essa detestável medida, que assumiram um poder que raramente fora praticado e expeliram da Casa todos os membros que fossem monopolistas. Esse artifício, além de aumentar seus próprios privilégios, enfraquecia ainda mais o pequeno grupo secreto de partidários do rei nos Comuns. Mildmay, monopolista notório, associado ao partido governante, recebera permissão para manter seu assento; pois quando o assunto eram eleições, não havia regra fixa, contavam apenas afeições e ligações de partido. As paixões humanas estavam exacerbadas demais para que se deixassem chocar por exemplos de injustiça que servissem a fins populares, como o dos perseguidos pelos Comuns.

A transferência do poder soberano para os Comuns, agora de certa maneira completa, e a alteração do governo, sem qualquer violência ou desordem aparente, de uma monarquia quase absoluta para uma democracia quase pura, parecem ter refreado, por algum tempo, o vigor militante dos líderes populares. Sua autoridade consolidara-se antes que tivessem de exercê-la violentamente. Dia após dia, surgiam novas arengas a respeito de ofensas passadas; fermentava o ódio em relação a usurpações prévias; crescia o zelo pela liberdade; e, no melhor espírito dos governos livres, a indignação aumentava, não pelos desmandos de uma autoridade desmedida, mas pela visão de uma constituição violada.⁶

Nesse período, toda espécie de capacidade e gênio, livre das restrições impostas pela autoridade e alimentada pelas mais descomedidas expectativas e projetos, começou a ser exercida e reconhecida pelo público. Celebrou-se a sagacidade de Pym, mais adequada ao uso que ao ornamento, amadurecida, mas não temperada pelo passar dos anos e pela experiência; revelou-se a poderosa ambição de Hambden, que o constrangimento disfarçara em moderação, sustentada com coragem, conduzida com prudência, adornada pela modéstia, mas não se sabe ao certo, por sua morte prematura, se embasada no gosto pelo poder ou no zelo pela liberdade; descobriram-se o caráter sombrio, ardente e perigoso de St. John; o impetuoso espírito de Hollis, violento e sincero, aberto e franco em suas inimizades e em suas amizades; o entusiástico gênio do jovem Vane, extravagante na determinação de seus fins, sagaz e profundo nos meios empregados, animado pelas formalidades da religião, negligente em relação aos deveres da moralidade.

A impaciência com desculpas por condutas passadas era tamanha, e o espírito geral de descontentamento era tal, que homens de têmpera mais moderada, ainda que afeitos à Igreja e à monarquia, empenharam-se pela

---

6 Visão de natureza quase alucinatória, dado que a constituição violada não era a de um governo livre, até então inexistente na Inglaterra tal como o imaginavam os puritanos – ou como viria a imaginar o Partido Whig. (N. T.)

reparação de ofensas e na perseguição dos que as haviam perpetrado. Nessa ocasião, exibiram sua eloquência o vivaz e animado Digby, o firme e destemido Capel, o modesto e cândido Palmer. Nessa lista de realistas patriotas encontram-se ainda os virtuosos nomes de Falkland e Hyde. Estes, embora não compartilhassem as opiniões e intenções daqueles, concordavam com eles de maneira completa e unânime, no discurso bem como nas ações.

As reiteradas arengas e invectivas contra usurpações ilegais tiveram o efeito de inflamar contra a corte, com intensa animosidade, não somente os Comuns, mas a nação como um todo, que, incendiada pelos líderes populares, parecia descobrir no governo, pela primeira vez, muitas supostas desordens. Enquanto a lei era violada em diversas instâncias, não foram além de uns tímidos murmúrios; mas encheram-se de fúria ao ver a constituição recobrar o que julgavam ser sua antiga integridade e força. A capital em especial, por ser a sede do Parlamento, foi fortemente agitada pelo espírito de contrariedade e rebelião. Tumultos surgiam diariamente, assembleias sediciosas eram encorajadas; e os homens, pondo de lado suas ocupações, entregavam-se à defesa da liberdade e da religião. Nesse ambiente de reunião e associação irrestrita, um forte contágio transmitia as afeições populares de um peito a outro.

As arengas dos membros do Parlamento, publicadas e distribuídas pela primeira vez na história inglesa, mantinham acesa a insatisfação com a administração do rei. Os púlpitos, deslocados pela autoridade dos Comuns para as paróquias mais importantes, entregues a pregadores e palestrantes puritanos, ressoavam com facção e fanatismo. Foi a vingança contra o longo silêncio e censura imposto aos pregadores pela autoridade de Laud e da Corte Suprema. A imprensa, sem temores ou restrições, foi inundada por perigosas produções, repletas de zelo sedicioso e de calúnias; em nenhum caso pela arte da eloquência e da composição. Ruído e fúria, palavreado e hipocrisia formavam a única retórica a que se dava ouvidos, em meio a esse tumulto de preconceitos e paixões variadas.

As sentenças de Prynne, Bastwic e Burton foram submetidas ao Parlamento para revisão. Esses panfletistas, longe de se deixarem intimidar pelas rigorosas punições que lhes haviam sido infligidas, mostravam-se dispostos a repetir os mesmos crimes, e os ministros receavam que produzissem novas sátiras emitidas da prisão que inflamassem ainda mais o descontentamento dominante. Por ordem do Conselho Real, foram transferidos para prisões distantes: Bastwic para a Sicília, Prynne para Jersey, Burton para Guernsey. Proibiu-se que recebessem visitas e recusou-se permissão para que utilizassem livros, pena, tinta ou papel. Os Comuns reverteram imediatamente, de maneira arbitrária, a sentença de punições adicionais; mesmo a primeira, após examinada, foi declarada ilegal, e ordenou-se que os juízes que a assinaram prestassem reparação aos presos. Estes, ao retornar à Inglaterra, foram recebidos com as mais calorosas demonstrações de afeição da parte de uma multidão considerável; suas reparações lhes foram prestadas com pompa e cerimônia, e receberam generosas oferendas. Quando o comboio que os levava aproximava-se de uma cidade, os locais os recebiam com salvas e aclamações. O cortejo aumentava à medida que se aproximavam de Londres. A algumas milhas da *City*, seus partidários mais zelosos se conglomeraram em multidão para recebê-los em retorno triunfal; ramos foram levados na tumultuosa procissão; as ruas foram cobertas de flores; e em meio ao mais exaltado júbilo, ouviam-se virulentas inventivas contra os prelados que cruelmente haviam condenado essas figuras divinas. Quanto mais ignóbeis os homens, maior o insulto à autoridade real, e mais ameaçador avultava o espírito de sedição popular.

Lilburne, Leighton e todos os que haviam sido punidos por terem redigido panfletos sediciosos durante a administração anterior recuperaram a liberdade e foram decretados vítimas dos magistrados e juízes.

Não só a disposição da nação garantiu impunidade aos panfletistas. Um novo método de composição e distribuição de panfletos foi inventado pelos líderes do populacho. Esboçavam-se petições endereçadas ao Parlamento exigindo a reconsideração de certas ofensas particulares; e quando se obtinham assinaturas em número suficiente, eram encaminhadas aos Comuns e imediatamente publicadas. Tais petições tornaram-se laços secretos de associação entre os recipientes e pareciam sancionar e legitimar as queixas de que eram portadoras.

Historiadores favoráveis à causa real alegaram, e o rei lhes fez eco em seus pronunciamentos, que na elaboração de muitas dessas petições prevaleceram práticas desonestas ou antes criminosas. Primeiro, formulava-se uma petição moderada, sensata, que poderia ser assinada por homens corretos; os nomes destes eram então recortados e afixados a outra petição, mais adequada aos propósitos da facção popular. Pode-se ter ideia da selvagem fúria que havia se apoderado da nação, se uma impostura escandalosa como essa, que atingia numerosas pessoas, podia ser amplamente praticada sem que acarretasse a infâmia e a ruína dos que a perpetravam.

As ofensas mencionadas pelos Comuns e em petições extraparlamentares eram tão numerosas que a casa foi dividida em mais de cinquenta comitês, encarregados de examinar queixas de violação de leis e de liberdades. Além dos comitês gerais de religião, comércio, privilégios, leis, moldaram-se outras subdivisões, e por toda parte teve lugar o mais intenso escrutínio. Antes do século XVII, quando a influência e a autoridade dos Comuns eram menores, as queixas por agressões usualmente eram submetidas por um membro qualquer que tivera oportunidade de observá-las. Os comitês gerais, espécie de corte de inquisição, não haviam sido estabelecidos, mas mesmo assim encontramos o rei, numa declaração anterior ao seu estabelecimento, queixando-se com veemência dessa inovação, pouquíssimo favorável a sua autoridade. O uso de comitês, no entanto, ainda não se multiplicara, e os Comuns, embora tenham sido os principais arquitetos dessa inovação, passaram a empregar o recurso de denunciar inovações com o pretexto de preservar as feições do antigo governo.

Com base em relatórios produzidos pelos comitês, os Comuns aprovaram votos que mortificaram e surpreenderam a corte, e inflamaram e animaram a nação.

O imposto naval foi declarado arbitrário e ilegal; a sentença contra Hambden foi cancelada; a corte de York foi abolida; titulações de cavalaria foram estigmatizadas; a expansão das florestas reais foi proibida; patentes de monopólio foram anuladas; medidas administrativas mais recentes foram censuradas e denunciadas. Num dia, uma sentença da Câmara Estrelada era denunciada; no dia seguinte, um decreto da Corte Suprema. Cada ato discricionário do Conselho Real foi representado como arbitrário e tirânico; e continuava a ser inculcada a inferência geral de que um plano secreto fora tramado com a intenção de subverter leis e a constituição do reino.

Até por uma questão de necessidade, o rei, frente a essas intervenções abruptas, adotou uma postura completamente passiva. Os poucos serventes que se mantiveram fiéis, tomados de espanto pelo rápido progresso do poder e popularidade dos Comuns, contentaram-se em agir com reticência e docilidade, para não chamar a atenção. A torrente adquiriu um volume tão assustador e inesperado, que encheu de pânico todos aqueles que, por interesse ou hábito, tinham ligação mais próxima com a monarquia. Quanto aos que se mantiveram leais por apreço pela constituição, pareceram acrescentar força à inundação, que a essa altura começara a devastar tudo o que encontrava pela frente. "Vocês desmontaram a engrenagem do governo", disse Carlos I no Parlamento. "É o que faz o habilidoso artesão quando precisa limpar a ferrugem que se acumulou nas rodas. Desde que seja preservado, o mecanismo pode voltar a funcionar, realizando a mesma finalidade e os mesmos movimentos de antes; mas não deve faltar um pino sequer". Não era essa, porém, a intenção dos Comuns. Em seu entender, e não deixavam de ter razão, a máquina tinha tantas rodas e molas, que estas retardavam e impediam sua operação, e destruíam sua utilidade. Que bom não teria sido se tivessem procedido com moderação, contentando-se, no usufruto de plenos poderes, em remover as partes que realmente poderiam ser consideradas incongruentes ou supérfluas!

13
1649: execução de Carlos I[1]

Dezembro de 1648 O auge da iniquidade e do descomedimento dos fanáticos estava por vir, com o julgamento e a execução pública de seu soberano. As medidas que precipitaram esse desfecho foram tomadas pelos zelotes Independentes. Os líderes parlamentares desse partido tinham a intenção de que o exército, formado por eles mesmos, executasse a insolente empreitada; e consideravam esse instrumento, irregular e ilegal, como o mais apropriado ao ato, também ele irregular e ilegal. Mas os generais não eram tolos e perceberam que o fardo da infâmia cobriria uma ação tão chocante aos sentimentos dos homens em geral. O Parlamento deveria assim compartilhar com eles a censura que receberiam por tomarem uma medida que os Independentes consideravam indispensável tanto para a sua própria segurança quanto para a realização de suas ambições. Os Comuns nomearam um comitê para formular a acusação contra o rei. Ao mesmo tempo, declararam

---

1 Capítulo 59, Livro V (1754), passagem final. (N. T.)

em voto que era traição da parte de um monarca travar guerra contra seu próprio parlamento, e nomearam uma *Corte de Justiça* para julgar Carlos por essa traição recém-inventada. O voto foi submetido aos Pares.

Durante as guerras civis, os Lordes tiveram um papel menor; após a queda do rei, tornaram-se irrelevantes, e pouquíssimos de seus membros ainda se submetiam à mortificação de comparecer às sessões. Mas aconteceu de, no dia em que esse voto lhes foi encaminhado, a Casa estar mais cheia do que de costume; dezesseis membros se encontravam reunidos. Sem nenhuma voz dissidente, e praticamente sem deliberação, prontamente rejeitaram o voto da câmara inferior e retiraram-se por dez dias, antes de se pronunciar, contando que esse atraso pudesse deter a furiosa disparada dos Comuns.

1649 Estes, porém, não se deixaram abater por um obstáculo tão insignificante. Tendo estabelecido o princípio de que *o povo é a origem de todo poder justo*, em si mesmo nobre, porém capcioso, e universalmente desmentido pela história e pela experiência, declararam em seguida que os Comuns da Inglaterra, reunidos no Parlamento, escolhidos pelo povo e representando-o, são a autoridade suprema da nação, e tudo o que seja por eles proposto e declarado como lei tem força de lei, mesmo que não tenha o consentimento do rei ou dos Pares.

4 de janeiro O decreto de julgamento de Carlos Stuart, rei da Inglaterra (assim o chamavam), foi novamente lido e recebeu assentimento unânime.

Em proporção à enormidade das violências e usurpações, aumentavam as alegações de santidade entre os regicidas. "Se alguém", disse Cromwell no Parlamento, "propusesse a punição do rei, eu o consideraria o maior dos traidores. Mas a providência e a necessidade impuseram-nos essa tarefa, e rezarei a Deus para que abençoe vossas deliberações, pois não me sinto preparado para aconselhá-los nesta importante ocasião. Eu mesmo, que há pouco apoiei uma petição em prol da restauração de sua Majestade, senti minha língua estalar na boca, movimento inusitado que considerei uma resposta dos céus às minhas súplicas: haviam rejeitado o rei."

Uma mulher de Hertfordshire, iluminada por visões proféticas, pediu para ser recebida no conselho militar e comunicou aos oficiais uma revelação que garantiu que suas medidas tinham a benção do divino e eram ratificadas por sanção celestial. Essa informação pareceu-lhes reconfortante e serviu para reforçar sua resolução.

O coronel Harrison foi enviado a Windsor com numeroso destacamento, com a missão de escoltar o rei até Londres; filho de açougueiro, ele era, dentre os oficiais do exército, o mais ardoroso dos entusiastas. Em Windsor, Hamilton, que ali se encontrava como prisioneiro, foi trazido à presença do rei; lançando-se aos seus pés, passionalmente exclamou, "Meu amado senhor!", ao que Carlos respondeu, "Amado por vós, por certo eu sou", e o abraçou. Foi tudo o que puderam dizer um ao outro. O rei foi levado imediatamente. Hamilton acompanhou-o com os olhos marejados e pressentiu que o breve reencontro fora o último adeus ao seu soberano e amigo.

O próprio Carlos fora assegurado, por fontes fidedignas, de que sua vida estava próxima do fim; mas, apesar dessas informações e dos preparativos que ora testemunhava, não conseguia acreditar que seus inimigos de fato tinham a intenção de levar a violência contra ele a ponto de julgá-lo e executá-lo em público. Temia ser assassinado; e por mais que Harrison garantisse que seus temores eram inteiramente infundados, contava que sua vida se encerraria dessa maneira catastrófica, tão frequente para príncipes depostos. Pois nas aparências como na realidade, era um rei deposto. Todas as insígnias de soberania haviam sido banidas, e seus criados receberam ordens para servi-lo sem cerimonial. Inicialmente, chocou-se com a rudeza e a familiaridade com que passou a ser tratado, modos aos quais não estava acostumado. "Nada tão desprezível como um príncipe renegado", foi a reflexão que lhe ocorreu. Mas logo tranquilizou o espírito, como fizera por ocasião de outras calamidades.

Os trâmites do julgamento estavam acertados, e a Corte de Justiça fora reunida. Era formada por 133 membros, nomeados pelos Comuns; apenas cerca de setenta compareceram, tamanha a dificuldade de recrutarem-se homens de reputação ou índole dispostos a participar da consagração desse crime, apesar da cegueira do preconceito e da sedução do interesse. Eram membros Cromwell, Ireton, Harrison e os principais oficiais do exército, a maioria oriundos de boas famílias, além de deputados da câmara inferior e de alguns cidadãos de Londres. De início, os doze juízes estavam entre os membros. Mas, como alegassem que era contrário a todas as ideias do direito inglês julgar por traição um rei cuja autoridade deveria, necessariamente, presidir toda acusação de traição, seus nomes, assim como os de alguns Pares, foram excluídos. Um advogado, Bradshaw, foi designado presidente; Coke foi nomeado promotor do povo da Inglaterra; Dorislaus, Steele e Aske foram escolhidos como assistentes. A corte se reuniria no salão do palácio de Westminster.

Um fato notável ocorreu na convocação. Quando Fairfax, que presidiria a corte, foi chamado a ocupar seu lugar, uma voz gritou, "Ele tem juízo, não poderia estar aqui"; e quando foi lida a acusação contra o rei, "em nome do povo da Inglaterra", a mesma voz exclamou, "de sequer um décimo dele". Descobriu-se depois que a voz era de lady Fairfax, que tivera a coragem de pronunciar essas palavras. Era de origem nobre, filha de Horace, lorde Vere de Tilbury, mas, seduzida pela violência dos tempos, acompanhara seu marido no zelo contra a causa real, até que, como ele, foi tomada de horror diante das inesperadas e fatais consequências das tão propaladas vitórias desse grande general contra as forças da Coroa.

A pompa, a solenidade e a circunstância do julgamento do rei correspondem à mais elevada concepção de que se tem registro nos anais do gênero humano: os delegados de um grande povo, convocados a julgar seu magistrado supremo, acusado de mau governo e traição. O promotor, em nome dos Comuns, declarou que Carlos Stuart, rei da Inglaterra a quem fora *delegado* poder limitado, traiçoeiramente e maliciosamente travara guerra contra o presente Parlamento e o povo nele representado, com o maligno intento de erigir um governo ilimitado e tirânico; deveria, portanto, ser deposto, na condição de tirano, traidor, assassino e inimigo público e implacável do corpo político. Encerrada a acusação, o presidente dirigiu a palavra ao rei e lhe disse que a corte aguardava uma resposta.

Apesar de estar preso há algum tempo e ter sido apresentado como criminoso, o rei preservou, com magnânima coragem, a majestade de um monarca. Com equilíbrio e dignidade, declinou da autoridade da corte e recusou sua jurisdição. Declarou que, tendo firmado um tratado com as duas casas do Parlamento e cumprido quase todos os artigos, esperava ter sido trazido à capital de outra maneira, e, uma vez que ali se encontrasse, ter restituídos o seu poder, sua dignidade, sua receita e sua liberdade pessoal; que não via ali, diante de si, nenhum sinal da casa superior, membro tão essencial da Constituição; que, segundo fora informado, mesmo os Comuns, cuja pretensa autoridade era alegada, haviam sido subjugados ilegalmente pela força e privados de sua liberdade; que ele mesmo era o *rei nativo hereditário* dos ingleses, e toda a autoridade do reino, embora livre e reunida, não estava autorizada a julgá-lo, pois sua dignidade deriva da Suprema Majestade Celeste; que, se fossem admitidos os absurdos princípios que nivelavam todas as ordens de homens, a corte não poderia reclamar para si uma autoridade delegada pelo povo sem que o consentimento de cada indivíduo, incluindo-se aí o mais vil e ignorante camponês, tivesse sido previamente consultado e obtido; que ele reconhecia, abertamente, que uma comissão lhe fora confiada, das mais sagradas e invioláveis, a liberdade do seu povo, que ele nunca traíra, e por isso não reconheceria um poder fundado na mais atroz violência e usurpação; que, tendo empunhado armas e mesmo posto em risco a própria vida em defesa da liberdade pública, da constituição, das leis fundamentais do reino, estava pronto, em seu derradeiro e solene ato, para selar com o próprio sangue os preciosos direitos que ele, embora em vão, tanto defendera; que os que ora se arrogavam a prerrogativa de julgá-lo haviam nascido como seus súditos e sob leis que determinavam que o rei nunca está errado, e, sendo assim, se era constrangido a defender-se com essa máxima geral, que protege todos os monarcas ingleses, mesmo os indignos dela, estava pronto a justificar, com as mais satisfatórias razões, as medidas que tomara recentemente; que estava pronto para provar, para o mundo inteiro e para seus pretensos juízes, desde que fosse convocado de outra maneira, a integridade de sua conduta e assegurar o caráter justo das armas a que, contra sua vontade, infelizmente tivera que recorrer; por fim, que para ser coerente, não apresentaria apologia de sua inocência, pelo receio de que, ao justificar autoridade tão legítima quanto a de bandoleiros ou piratas, não fosse declarado traidor em vez de ser aplaudido como mártir da Constituição.

O presidente da corte, para defender a majestade do povo e sustentar a superioridade da corte em relação ao prisioneiro, insistiu que o rei não poderia declinar da autoridade dos juízes, que suas objeções a ela eram inválidas, que os juízes haviam sido delegados pelo povo, única fonte de todo poder legal, e que os próprios reis atuavam se fiando por esse mesmo corpo que investira de jurisdição a alta corte de justiça. É de convir que mesmo de acordo com princípios que fora talvez obrigado a adotar, dada sua posição naquele momento, o comportamento do presidente da corte parece um tanto áspero e bárbaro; e se o considerarmos como súdito, e um súdito insignificante, que se dirige nesses termos ao seu infortunado soberano, seu tom é audacioso e insolente ao extremo.

27 de janeiro de 1640 — Três vezes Carlos foi apresentado diante da corte, três vezes declinou da autoridade de sua jurisdição. Na quarta vez, os juízes, que haviam examinado testemunhos pelos quais ficava provado que o rei aparecera empunhando armas diante de forças comissionadas pelo parlamento, pronunciaram a sentença. Carlos parecia ansioso, desta vez, para participar de um debate com as duas Casas, e especulou-se que tinha a intenção de renunciar à Coroa em prol de seu primogênito. Mas a corte não lhe deu permissão para tanto, por suspeitar que se tratava de uma artimanha para retardar o andamento do processo.

A conduta do rei no derradeiro ato de sua vida foi inegavelmente honrosa para sua memória. A cada vez que se apresentou aos juízes, não se esqueceu de qual era seu papel, como príncipe e como homem; firme e intrépido, manteve em suas respostas total perspicuidade e justeza de pensamento e de expressão; brando e afável, não se deixou levar por uma paixão à altura da autoridade que sustentava; e sua alma, sem esforço ou afetação, manteve-se inabalável na posição que estava acostumada a ocupar, desdenhando toda manifestação de iniquidade e malícia. Os soldados, instigados por seus superiores, foram trazidos à corte, embora com relutância, para clamar por justiça. "Pobres diabos", disse o rei a um de seus atendentes, "por uns trocados fariam o mesmo contra aqueles a quem obedecem." Permitiu-se que alguns chegassem ao auge da mais brutal insolência e cuspissem em seu rosto no trajeto pelo qual o conduziam da cela à corte. O único efeito que esse desumano insulto teve sobre ele foi excitar um sentimento de piedade.

O povo, embora visse um soberano cujo poder fora declarado ilimitado e ilegal, não pôde deixar de rogar por sua preservação, com as mais fervorosas preces. Ao vê-lo submetido a maus tratos, com generosas lágrimas reconheceram-no como monarca, *ele*, que fora violentamente rejeitado, tomados por fúria cega. O rei sentiu-se tocado por essa cena comovente e expressou gratidão pela afeição que lhe era dedicada. Um soldado, contagiado de simpatia, pediu aos céus que abençoassem a majestade ora oprimida e destronada; seu superior, ao ouvi-lo rezar, açoitou-o diante do rei. "A punição, ao que me parece, excede a ofensa", foi a reflexão de Carlos na ocasião.

A notícia de que havia intenção de condenar o rei chegou a países estrangeiros e não tardou a ser denunciada como ação contrária à razão e à humanidade. Todos os homens, não importa a forma de governo sob a qual vivessem, rejeitaram esse exemplo como uma deslavada pretensão de usurpação e um hediondo insulto ao direito e à justiça. O embaixador francês, por ordem de sua corte, interveio em favor do rei; o holandês mobilizou seus contatos no parlamento; os escoceses denunciaram essa violência e protestaram contra ela; a rainha e o príncipe redigiram comovidas missivas endereçadas ao parlamento. As súplicas, porém, não calaram no peito de homens de resolução determinada e inflexível.

Quatro amigos de Carlos – Richmond, Hertford, Southampton, Lindesey –, pessoas virtuosas e dignas, apelaram aos Comuns. Apresentaram-se como os conselheiros do rei e disseram que por sua recomendação ele tomara as medidas que ora lhe eram imputadas, declarando que aos olhos da lei, e de acordo com os ditames da razão comum, eles, e somente eles, eram culpados por todos os atos reprováveis do rei; por fim, entregaram-se para ser julgados e tentar salvar, com a própria punição, a preciosa vida do monarca, que os Comuns, a exemplo de todo súdito, deveriam proteger e defender. Esse generoso empenho deu lustro à honra desses homens, mas em nada contribuiu para a segurança do rei.

O povo permaneceu no silêncio e no espanto que as grandes paixões represadas naturalmente produzem na mente humana. Os soldados, exortados por preces e sermões, foram incitados a um grau de fúria tal, que imaginavam que nos atos de mais extrema deslealdade em relação ao rei consistiria o principal mérito aos olhos dos céus.

Foram concedidos a Carlos três dias entre a sentença e a execução. Nesse breve período, ele permaneceu tranquilo, leu e rezou. Os membros de sua família que haviam permanecido na Inglaterra puderam visitá-lo. Resumiam-se à princesa Elisabete e ao duque de Gloucester; o duque de York fugira. Gloucester era pouco mais do que uma criança. Quanto à princesa, apesar de sua tenra idade, mostrou grande discernimento; as calamidades que acometiam sua família marcaram profundamente seu espírito. Após consolações e recomendações, o rei pediu

1649: execução de Carlos I

à filha que dissesse à rainha que durante toda sua vida, nunca, sequer em pensamento, faltara com a fidelidade a ela, e que sua ternura conjugal e sua vida cessariam juntas.

Também aconselhou o jovem duque, incutindo em seu espírito princípios de lealdade e obediência ao irmão, que o sucederia no trono. Sentando-o em seu colo, disse a ele: "Estão prestes a cortar a cabeça de teu pai". Ao ouvir essas palavras, a criança olhou-o espantado, e ele repetiu, "Escuta o que eu te digo, meu filho: estão prestes a cortar minha cabeça, e talvez te tornes rei. Mas ouça-me: não deverás tornar-te rei enquanto viverem os teus irmãos, Carlos e Jaime. Cortarão a cabeça de teus irmãos, se puderem pegá-los, e a tua também! Portanto, eu te ordeno: não te deixes coroar por eles!". O duque, balbuciando, respondeu, "Terão antes que me partir em pedaços!". Uma resposta tão firme, de um tão jovem mancebo, encheu de lágrimas os olhos do rei, admirado.

À noite, Carlos dormiu bem como de costume, apesar do ruído que ressoava em seus ouvidos, vindo da construção do cadafalso e de outros preparativos para a sua execução.

de janeiro   Na manhã do dia fatal, despertou cedo, chamou Herbert, um de seus criados, e pediu a ele que o vestisse com esmero, pois queria estar pronto para uma ocasião tão gloriosa e importante. O bispo Juxon, que, tal como Carlos, se destacava pelas virtudes da brandura e da constância, acompanhou-o em suas preces, e prestou assim um derradeiro e melancólico favor ao amigo e soberano.

O lugar escolhido para a execução foi o pavimento em frente ao palácio de Whitehall. A intenção dessa escolha, em detrimento do palácio real, era exibir com maior evidência o triunfo da justiça popular sobre a majestade da Coroa. Ao aproximar-se do cadafalso, o rei viu que estava cercado por tantos soldados, que a multidão não poderia ouvi-lo. Dirigiu assim seu discurso a umas poucas pessoas, que estavam mais próximas, em particular ao coronel Tomlinson, que o vigiara nesses últimos dias e fora cativado por sua conduta afável. Justificou a própria inocência nas guerras recentes, observou que só decidiu empunhar armas quando o Parlamento alistou forças, e outro objetivo não tivera, em suas operações militares, além de preservar integralmente a autoridade que lhe fora transmitida por seus predecessores. Não culpava, porém, o Parlamento; estava mais inclinado a pensar que a interposição de alguns fomentara os receios e os temores em relação a suas intenções. Inocente diante de seu povo, reconheceu a equidade de sua execução aos olhos do Criador, e observou que uma sentença injusta, que ele permitira ser validada, era agora punida com a injusta sentença que recaía sobre ele. Perdoou todos os seus inimigos, inclusive os principais promotores de sua morte, mas exortou-os, e à nação em geral, que retornassem à paz e obedecessem ao soberano legítimo, seu primogênito e sucessor. Quando preparava-se para tomar posição, o bispo Juxon chamou-o e lhe disse, "Falta apenas um passo, meu senhor; e, apesar de difícil e incômodo, ele é curto. Considerai que vos conduzirá para bem longe daqui, vos levará da terra para os céus, onde, para vosso júbilo, encontrareis o prêmio que vos cabe, uma gloriosa coroa". "Abro mão de uma coroa corruptível", respondeu o rei, "por uma coroa eterna e imperturbável." Com um único golpe, sua cabeça foi separada do corpo. Um homem mascarado realizou a execução; outro, com o mesmo traje, ergueu a cabeça, que vertia sangue e, diante da multidão gritou, "Esta é a cabeça de um traidor!".

Impossível descrever a aflição, a indignação e o espanto que se apoderaram não somente dos espectadores, imersos numa onda de tristeza, mas também da nação como um todo, tão logo espalhou-se o relato da fatal execução. Jamais houve monarca como esse triste príncipe, que, em pleno triunfo, exitoso e adorado por seu povo, dotado de caráter magnânimo, de paciência e piedade, tenha sido forçado a suportar tantos infortúnios. A maneira súbita com que o povo recobrou a devoção e a afecção por ele foi proporcional àquela com que, iludidos, haviam se voltado contra ele. Não havia quem não se recriminasse por deslealdade aberta ou por omissão na defesa de sua causa. Essas paixões complexas tiveram, nos espíritos mais suscetíveis, efeito prodigioso. Diz-se que mulheres expeliram prematuramente o fruto de seus úteros; houve quem caísse em convulsões ou mergulhasse numa melancolia que, de tão profunda, os teria levado ao túmulo; outros ainda, como se não pudessem ou não quisessem sobreviver ao príncipe, teriam simplesmente caído mortos. Os púlpitos foram inundados por lágrimas incontidas; aqueles mesmos púlpitos, dos quais haviam partido as mais violentas imprecações e anátemas contra o rei. Os homens uniram-se em repúdio aos hipócritas parricidas, que com alegações de santidade disfarçaram sua traição e com o derradeiro ato de iniquidade mancharam indelevelmente a nação.

Um exemplo de hipocrisia veio no mesmo dia da morte do rei. O generoso Fairfax, não contente em se ausentar do julgamento, recorrera a toda a influência que ainda tinha para tentar evitar que a fatal sentença fosse executada, e chegara mesmo a considerar a possibilidade de persuadir seu regimento a resgatar o rei, sem o auxílio de outros, das mãos dos assassinos desleais. Cromwell e Ireton, ao serem informados de sua intenção, tentaram convencê-lo de que Deus rejeitara o rei e o exortaram a pedir com suas preces a orientação divina de como proceder nessa importante ocasião; não lhe disseram, porém, que já haviam assinado a ordem de execução. Harrison foi designado para juntar-se ao desavisado general em suas preces, e fez o que pôde para que a pesarosa arenga se prolongasse. Por fim, veio a notícia do golpe fatal. Harrison pôs-se de pé e insistiu com Fairfax que se tratava de evento miraculoso, de uma resposta providencial, enviada pelos céus a suas devotadas súplicas.

Observou-se que o rei, antes de oferecer o pescoço ao seu carrasco, voltou-se para Juxon e disse, "Lembrai"; e supôs-se que insondáveis mistérios estariam por trás dessa expressão. Os generais insistiram com veemência que o prelado interpretasse seu significado; ao que Juxon respondeu que o rei, que lhe pedira para que inculcasse em seus filhos o perdão por seus assassinos, aproveitara o momento final de sua vida, quando seus comandos poderiam ser tomados como sagrados e invioláveis, para reiterar esse desejo, e que seu espírito brando encerrara a primeira etapa de sua jornada com um ato de benevolência para com seus maiores inimigos.

    O caráter desse príncipe, assim como o da maioria dos homens, senão de todos, era misto. Mas suas virtudes preponderavam claramente sobre seus vícios, ou melhor, sobre suas imperfeições, pois dificilmente alguma delas mereceria o nome de vício. Considerando-o sob uma luz mais favorável, pode-se afirmar que sua dignidade era isenta de orgulho; sua humanidade, de fraqueza; sua bravura, de aspereza; sua temperança, de austeridade; sua frugalidade, de avareza. Em sua pessoa, essas virtudes mantinham-se dentro dos limites apropriados, e eram louvadas sem reserva. Para falarmos dele nos termos mais severos possíveis, podemos afirmar que muitas de suas boas qualidades eram acompanhadas por alguma fragilidade latente, algo que, embora aparentemente insignificante, foi suficiente, com o auxílio da extrema malevolência de sua fortuna, para suprimir por inteiro a influência daquelas. Sua disposição beneficente era obscurecida por uma maneira não muito graciosa; suas virtudes eram tingidas de superstição; seu bom senso era desfigurado por deferência a pessoas de capacidade inferior à sua; e seu temperamento moderado não o eximia de resoluções impensadas e precipitadas. Merece o epíteto de bom homem, mas não de grande homem; e estava mais preparado para conduzir um governo regrado. Estabelecido do que para ceder às intrusões de uma assembleia popular ou suprimir em definitivo as pretensões desta. Faltavam-lhe a habilidade e a destreza suficientes para lidar com a primeira dessas situações; não tinha o vigor necessário para enfrentar a segunda. Tivesse nascido como príncipe absoluto, sua humanidade e bom senso tornariam próspero o seu reino e preciosa a sua memória; e se as limitações de prerrogativa, em sua época, fossem certas e invariáveis, sua integridade o teria levado a considerar como sagrados os limites da constituição. Infelizmente, seu destino foi viver num período da história inglesa em que o precedente de muitos monarcas favorecia fortemente o poder arbitrário, e em que o gênio do povo se inclinava com violência pela liberdade. Se sua prudência política tivesse sido suficiente para tê-lo eximido de tão perigosa situação, seria possível desculpá-lo, pois mesmo após o fato consumado, quando é fácil corrigir erros, não se sabe ao certo qual conduta, nas circunstâncias em que ele se encontrava, poderia ter preservado a autoridade da Coroa e mantido a paz da nação. Debilitado, sem fontes de receita, privado de exército, exposto ao assalto de facções furiosas, implacáveis e intolerantes, não poderia ter cometido erros sem arcar com consequências fatais, condição rigorosa demais mesmo para a maior das capacidades humanas.

Alguns historiadores questionaram a boa-fé desse príncipe, censura para a qual nem mesmo o mais mal-intencionado escrutínio de sua conduta, em qualquer das circunstâncias que nos é conhecida, parece fornecer uma justificativa razoável.[2] Pelo contrário, se conside-

---

2 A imputação de falta de sinceridade a Carlos I é, como a maioria dos clamores, difícil de ser desmentida; no entanto, cabe uma palavra a respeito. Observarei, em primeiro lugar, que essa imputação parece ter surgido postumamente, e que mesmo seus inimigos, por mais que o cobrissem de calúnias,

não insistiram numa acusação como essa. Ludlow, se não me engano, foi o único parlamentar que imputou tal vício ao rei; que se trata de um autor passional, é óbvio para qualquer um que o leia. Nem Clarendon nem outros realistas defendem Carlos da acusação de insinceridade, o que sugere que a acusação não lhe foi dirigida em outras ocasiões. Em segundo lugar, a postura e o caráter de Carlos na vida comum eram isentos desse vício: era reservado, distante, solene; frio no trato com outros, direto no discurso, inflexível em relação aos seus princípios; alheio à maneira sedutora, insinuante de seu filho [Carlos II] e ao humor desabusado e loquaz de seu pai [Jaime I]. Quanto às demais circunstâncias do caráter do rei censuradas por seus detratores, a saber, seus princípios arbitrários de governo, ouso afirmar que os maiores inimigos desse príncipe não conseguiriam encontrar, na longa linhagem dos que o precederam, da conquista normanda até a sua época, um rei sequer, exceto talvez por seu pai, cuja administração não tenha sido mais arbitrária e menos legal do que a sua, ou cuja conduta poderia lhe ser recomendada pelo partido popular como modelo de governo nesse quesito. Não adianta dizer que o exemplo e o precedente não autorizam vícios: exemplos e precedentes, uniformes e antigos, certamente podem fixar a natureza de uma constituição e determinar os limites de uma forma de governo. E na verdade não há outro princípio pelo qual essas demarcações ou fronteiras possam ser estabelecidas. Que paradoxo das coisas humanas! Henrique VIII foi adorado em vida e teve a memória respeitada pela posteridade, enquanto Carlos I, pouco mais de um século depois, foi submetido, pelo mesmo povo, a vergonhosa execução pública, seu nome para sempre manchado por vituperação e difamação! Mesmo em nossos dias, um historiador movido por corajosa generosidade que se arriscasse, ainda que baseado em fatos autênticos e inquestionáveis, a vindicar a fama desse príncipe seria tratado de tal maneira que desencorajaria mesmo os mais robustos a se empenhar numa tarefa tão perigosa, ainda que esplêndida. (N. A.)

rarmos as extremas dificuldades que frequentemente teve que enfrentar, e as compararmos à sinceridade de seus votos e declarações, seremos obrigados a reconhecer que a probidade e a honra devem ser contadas entre suas qualidades mais brilhantes. Em cada tratado, descartava as concessões que em sã consciência não poderia aceitar, e nada o persuadia do contrário. Embora se possa acusá-lo de uma violação menor da petição de direitos, deve-se atribuir esse ato antes à necessidade imposta pela situação e a ideias imprecisas acerca da prerrogativa, que adotara a partir de certos precedentes, que a uma brecha na integridade de seus princípios.

O príncipe tinha uma presença nobre e um aspecto doce, porém melancólico. Os traços de seu rosto eram regulares, era belo e bem proporcionado; seu corpo era forte, saudável e benfeito; tinha estatura média, e por isso era capaz de suportar grandes fatigas. Era excelente cavaleiro, e não desapontava em outros exercícios. Possuía todas as qualidades exteriores, bem como muitas das qualidades essenciais que formam um príncipe consumado.

A trágica morte de Carlos colocou a questão de saber se em algum caso o povo estaria intitulado a julgar e punir seu soberano, e a maioria dos homens, levando em conta sobretudo a atroz usurpação dos pretensos juízes e o mérito do virtuoso príncipe que dela fora vítima, inclinava-se a condenar o princípio republicano como sedicioso e extravagante no mais alto grau. Mas, abstraídas as circunstâncias particulares do caso, os poucos dentre eles que eram capazes de considerar a questão em geral se inclinavam mais a moderar do que a contrariar o sentimento predominante no Parlamento. Talvez pensassem assim. Se alguma vez se tornou louvável esconder a verdade do populacho, deve-se confessar que a doutrina da resistência é um bom exemplo disso, e a todos os homens de razão especulativa cumpre observar, em relação a esse princípio, o mesmo cauteloso silêncio que as leis, em toda espécie de governo, prescrevem a si mesmas. O governo é instituído para conter a fúria e a injustiça do povo, começa sempre fundado na opinião, e não na força, e essas especulações podem enfraquecer a reverência da multidão pela autoridade, inculcando de antemão a noção de que, em certas situações, o dever de lealdade admite exceção. Mas, se for impossível proibir tais disquisições, deve-se ao menos reconhecer que a doutrina da obediência é a única que deve ser *inculcada*, e as raras exceções não devem nunca ou quase nunca ser mencionadas em raciocínios ou discursos de caráter popular. Com essa prudente reserva, não há risco de que os homens venham a regredir a um estado de servidão abjeta. Quando realmente houver exceção, mesmo que inesperada ou inaudita, ela deve, por natureza própria, ser tão óbvia e inquestionável que não deixe margem a dúvida e sobrepuje a restrição, por maior que seja, imposta pelo ensinamento da doutrina geral da obediência. Entre resistir a um príncipe e destroná--lo, porém, a diferença é grande, e os abusos de poder que autorizam esta última violência são maiores e mais calamitosos do que os que justificam a primeira. A história, no entanto, fornece exemplos de destronamento, e a realidade de uma suposição nesse sentido, embora deva ser considerada com muitas restrições no futuro, há que ser reconhecida por todos os investigadores imparciais como parte do passado. Entre depor um príncipe e puni-lo há igualmente grande diferença, e não admira que mesmo homens de pensamento mais alargado se perguntem se a natureza humana jamais poderia, num monarca, chegar a um grau de depravação que autorizasse seus súditos revoltosos a executar um ato de jurisdição tão extraordinário. Essa ilusão, se é que se trata mesmo disso, nos ensina a considerar como sagrada a pessoa do príncipe, e é tão salutar, que dissipá-la por meio do julgamento formal do soberano e de sua execução produziria efeitos muito perniciosos sobre o povo que superariam em muito a suposta influência benéfica que o exemplo de justiça teria sobre os príncipes ao interromper a sua carreira de tirania. Esses exemplos acarretam igualmente o perigo de levar os príncipes ao desespero ou então conduzir a situação a extremos tais, contra pessoas muito poderosas, que só resta a elas recorrer às medidas mais sanguinárias e violentas.

Estabelecida essa posição geral, deve-se observar que nenhum leitor, qualquer que seja o seu partido ou princípio, jamais se sentiu chocado ao ver, nos historiadores antigos, que o senado, em votação, tenha declarado Nero, seu soberano absoluto, como inimigo público, e, sem nem ao mesmo julgá-lo, o tenha condenado à mais severa e infame punição, da qual a lei isentava o mais vil dentre os cidadãos. Os crimes desse sanguinário tirano são tão enormes que quebram todas as regras e exortam a confessar que um príncipe como esse deixou de ser superior ao seu povo e não pode mais alegar, em defesa própria, leis que foram estabelecidas para a condução da administração pública em seu curso ordinário. Porém, ao passarmos do caso de Nero para o de Carlos, salta aos olhos, imediatamente, a grande desproporção, ou, antes, a total contrariedade do caráter de cada um deles, e ficamos impressionados diante da constatação de que, num povo civilizado, tanta virtude tenha deparado com catástrofe tão fatal. A história, que é a grande senhora da sabedoria, fornece-nos exemplos de todas as espécies, e preceitos de prudência bem como de moralidade podem ser autorizados pelos eventos que nos são apresentados por sua lente de aumento. Das memoráveis revoluções ocorridas na Inglaterra nesse período, podemos naturalmente deduzir a mesma útil lição inferida pelo próprio Carlos em seus derradeiros anos: é um perigo para os príncipes assumir autoridade maior do que a que lhes foi concedida pelas leis, por mais que isso pareça necessário. Deve-se confessar, no entanto, que esses eventos nos propiciam outra instrução, não menos natural ou útil, acerca da loucura do povo, das fúrias do fanatismo e dos perigos de exércitos mercenários.

6 de fevereiro   Para encerrarmos esta parte da história britânica falta apenas relatar a dissolução da monarquia na Inglaterra, evento que se seguiu imediatamente à morte do monarca. Os Lordes reuniram-se no dia previsto pelo calendário; puseram-se a trabalhar e enviaram aos Comuns alguns votos que estes simplesmente ignoraram. Poucos dias depois, a casa inferior aprovou um voto de não mais se endereçar à casa superior e não aceitar nada que viesse dela; declarou-a inútil e nociva, e recomendou que fosse abolida. Similar voto foi aprovado em relação à monarquia. É notável que, no curso dos debates, Martin, um dos republicanos mais zelosos, tenha confessado que, se um rei fosse desejável, o destronado seria tão adequado ao posto quanto qualquer um dos melhores cavalheiros da Inglaterra. Os Comuns ordenaram que se imprimisse um novo selo, em que a assembleia estaria representada com esta legenda, *Ano primeiro da liberdade, restaurada com a benção de Deus, 1648*. Os papéis utilizados em transações públicas foram modificados, o nome do rei foi apagado, o dos guardiães das liberdades da Inglaterra, gravado. Declarou-se alta traição proclamar ou de qualquer outra forma reconhecer Carlos Stuart, dito príncipe de Gales, como rei da Inglaterra.

A estátua do rei na Bolsa foi demolida; e em seu pedestal foram inscritas as palavras, *exit tyrannus, regum ultimus*, "Foi-se o tirano, último dos reis".

Não poderíamos deixar de mencionar aqui o *Icon Basiliké*, obra publicada com o nome de Carlos poucos dias após sua execução. Parece quase impossível, nas partes mais controversas da história inglesa, dizer algo que possa satisfazer zelotes de ambos os partidos. Quanto à autenticidade dessa produção, em especial, não é fácil para um historiador fixar uma opinião com que ele mesmo possa se dar por satisfeito. As provas oferecidas como evidência de que essa obra é ou não de autoria do rei são tão convincentes que, se um leitor examinar apenas as provas oferecidas por um dos lados, julgará impossível produzir argumentos suficientes para contrabalançar uma evidência tão forte. E, se comparar cada um dos lados entre si, verá que não é fácil chegar a um veredicto. Caso se considere, porém, que a total suspensão de juízo seria difícil ou desagradável em questão interessante como essa, devo confessar que me inclino a preferir os argumentos dos realistas. Os testemunhos que provam que a obra é do punho do rei são mais numerosos, certos e diretos do que os do outro lado. O mesmo vale se considerarmos evidências externas. E se pesarmos as evidências internas, derivadas do estilo e da composição, não há comparação entre os argumentos opostos. As meditações ali contidas lembram, pela elegância, pureza, clareza e simplicidade, o gênio de outras produções, que certamente são de autoria do rei. São tão contrárias ao estilo bombástico, contorcido, retórico e corrompido do dr. Gauden, a quem foram atribuídas, que testemunho algum seria suficiente para nos convencer de que este último é o seu verdadeiro autor. Os que gostariam de privar o rei dessa honra alegam que caberia ao dr. Gauden o mérito de ter escrito peça tão fina, enquanto que a infâmia de tê-la apresentado ao mundo caberia ao rei.

Dificilmente se poderia conceber a compaixão geral que despertou pelo rei, quando da publicação, em momento tão crítico, de obra repleta de piedade, humildade e senso de humanidade. Muitos não hesitaram em atribuir ao livro a subsequente restauração da família real. Milton compara seus efeitos aos exercidos nos tumultuosos romanos pelo testamento de César, quando lido por Marco Antonio.[3] O *Icon* teve cinquenta edições em

---

3 Referência não localizada em Milton. O episódio é mencionado por Montesquieu, *Considerações sobre as causas da grandeza dos romanos e de sua decadência* (1734), Capítulo 12. (N. T.)

doze meses, e, independentemente do interesse que despertou por ter sido atribuído a um soberano assassinado, deve-se reconhecer que é a melhor composição em prosa inglesa de sua época.

14
Oliver Cromwell[1]

Dissolução do parlamento. Abril de 1653

Os mais fervorosos dentre os republicanos no parlamento não haviam sido os principais nem os primeiros a defender a guerra contra a Holanda; mas, uma vez iniciada, tentaram extrair dela todas as vantagens possíveis. Não perdiam oportunidade para opor a marinha ao exército e celebrar a glória e os sucessos das frotas navais. Insistiam que os gastos a que a nação estava submetida eram intoleráveis, e urgiam a necessidade de diminuí-los com a redução das forças terrestres. Ordenaram que alguns regimentos servissem a bordo na condição de cadetes. Pelo andar da situação, tornou-se evidente para Cromwell, comandante supremo do exército, que o ciúme dos almirantes em relação ao seu poder e à ambição dos generais os levara à tentativa de subordiná-los a sua autoridade. Sem escrúpulos ou delonga, decidiu detê-los.

---

1 Capítulo 60, Livro VI (1756), fim; e Capítulo 61, Livro VI (1756), extratos. (N. T.)

A reputação desse homem extraordinário tinha fundamento tão sólido que, embora ele fosse um mestre da fraude e da dissimulação, julgou que seria supérfluo recorrer a disfarces na execução de suas intrépidas intenções. Convocou um conselho geral dos oficiais do exército, e de saída viu que estavam dispostos a aceitar qualquer impressão que houvesse por bem lhes transmitir. A maioria deles era sua cria, devia sua promoção à sua benesse e confiava que lhes daria benefícios ulteriores. Uma fissura instituíra-se entre os poderes militar e civil quando da captura do rei em Holdenby, e desde então os oficiais do exército consideravam o parlamento ao mesmo tempo como sua cria e seu rival, e pensavam que caberia a si, na verdade, o gozo das riquezas e títulos de cuja posse seus membros há muito desfrutavam. Harrison, Rich, Overton e uns poucos mais, que mantinham laivos de princípios, eram, porém, guiados por noções tão extravagantes que não hesitavam em adotar as medidas mais violentas e criminosas. E visto que a essa altura o exército havia cometido as ações mais ilegais e atrozes, não poderiam mesmo ter qualquer escrúpulo em relação a iniciativas que servissem a seus propósitos mais egoístas ou fanáticos.

O conselho de oficiais decidiu por voto elaborar uma admoestação ao Parlamento. Após queixarem-se dos salários atrasados do exército, pediram à assembleia que considerasse há quanto tempo já estava reunida e recordasse a promessa, feita por ela anos antes, de renovar o modelo de representação e estabelecer parlamentos sucessivos, aptos a carregar o fardo das questões nacionais, do qual por fim se veriam livres, após terem corrido tantos riscos e à custa de tanta fadiga. Reconheciam que o parlamento tomara iniciativas grandiosas, e superara dificuldades de monta; mesmo assim, prosseguiam, era uma ofensa para o resto da nação ser excluída da tarefa de servir ao país. Chegara a hora, portanto, de dar lugar a outros, e assim propunham que, após estabelecido um conselho provisório para a execução das leis, se convocasse novo parlamento e estabelecesse o governo livre e igualitário que há tanto haviam prometido ao povo.

O parlamento não recebeu bem essa admoestação e deu uma resposta contundente ao conselho de oficiais. Estes insistiram em sua posição, e, com a mútua altercação e oposição que se seguiram, aprofundou-se ainda mais a fissura entre o exército e o corpo político. Cromwell, vendo que a situação lhe era propícia, convocou um conselho de oficiais para tentar chegar a uma deliberação acerca do regimento do poder público. Mas assim como tinha muitos amigos, contava também com muitos oponentes. Harrison assegurou ao conselho que o general buscava tão somente pavimentar o caminho para o governo de Jesus e de seus santos, ao que o major Streater respondeu rispidamente que se era assim, Jesus teria que vir logo, pois se chegasse depois do Natal seria tarde demais, seu lugar estaria ocupado. Enquanto os oficiais debatiam, o coronel Ingoldsby informou Cromwell que o parlamento reunido decidira não se dissolver, apenas convocar novas eleições, e discutia naquele momento o melhor expediente para fazê-lo. Furioso, Cromwell imediatamente dirigiu-se à Casa levando consigo um destacamento de trezentos soldados. Ordenou que se posicionassem na porta de entrada, no salão e nas escadas. Dirigiu-se primeiro a seu amigo St. John; disse-lhe que viera com o propósito de fazer algo que lhe pesava profundamente na alma, e rogara ao Senhor para que não lhe atribuísse essa missão, mas a necessidade o urgia, em nome da glória de Deus e do bem da nação. Sentou-se, e por algum tempo ouviu o debate. Acenou então a Harrison e disse-lhe ao pé do ouvido que julgava que o parlamento estava pronto para ser dissolvido. "Sir", disse Harrison, "é uma tarefa imensa e bastante arriscada; peço-vos que considerai bem, antes de executá-la." "Tendes razão", respondeu o general, e sentou-se imóvel por mais um quarto de hora. Assim que surgiu uma oportunidade para colocar a questão, disse novamente a Harrison, "É chegada a hora; devo fazê-lo". E, começando abruptamente, dirigiu ao Parlamento os piores vitupérios, censurando-os por tirania, ambição, opressão e pilhagem das finanças públicas. Então, batendo com os pés no chão – sinal para que os soldados entrassem[2] –, exclamou, "Tenhais vergonha! Debandai! Dai lugar a homens mais honestos do que vós, que com boa-fé cumprirão suas obrigações. Não sois mais um parlamento. O Senhor cansou-se de vós; escolheu outros agentes para realizar sua obra". Como sir Harry Vane erguesse a voz em protesto, Cromwell gritou aos

---

2 A artimanha de Cromwell é uma versão corrompida da *supplosio pedis* com que os oradores antigos davam ênfase ao seu discurso na tribuna. O que se segue é uma versão não menos deturpada da ação da oratória clássica. (N. T.)

brados, "Oh, sir Harry Vane! Sir Harry Vane! Livrai-me, Senhor, de sir Harry Vane!". Tomando Martin pela gola, disse-lhe, "Sois um cafetão!"; a outro declarou, "Sois um adúltero!"; e a um terceiro, "Sois um bêbado e um glutão!"; a um quarto ainda, "Sois um extorquidor!". Ordenou a um soldado que tomasse a maça: "o que faremos com essa bugiganga? Levai-a embora daqui. Sois vós", disse então voltando-se para a assembleia, "que me forçastes a fazer isso. Roguei ao Senhor, noite e dia, para que me poupasse dessa missão". Deu ordens aos soldados para que esvaziassem o salão; foi o último a deixar o prédio, e, ordenando que as portas fossem trancadas, retirou-se para seus aposentos em Whitehall.

Dessa maneira furiosa, que tão bem denota seu caráter, Cromwell, sem a menor oposição, sequer um murmúrio, aniquilou a famosa assembleia, conhecida em toda a Europa por suas robustas ações e pela enormidade de seus crimes, e cujo surgimento foi celebrado tão ardentemente quanto agora se desejava seu fim. Cada um dos partidos teve a oportunidade de colher o melancólico prazer de ver as injúrias que havia sofrido serem voltadas contra seus inimigos e com as mesmas artes de que haviam sido vítimas. É verdade que em alguns casos Carlos I estendera sua prerrogativa para além de limites justos, e, com o auxílio da Igreja, chegou a ponto de suprimir todas as liberdades e privilégios da nação. Os presbiterianos restringiram os avanços da corte e do clero, e com seu jargão e sua hipocrisia incitaram o populacho, primeiro a tumultos, depois à guerra – contra o rei, contra os Pares, contra todos os realistas. Mal haviam chegado ao pináculo da grandeza, e os Independentes, sob o disfarce de uma santidade ainda mais pura, instigaram contra eles o exército e os submeteram. Perdidos em sonhos vazios de liberdade, ou antes de domínio, os Independentes foram por sua vez oprimidos pela rebelião daqueles que os serviam, e prontamente viram-se expostos aos insultos do poder e ao ódio do povo. Tornou-se assim evidente, pelos exemplos recentes, mas também pelos mais antigos, que a violência ilegal, não importa as alegações com que seja travestida e qualquer que seja seu objetivo, deve inevitavelmente terminar no governo arbitrário e despótico de uma única pessoa.

* * *

É preciso reconhecer que em sua administração doméstica e civil Oliver Cromwell mostrou respeito tão grande pela justiça e pela clemência quanto poderia permitir sua autoridade usurpada, que não derivava da lei e tinha por único fundamento a espada. Os principais cargos nas cortes de judicatura eram ocupados por homens íntegros; em meio à virulência das facções, os decretos dos juízes eram retos e imparciais; e para todo homem, incluindo-se aí o protetor, exceto quando a necessidade exigisse o contrário, o direito era a grande regra de comportamento e conduta. É verdade que Vane e Liliburn, cujo crédito junto aos republicanos e aos *levellers* Cromwell receava, permaneceram presos por algum tempo; que Cony, que se recusara a pagar impostos ilegais, foi obrigado, por ameaças, a abandonar sua obstinação; que cortes supremas foram erigidas para julgar os envolvidos em conspirações e insurreições contra a autoridade do protetor, pois não era seguro confiar no veredicto dos júris. Mas tais irregularidades eram consideradas consequências de sua autoridade ilegal; e, apesar da constante pressão de seus oficiais, segundo se diz, para que realizasse um massacre dos realistas, Cromwell sempre se recusou, horrorizado, a acatar esses conselhos sanguinários.

O exército era a única base do poder do protetor, e em sua administração consistia a principal arte e sutileza de seu governo. Os soldados eram submetidos à mais estrita disciplina, política que os acostumou à obediência ao mesmo tempo em que os tornou menos odiosos e opressores aos olhos do povo. Cromwell aumentou seu salário, embora as necessidades públicas por vezes obrigassem-no a atrasar o pagamento. Sabiam que seu interesse estava estreitamente ligado ao de seu comandante e protetor, que, por sua vez, podia contar com o afetuoso respeito das tropas, graças às suas habilidades e ao seu sucesso em praticamente todas as vezes que os comandara. Mas todo governo militar é precário; e tão mais quando se estabelece em oposição a instituições civis; e mais ainda quando depara com preconceitos religiosos. Com o fanatismo selvagem que alimentara nos soldados, Cromwell convencera-os a adotar medidas que, se propostas em outra situação, teriam sido repudiadas com aversão. Mas, em virtude desse mesmo espírito, era difícil governá-los, e seus caprichos eram terríveis, mesmo para a mão que dirigia seus movimentos. Tantas vezes lhes fora dito que o título de rei era uma usurpação em relação ao Cristo, que suspeitavam que um protetor talvez não fosse compatível com essa autoridade divina. Harrison, embora tivesse recebido os mais altos títulos e contasse com a confiança de Cromwell, tornou-se seu mais inveterado inimigo, quando, com a dissolução do parlamento, estabeleceu-se a autoridade de uma única pessoa, algo que o usurpador sempre contestara violentamente. Overton, Rich, Okey, todos eles oficiais de alta patente no exército, eram movidos por princípios similares, e Cromwell viu-se obrigado a destituí-los de suas posições. Com isso, sua influência sobre as tropas, que até então se julgava ser ilimitada, tornara-se, ao que parece, praticamente nula.

Para refrear mais efetivamente o espírito entusiasta e sedicioso das tropas, Cromwell estabeleceu uma espécie de milícia nos diferentes condados. Destacamentos de infantaria e de cavalaria foram arregimentados sob oficiais, com soldo regular, com o que foi encontrado um meio para deter tanto as insurreições dos realistas quanto os motins no exército.

Num governo civil, a religião nunca pode ser tomada como uma questão menor; e, durante esse período, deve-se considerá-la como a principal mola das ações e resoluções dos homens. Embora fosse ele mesmo dominado pelos frenesis mais tresloucados, Cromwell adotara um esquema sagaz, de natureza política, para regular esse princípio nos outros. Decidido a manter uma Igreja nacional, e, ao mesmo tempo, determinado a não admitir nem episcopado, nem presbitério, instituiu comissários, denominados *tryers*, parte laicos, parte eclesiásticos, alguns deles presbíteros, outros independentes. Eram responsáveis por todos os cargos eclesiásticos outrora concedidos pela Coroa; examinavam e admitiam pessoas que recebiam ordenações sagradas; e inspecionavam as vidas, a doutrina e o comportamento do clero. Em vez de sustentar a liga entre erudição e teologia, como há tanto tempo tentava-se fazer outros países da Europa, os *tryers* adotaram o último desses princípios em toda sua pureza e fizeram dele o único objeto de sua consideração. Os candidatos não eram mais submetidos a questões sobre seus progressos na erudição grega ou romana ou sobre seu talento para artes e ciências profanas; o único objeto de escrutínio eram seus avanços na graça e a determinação do momento crítico para sua conversão.

Cromwell tinha familiaridade e livre curso com pretensos santos de todas as denominações. Pondo de lado o título de Protetor, que, em outras ocasiões, sabia muito bem ostentar, insinuava que nada além da necessidade poderia jamais obrigá-lo a investir-se dele. Dirigia-se a eles espiritualmente, suspirava, chorava, pregava, rezava. Acompanhava-os em suas emulações de presença divina; e esses homens, em vez de se queixarem de quem os superava em suas próprias artes, orgulhavam-se de que sua iminência, com seu exemplo, desse dignidade a práticas de que eles mesmos se ocupavam diariamente.

Se pode-se dizer que Cromwell aderia a alguma forma particular de religião, era a dos Independentes, que principalmente podiam contar com seu favor, e é lícito afirmar que os pastores dessa seita que não aderiam passionalmente à liberdade civil eram todos devotados a ele. Também o clero presbiteriano, que ele salvara da fúria dos anabatistas e dos milenários, e ao qual concedera o desfrute de suas observâncias e ritos, não tinha aversão por seu governo, embora ele suspeitasse da ambição e do espírito inquieto pelo qual era movido. Concedeu grande liberdade de consciência a todos, exceto pelos católicos e pelos preladistas. Por esse meio, ligou à sua pessoa os sectários mais selvagens e empregou-os para minar o espírito de dominação dos presbiterianos. "Eu sou o único homem", gostava de dizer, "que soube como domar essa seita insolente, que não suporta outra além de si mesma."

O zelo dos presbiterianos e dos Independentes era altamente gratificado pela maneira altiva com que Cromwell protegia, com eficácia, protestantes perseguidos em outras partes da Europa. Mesmo o duque da Savoia, potência distante e ao abrigo da força naval inglesa, fora obrigado, por intermediação da França, a tolerar os protestantes dos vales, contra os quais o príncipe iniciara perseguição furiosa. A própria França foi constrangida a aceitar não somente a religião como também, em alguns casos, a sediciosa insolência dos huguenotes; e quando a corte francesa solicitou da Inglaterra recíproca tolerância em relação aos católicos, o protetor, que se arrogava em tudo a última palavra, manteve-se inflexível diante dessa proposta. Elaborara o projeto de instituir um colégio, à maneira daquele de Roma, para a propagação da fé; seus apóstolos certamente teriam sido páreo para os católicos, se não pela unanimidade, certamente pelo zelo.

O protetor manteve a Igreja da Inglaterra sob estrito controle, embora tenha permitido ao clero uma liberdade um pouco maior do que a antes concedida pelo Parlamento. Felicitava-se ao ver que a superior leniência de sua administração era por toda parte reconhecida. Refreou os realistas, tanto pelo exército que comandava quanto pelos espiões que infiltrou em suas reuniões. Como Manning fora detectado, e punido com a morte, ele subornou sir Richard Willis, homem da confiança do chanceler Hyde e dos realistas em geral, e graças a ele veio a saber de cada um dos planos e conspirações do partido. Era capaz de desmontar seus projetos, prendendo de antemão as pessoas que atuariam em sua execução; e como logo depois os libertava, sua severidade era explicada como efeito de apreensões e suspeitas justificadas. Mas a fonte secreta de seu conhecimento a respeito dessas transações permanecia desconhecida.

Seu principal temor eram conspirações para assassiná-lo, o que nenhuma prudência ou vigilância poderia detectar. O coronel Tito publicara, com o pseudônimo de Allen, um discurso vigoroso, em que exortava a todos que adotassem esse método de vingança; e Cromwell sabia que os espíritos inflamados do partido da Coroa tinham disposição suficiente para colocar em prática essa doutrina. Dirigiu-se a eles abertamente e lhes disse que assassinatos eram vis e odiosos, e jamais daria início a hostilidades por meio de método tão vergonhoso; mas se a primeira tentativa ou provocação viesse deles, retaliaria até as últimas consequências. Dispunha de agentes, afirmou, que poderiam ser empregados a qualquer momento, e só se daria por satisfeito quando tivesse exterminado por completo a família real. Essa ameaça contribuiu mais para segurança de sua pessoa do que todos os seus guardas.

Nunca era tão solícito como na obtenção de informações. Diz-se que apenas com isso Cromwell gastava 60 mil libras por ano. Funcionários do correio, em casa como no exterior, eram pagos por ele; transportadores eram contratados ou subornados; secretários e clérigos eram corrompidos; os maiores zelotes de todos os partidos eram com frequência os que lhe transmitiam informações de caráter privado; nada escapava ao seu vigilante escrutínio. Tal é ao menos a representação que alguns historiadores fazem a respeito de sua administração. Mas, a julgar pelos volumes de documentos de Thurloe recentemente publicados, esse ponto, como muitos outros, foi bastante exagerado. Não há nessa coleção de papéis qualquer evidência de que o protetor estivesse a par de deliberações de outros conselhos de Estado além daquelas do conselho da Holanda, que de todo modo não eram secretas.

O comportamento e o porte desse homem, que ascendera a partir da condição de homem privado, passara a maioria de sua juventude no campo, obrigado a frequentar má companhia, eram tais que de modo geral seriam convenientes ao maior dos monarcas. Tinha uma dignidade desprovida de afetação ou ostentação, e exibia a todos os estranhos a elevada ideia que ele mesmo tinha de seus grandes feitos e de sua fortuna incomum. Com seus amigos mais antigos, relaxava; e, com trivialidades e brincadeiras, tiradas e versinhos, não receava se expor à familiaridade destes. Com outros, às vezes levava as coisas à beira da bufonaria; divertia-se colocando carvão em brasa nas botas e uniformes dos oficiais que o acompanhavam. Antes do julgamento do rei, combinou-se que haveria um encontro entre os chefes do partido republicano e os oficiais do exército, para delinear o modelo do governo livre pelo qual substituiriam a constituição monárquica, que já se encontrava completamente subvertida. Após debates a respeito desse objeto, o mais importante que poderia haver na discussão entre criaturas humanas, conta Ludlow que Cromwell, por brincadeira, atirou uma almofada em sua cabeça, e quando Ludlow ameaçou revidar a troça, o general disparou escada abaixo e quase tropeçou e caiu na correria. Quando a suprema corte de justiça estava para assinar a ordem de execução do rei – matéria essa, se é que isso é possível, ainda mais séria –, Cromwell empunhou a pena, e, antes de assinar o documento, espirrou tinta no rosto de Martin, que estava sentado ao seu lado; quando a pena foi entregue a Martin, este devolveu a gentileza. Costumava oferecer banquetes aos oficiais de patente inferior que atuavam sob o seu comando; quando a carne chegava à mesa, um sinal era dado, os soldados avançavam sobre as travessas, e, após muito barulho, tumulto e confusão, fugiam com os pratos, privando os oficiais da tão esperada refeição.

Esse jeito brincalhão e folgazão, por incoerente que pareça, era parte constitutiva do caráter de Cromwell; mas levava-o às vezes a se trair e a mostrar-se incoerente, mesmo em ocasiões que dissessem respeito à religião. Conta-se que certo dia foi oferecida ao protetor, sentado à mesa, uma garrafa de um vinho de que ele gostava tanto que teria ele mesmo que abrir a garrafa. Na tentativa de fazê-lo, porém, o saca-rolhas caiu de suas mãos; imediatamente, seus cortesãos e generais lançaram-se ao chão para recolhê-lo. Cromwell explodiu em gargalhada; "se um tolo qualquer", disse ele, "espiasse agora pela porta, pensaria que estais a buscar pelo Senhor, quando buscais por um mero saca-rolhas!".

Em meio às descuidadas brincadeiras e bufonarias, esse personagem singular aproveitava para observar o caráter, os planos e as fraquezas dos homens; e por vezes os levava, com a ajuda do vinho, a abrir para ele os mais recônditos recessos de seus corações. Em sua corte, porém, as maneiras eram bastante regulares, e mesmo austeras, e ele tinha o cuidado de nunca ofender os religiosos mais rígidos. Havia alguma ostentação, mas sem luxo ou qualquer esplendor. Embora cortejasse a nobreza, esta mantinha-se afastada, e desdenhava o contato com as pessoas vis que eram agentes de seu governo. Sem abandonar a parcimônia, era generoso com os que o haviam servido e sabia muito bem como encontrar e colocar a seu serviço homens cujos talentos fossem necessários conforme a ocasião. Seus generais, almirantes, juízes e embaixadores eram pessoas que contribuíam, em suas respectivas esferas, para a segurança do protetor e a honra e o interesse da nação.

Sob pretexto de reunir a Escócia e a Irlanda, juntamente com a Inglaterra, num mesmo corpo político, Cromwell reduzira esses reinos a total submissão e tratou-os como províncias conquistadas. A administração civil da Escócia residia num conselho, formado principalmente por ingleses, do qual lorde Broghil era o presidente. A justiça era administrada por sete juízes, quatro dos quais ingleses. Para conter a nobreza tirânica, abolira a vassalagem e revivera o posto de oficial de justiça, que Jaime I introduzira, mas não conseguira manter. Uma longa linha de fortes e quartéis foi disposta em toda a extensão do reino. Um exército de 10 mil homens mantinha tudo em paz e ordem; nem os bandidos das montanhas nem os salteadores das planícies tinham como cultivar sua inclinação pela turbulência e pela desordem. Cortejou o clero presbiteriano, alimentando, ao mesmo tempo, a intestina desavença entre os conformistas e os contestadores, pois sabia que não é preciso muita política para fomentar querelas entre teólogos. Proibiu assembleias eclesiásticas, ciente das desordens que no passado haviam se originado nelas. No geral, os escoceses foram obrigados a reconhecer que nunca, na época em que haviam gozado de uma liberdade irregular e facciosa, haviam sido tão felizes como no presente, quando estavam reduzidos à submissão a uma nação estrangeira.

A administração da Irlanda pelo protetor era mais severa e violenta. O governo dessa ilha foi atribuído primeiro a Fleetwood, notório fanático que se casara com a viúva de Ireton, em seguida a Henry Cromwell, segundo filho do protetor, jovem de disposição amável e branda, porém dotado de capacidade e vigor. Mais de 5 milhões de acres, que haviam sido defendidos por rebeldes papistas ou partidários do rei, foram divididos entre os aventureiros que emprestaram dinheiro ao Parlamento e os soldados ingleses, que tinham soldos atrasados a receber. É raro encontrar na história um exemplo como esse de tão brusca e violenta mudança da propriedade. Chegou-se a emitir uma ordem que confinava todos os irlandeses nativos à província de Connaught, onde permaneceriam isolados por rios, lagos e montanhas, e não mais representariam ameaça ao governo inglês; ou assim se esperava. Mas essa política bárbara e absurda, que de modo precipitado tentava estabelecer de imediato a segurança dos ingleses, teria como efeito, se executada, o despovoamento das demais províncias e a redução a zero do valor da propriedade dos invasores, e foi, por isso, abandonada.

* * *

Em todas suas medidas a respeito de assuntos estrangeiros, Cromwell procedia com o mesmo vigor e a mesma iniciativa com que se aplicava a assegurar os deveres recíprocos e a união dos três reinos. Mal teve, porém, a satisfação de comemorar os êxitos de seus exércitos no estrangeiro; sua situação doméstica o mantinha perpetuamente alerta e inquieto. Sua administração, tão cara em razão dos gastos com o exército e o serviço de espionagem, exaurira a receita e envolvera-o em dívida considerável. Ouvira dizer que os realistas haviam retomado suas atividades e conspiravam para uma insurreição geral; Ormond retornara em segredo do exterior, com vistas a coordenar as ações para a execução desse plano. Lorde Fairfax, sir William Waller e muitos dos chefes presbiterianos estavam secretamente envolvidos. Mesmo o exército estava contaminado com o espírito geral de descontentamento, e receava-se dele, a qualquer momento, uma súbita e perigosa erupção. Após a violenta rusga com o parlamento mais recente, não havia mais esperança de que alguma vez Cromwell pudesse estabelecer, com consentimento geral, um regimento do poder público ou mesmo temperar os militares com alguma mistura de autoridade civil. Exaurira todas suas artes e recursos; e, por ter tantas vezes enganado cada um dos partidos com fraude e falsas promessas, não poderia esperar, ao repetir essas estratégias, pelo mesmo respeito e confiança outrora conquistados.

Apesar do zelo dos realistas, a conspiração não deslanchou; Willis revelou tudo ao protetor. Ormond teve que fugir, e deu-se por satisfeito por ter escapado a uma administração tão vigilante. Muitos foram lançados na prisão. Erigiu-se mais uma vez uma Corte Suprema de Justiça, para julgar os criminosos cuja culpa era mais aparente. Apesar do reconhecimento de sua autoridade pelo parlamento mais recente, estava fora de cogitação, para o protetor, depositar sua confiança num juiz imparcial. Sir Henry Slingsby e o dr. Huet foram condenados e decapitados. Mordaunt, irmão do conde de Peterbrow, escapou por pouco: os votos que o condenavam eram em igual número aos que o absolviam, e justamente quando a sentença a seu favor foi pronunciada, adentrou a corte o coronel Pride, que estava decidido a condená-lo. Ashton, Storey e Bestley foram enforcados em diferentes ruas da *City*.

A conspiração dos milenários no exército causou em Cromwell uma consternação ainda maior. Harrison e outros oficiais daquele partido que haviam sido destituídos não se deram por vencidos. Estimulados em igual proporção pela vingança, pela ambição e pela consciência, nutriam em seu peito um projeto desesperado, e não faltavam no exército oficiais que, pelos mesmos motivos, estavam dispostos a apoiá-los. Cromwell encorajara os *levellers* e os agitadores a oferecerem sua opinião em todas as deliberações políticas, e chegara mesmo a fingir-se de amigo com muitos deles, quando conduzira suas ousadas iniciativas contra o rei e o parlamento. Para familiarizar-se melhor com os agitadores, em geral cabos e sargentos, costumava deitar-se com eles no leito, e, após rezas e exortações, discutia com eles seus próprios planos e princípios, políticos e religiosos. Mas, assim que assumiu o título de protetor, excluiu-os a todos de seus conselhos, e não tinha tempo nem inclinação para entregar-se a familiaridades com eles. Entre os que se enfureceram com esse tratamento estava Sexby, um agitador ativo, que agora voltava contra ele toda a incansável diligência outrora empregada a seu favor. Chegou a ponto de corresponder-se com a Espanha, e Cromwell, que sabia dos destemperos do exército, receava com razão um motim, cujos líderes fossem providenciados pelo dia, pela hora e pelo momento.

Temia igualmente os assassinatos, dado o zeloso espírito que movia os soldados. Sindercome tentara matá-lo, mas seu sangrento propósito foi revelado por acidentes inteiramente inesperados. Descoberto seu plano, o Protetor não conseguia ver nem qual seria a razão de sua iniciativa nem quais eram seus cúmplices. Foi levado a júri;

e apesar do repúdio generalizado à tentativa do crime e das provas evidentes de sua culpa, tão exígua era a convicção acerca do direito do Protetor ao governo supremo que apenas a muito custo o conspirador foi condenado. Quando tudo estava pronto para sua execução, foi encontrado morto; teria se envenenado voluntariamente, segundo se diz.

O Protetor teria enfrentado melhor os receios e apreensões ocasionados por destemperos públicos se gozasse de um mínimo de satisfação em sua vida doméstica ou tivesse em sua família um amigo cordial com quem pudesse se abrir e revelar suas ansiedades e os temores que o corroíam. Mas seu genro Fleetwood, motivado pelo zelo mais selvagem, começou a afastar-se dele, e enfureceu-se ao descobrir que Cromwell, em todas as iniciativas que tomara, visara antes à promoção de sua própria grandeza do que ao estímulo à piedade e à religião, que professava de maneira tão fervente. Sua filha mais velha, casada com Fleetwood, adotara princípios republicanos tão veementes, que não conseguia suportar com paciência a concentração do poder numa única pessoa, nem mesmo em seu indulgente pai. Os preconceitos de suas demais filhas tendiam, ao contrário, em prol da causa real, e elas lamentavam a violência e a iniquidade que, em sua opinião, sua família fora levada a cometer. Pior ainda, a doença da sra. Claypole, sua filha favorita, uma dama dotada de muitas virtudes humanas e qualidades adoráveis, deprimira sua mente ansiosa e envenenara todas suas distrações. Ela tinha o dr. Huet, recentemente executado, em alta consideração; o pedido de perdão a ele, que fizera a seu pai, fora recusado, e, com a melancolia de seu temperamento, aliada aos destempero de seu corpo, lamentara a Cromwell que tivesse tomado tantas medidas sanguinárias, e urgiu que ele se penitenciasse por esses crimes hediondos, que sua fatal ambição o levara a cometer. Sua morte, ocorrida logo depois, tornou ainda mais cortantes cada uma das palavras que havia proferido.

O protetor perdeu assim por inteiro a compostura de sua mente. Sentia que a grandeza que obtivera com tanta culpa e tanta coragem não poderia garantir a tranquilidade que pertence somente à virtude e que somente a moderação pode assegurar. Oprimido pelo peso dos assuntos públicos, receando a cada instante um acidente fatal em seu destemperado governo, não encontrando à sua volta senão amigos traiçoeiros e inimigos furiosos, sem contar com a confiança de nenhum dos partidos, e sem sustentar seu título em qualquer princípio, civil ou religioso, viu que seu poder dependia de uma combinação tão delicada de facções e interesses, que o menor dos eventos poderia, sem qualquer precedente, simplesmente derrubar. Também a morte, que tão intrepidamente enfrentara no campo de batalha, era uma ameaça constante, vinda das adagas de assassinos, fossem eles fanáticos ou movidos pelo interesse; em sua apreensão aterrorizada, era onipresente, e perseguia-o por toda parte, estivesse trabalhando ou descansando. Cada uma de suas ações traía os terrores sob os quais medrava. O aspecto de estranhos não lhe agradava; com olhar penetrante e desconfiado examinava os rostos com os quais não estava acostumado. Não dava um passo sem estar rodeado por guardas; vestia uma armadura sob as roupas e passou a portar armas, como uma espada, uma cimitarra e uma pistola. Não retornava de onde quer que fosse por uma rota direta, nem pela mesma via pela qual viera. Fazia todas as viagens com precipitação e pressa. Raramente dormia três noites seguidas no mesmo aposento; jamais dizia de antemão qual aposento escolheria, nem confiava em um que não possuísse saídas traseiras, nas quais sentinelas eram cuidadosamente posicionados. O convívio social o aterrorizava, enquanto refletia em seus numerosos, desconhecidos e implacáveis inimigos. A solidão o assustava, por privá-lo daquela proteção tão necessária à sua segurança.

* * *

Cromwell é um dos personagens mais eminentes e singulares da história. Os traços de seu caráter são tão explícitos e tão fortemente marcados quanto obscuros e impenetráveis foram seus esquemas de conduta durante as guerras civis. Sua ampla capacidade o habilitou a formar os mais ambiciosos projetos, seu gênio empreendedor não se deixava abater diante dos maiores e mais ameaçadores perigos. Seu temperamento natural o arrastava para o magnânimo e o grandioso, para uma política dominadora e imperiosa, mas ele sabia, quando necessário, empregar a mais profunda dissimulação, o mais oblíquo e refinado artifício, sob um semblante de grande moderação e simplicidade. Amante da justiça, sua conduta pública foi a contínua violação dela; devoto da religião, empregou-a repetidas vezes como instrumento de sua ambição pessoal; envolveu-se em crimes, seduzido pela perspectiva de adquirir o poder soberano, tentação geralmente irresistível para a natureza humana. Ao fazer bom uso de uma autoridade adquirida por meio de fraude e violência, minimizou, se não chegou a sobrepujar, o nosso repúdio pelas calamidades que perpetrou, com um sentimento de admiração por seus êxitos e por seu gênio.

Os escritores que cultivam a memória dessa pessoa extraordinária dão ao seu retrato, no que diz respeito a suas habilidades, ares do mais extravagante panegírico; seus inimigos formam uma representação tal de suas qualidades morais, que mais lembra uma virulenta invectiva. Ambos, é preciso reconhecer, são amparados por circunstâncias tão marcantes de sua conduta e fortuna que a representação que resulta de sua combinação tem ares de grande probabilidade. "Poderia haver algo mais extraordinário", diz Cowley em seus *Discursos*,[3] "do que um homem, nascido e criado fora da esfera do poder, desprovido de posses, sem qualidades físicas eminentes, ou tampouco talentos do espírito, que teve a coragem de tentar e a habilidade de executar plano tão ambicioso como o de subverter uma das mais antigas e sólidas monarquias de que se tem notícia? Que teve o poder e a ousadia de executar publicamente o seu próprio senhor? Que baniu uma família real numerosa e com aliados poderosos? Que recobriu essas temeridades sob o manto da obediência a

---

3 Cowley, *Discourses* (1658); é bom lembrar que se trata de um autor partidário da causa realista. (N. T.)

um parlamento ao qual fingia servir? Que pisoteou esse mesmo parlamento e desdenhosamente destituiu seus membros na primeira discordância que mostraram com ele? Que erigiu em seu lugar o domínio dos Santos e tornou real a ideia mais visionária que a exaltada imaginação de um fanático jamais concebeu? Que suprimiu também esse monstro, ainda em sua infância, e descaradamente colocou-se acima de todas as coisas que um dia haviam sido soberanas na Inglaterra? Que derrotou primeiro seus inimigos, com armas, depois todos seus amigos, com artifício? Que por um tempo serviu pacientemente a todos os partidos, tornando-se depois seu senhor? Que marchou sobre três nações e subjugou com igual facilidade os ricos do sul e os pobres do norte? Que foi temido e adulado por todos os príncipes estrangeiros, e adotado como um irmão pelos deuses da terra? Que convocou parlamentos com sua pena, e os desfez com sua voz? Que com um exército amotinado reduziu à submissão uma nação marcial e descontente? Que com oficiais sediciosos e facciosos comandou esse mesmo exército? Que diariamente ouviu humildes súplicas, dos que outrora haviam sido seus senhores, para que nunca os abandonasse? Que teve ao seu dispor as posses e as vidas de três nações, e mostrou-se tão frugal com elas quanto fora com a pequena herança recebida de seu pai? E, finalmente (enumerar todos os itens de sua glória não teria fim), que com uma palavra legou todo esse poder e esplendor à posteridade? Que morreu num país pacificado e vitorioso? Que foi enterrado entre os reis, com solenidade mais do que real, e deixou um nome que só se extinguirá quando se extinguir o mundo, que se mostrou pequeno demais para sua glória, e pequeno demais teria sido também para suas conquistas, se o breve período de sua vida mortal pudesse adquirir a extensão de seus desígnios imortais?"

Não tenho a intenção de desfigurar esse quadro pintado com pincel tão magistral; tentarei apenas remover os tons de maravilhoso, que amiúde dão azo a dúvida e suspeita. Parece-me que a circunstância da vida de Cromwell em que suas habilidades mais se destacam é sua ascensão, como indivíduo comum, enfrentando a oposição de numerosos rivais em posições mais avançadas, até o posto máximo de autoridade e comando. Sua grande coragem, seus destacados dotes militares, sua eminente destreza e competência, tudo isso contribuiu muito para sua promoção. E sua ascensão não parecerá ter sido o efeito de qualidades sobrenaturais, se considerarmos que o próprio Fairfax, cavalheiro, cidadão privado, que não tinha a vantagem de um assento no Parlamento, poderia ter obtido, pelos mesmos passos, patente superior à de Cromwell, se tivesse mostrado um mínimo de capacidade e penetração. Incitar um exército como esse a se rebelar contra o Parlamento é algo que não requereria artes inusitadas; manter sua obediência deve ter sido mais difícil. Uma vez instaurada uma ruptura entre os poderes militar e civil, autoridade suprema e absoluta foi conferida ao general; e se, em certas ocasiões, a este houve por bem empregar artifícios políticos, pode-se considerar esse gesto, na maioria das vezes, uma condescendência de sua parte, quando não uma precaução desnecessária. Não parece que Cromwell tenha sido alguma vez capaz de realmente iludir ou enganar o rei ou os republicanos: em ambos os casos, seus adversários viram que não teriam como resistir à força que se encontrava sob seu comando, e de bom grado contemporizaram com ele; e, como quem se deixa enganar, esperaram pela oportunidade de se libertar de seu domínio. Se seduziu os fanáticos militares, é preciso lembrar que os interesses deles coincidiam com os seus, que sua ignorância e educação deficiente os expunham às mais grosseiras manobras; que ele mesmo, no fundo, era um entusiasta tão frenético quanto os piores dentre eles; e que, para ganhar sua confiança, bastava exibir os hábitos vulgares e ridículos que desde cedo adquirira e que tinha em alta estima. Um exército é uma arma ao mesmo tempo tão impositiva e tão grosseira que a mão que o controla não precisa de muita destreza para realizar intervenções na sociedade e ganhar o controle dela.

A administração doméstica de Cromwell revela habilidades notáveis; mas foi conduzida sem qualquer plano, fosse de liberdade ou de poder arbitrário. Provavelmente a situação difícil em que se encontrava não admitia opção. Suas empreitadas no exterior, embora arrojadas, foram perniciosas ao interesse nacional, e parecem ter resultado antes de uma fúria impetuosa e de preconceitos míopes que de previsão e deliberação. Contudo, sob muitos aspectos, mostrou-se um personagem eminente, e mesmo um gênio superior, apesar de desigual e irregular em suas operações. Talentos não lhe faltaram, a não ser pelos da elocução; mas suas habilidades mais admiráveis, que principalmente contribuíram para seu êxito extraordinário, eram a capacidade de resolver impasses e uma peculiar destreza para entrever o caráter dos homens e aproveitar-se de suas fraquezas.

Se examinarmos o caráter moral de Cromwell com a indulgência que se deve ter para com a estreiteza e fraqueza da espécie humana, não nos sentiremos tentados a obliterar sua memória com as censuras que os seus inimigos lançaram contra ele. Em meio às paixões e preconceitos do período, não deve causar espanto que tenha preferido a causa parlamentar à real; mesmo em nossos dias não faltam homens de bom senso e conhecimento que tendem a considerar duvidosa e incerta a questão de saber de que lado estava a justiça na querela então ocorrida. O assassinato do rei, a mais atroz de suas ações, estava recoberto, diante de seus próprios olhos, por uma densa nuvem de ilusões republicanas e fanáticas; e não é impossível que ele sinceramente acreditasse, como muitos, que, naquela conjuntura, essa ação era a mais meritória que poderia haver. A usurpação subsequente foi efeito tanto de necessidade quanto de ambição, e dificilmente se vê como as diferentes facções poderiam ter sido contidas, a não ser com uma mistura de autoridade militar e autoridade arbitrária. A postura privada de Cromwell como filho, marido, pai ou amigo, não merece grandes censuras, talvez mereça até elogios. No balanço geral, se o seu caráter nos parece extraordinário ou inusitado, não é tanto pela mistura entre insensatez e penetração quanto pela convivência entre, de um lado, ambição desmesurada e fanatismo rábido, e, de outro, respeito pela justiça e consideração pela humanidade.

Cromwell contava 59 anos de idade quando morreu. Tinha o corpo robusto e as feições másculas, porém não agradáveis. Deixou apenas dois filhos, Ricardo e Henrique, e três filhas, uma das quais casou-se com o general Fleetwood, outra com lorde Fauconberg, a terceira com lorde Rich. Seu pai morreu quando ele ainda era jovem. Sua mãe viu-o ser eleito Protetor, e, contrariamente aos desejos por ela expressos, foi enterrada com pompa na abadia de Westminster. Nunca acreditou que o poder e a pessoa de seu filho estivessem seguros. Ouvia um boato qualquer e exclamava que seu filho havia sido morto; e só se convencia de que estava vivo após ser visitada por ele. Era uma mulher decente, que com frugalidade e dedicação criara e educara numerosa família com base numa fortuna exígua. Fora obrigada a abrir uma cervejaria em Huntingdon e soube administrá-la com proveito. Por essa razão, Cromwell recebeu de alguns de seus inimigos o apelido de *o cervejeiro*. Ludlow, quando quis insultá-lo, mencionou a grande fortuna que ele incorporaria aos seus fundos quando sua mãe falecesse: 60 libras anuais. Era de boa família, de nome Stuart; parente remota, insinuam alguns, da família real.

15
Guerras civis e Protetorado.
Quadro geral[1]

Pode ser conveniente, neste ponto de nossa história, determo-nos por um instante para contemplar o panorama geral desse período, no que refere a maneiras, finanças, armas, comércio, artes e ciências. A principal utilidade da história é fornecer materiais para disquisições dessa natureza; o dever do historiador é apontar as inferências e conclusões apropriadas.

Maneiras   Dificilmente as maneiras de um povo poderiam ser alteradas de modo tão súbito e completo como as da nação inglesa durante as guerras civis. De repente, passaram de tranquilidade, concórdia, submissão e sobriedade para facção, fanatismo, rebelião e quase frenesi. A violência dos partidos ingleses excedeu tudo o que se possa imaginar. Tivesse durado um pouco mais, haveria justas razões para recear por massacres e prescrições tão terríveis como os ocorridos na Antiguidade. Os usurpadores militares,

---

1 "Civil Wars and Protetorate. Manners, Commerce, Learning", Capítulo 62, Livro VI (1756). (N. T.)

cuja autoridade repousava em flagrante injustiça e não era respaldada por um partido nacional, teriam sido impelidos, pela raiva e pelo desespero, a tais medidas sanguinárias; e se um dos lados tivesse empregado esses furiosos expedientes, seria natural que o outro retaliasse ao retornar ao poder. Não havia entre membros dos partidos nenhuma espécie de contato social, como alianças ou casamentos. Os realistas, embora oprimidos, acuados, perseguidos, repudiavam qualquer afinidade com seus senhores. Quanto mais eram reduzidos à submissão, mais afetavam superioridade em relação aos usurpadores, que por sua vez se impunham com violência e injustiça.

As maneiras das duas facções opunham-se entre si como se pertencessem a duas nações estrangeiras com costumes inteiramente diferentes. "Vossos amigos *cavaliers*", disse um parlamentarista a um realista, "são dissolutos e lascivos." "É verdade", respondeu o outro, "padecem das enfermidades de homens. Já vossos amigos *roundheads* têm vícios de demônios: tirania, rebelião, presunção espiritual." Apesar do bom exemplo de Carlos I, o tumulto e a desordem prevaleceram entre seus partidários. Por serem em geral homens bem-nascidos e ricos, para os quais o excesso é menos pernicioso que para o vulgo, entregavam-se a prazeres desmedidos de toda ordem, aos da mesa em particular. A oposição à rígida disciplina de seus antagonistas aguçou sua inclinação pela boa companhia; o caráter de um homem de prazeres era para eles como uma garantia de lealdade à Igreja e à Coroa. Arruinados pelo confisco ou sequestro de seus bens, tentaram manter as aparências de uma vida casual e sociável. "Assim como a esperança é superior ao medo", disse um *cavalier* bem-humorado, apesar de arruinado, "nossa situação é preferível à de nossos inimigos, pois nós rimos, eles tremem."

O sombrio entusiasmo que predominava no partido parlamentar é certamente o mais curioso espetáculo oferecido pela história, além do mais instrutivo e interessante que poderia haver para uma mente filosófica. Todas as recreações foram banidas pela rígida severidade dos presbiterianos e dos Independentes. Corridas de cavalo e rinhas de galo foram proibidas como as piores enormidades. Combates de ursos foram considerados ímpios e contrários ao cristianismo, ofendiam por serem divertidos, não por serem cruéis. O coronel Hewson, insuflado por piedade e zelo, marchou com seu regimento por Londres e exterminou todos os ursos que eram mantidos para divertimento dos cidadãos. Esse feito parece estar na origem da ficção *Hudibras*.[2] A nação inglesa é de índole cândida e sincera, o que não impediu que se apoderasse dela uma hipocrisia sem paralelo em tempos antigos ou modernos. A hipocrisia religiosa tem uma natureza peculiar. Como geralmente não é notada pela própria pessoa que ela acomete, implica menos falsidade que outras espécies mais nocivas de insinceridade. Os sectários prefeririam o Antigo Testamento ao Novo; o estilo poético oriental em que é composto era mais de seu agrado.

---

2 Ver neste volume o fim do Capítulo 18. (N. T.)

Tivemos a oportunidade de nos referir às muitas seitas inglesas; enumerá-las exaustivamente seria impossível. Os quacres, porém, são tão numerosos e tão singulares que merecem atenção em particular. Como renunciaram, por princípio, ao uso das armas, nunca se destacaram nas transações públicas, e por isso não foram mencionados em nossa narrativa.

Essa religião surgiu, como a maioria, junto ao vulgo mais baixo, e depois atraiu pessoas de melhor estirpe e qualidade. George Fox, nascido em Drayton, Lancashire, em 1624, fundou essa seita. Filho de um tecelão, tornou-se aprendiz de sapateiro. Sentindo um impulso mais forte por contemplações espirituais do que por essa profissão mecânica, abandonou seu mestre e vagou pelo interior do país, vestindo apenas um gibão de couro, roupa que, além de distintiva, era barata. Para dissociar-se de objetos sublunares, rompeu seus laços de amizade e família. Para não contrair novas conexões por hábito e não rebaixar a sublimidade de suas etéreas meditações, não permanecia em nenhum lugar por muito tempo. Perambulava pelas florestas e passava dias inteiros à sombra das árvores, solitário, sem outra companhia ou distração além da Bíblia, único livro de que precisava. Quando atingiu a perfeição em sua leitura, progrediu rumo a um estágio mais elevado de aprimoramento espiritual e pôs de lado o livro sagrado. Seu próprio coração, segundo imaginava, estaria tomado pela mesma inspiração que guiara os profetas e os apóstolos, luz interior que iluminaria as trevas, espírito vivo que animaria a letra morta.

Guerras civis e Protetorado. Quadro geral

Após ter consagrado a si mesmo em sua própria imaginação, percebeu que o aplauso dissiparia, caso não fosse alimentado pela admiração alheia, e saiu à cata de prosélitos. Não teve dificuldade para encontrá-los, numa época em que as afeições dos homens estavam inteiramente voltadas para a religião, e os modos extravagantes eram os mais populares. Movidos por um sentimento de orgulho e superioridade, Fox e seus discípulos fizeram questão de rejeitar toda forma de cerimônia inventada pelo orgulho e pela ostentação, e descartaram até os ritos de civilidade mais corriqueiros, por alimentarem a vaidade carnal. Não reconheciam títulos de distinção. O nome *amigo* era a única saudação que concediam, indiscriminadamente, a todos os homens. Não se curvavam diante de ninguém, não tiravam o chapéu, não davam sinais de reverência. Em vez da afetada adulação introduzida nas línguas modernas, que se referem ao indivíduo como se fosse muitos, retornaram à simplicidade das línguas antigas; as únicas expressões que admitiam eram o *tu* e o *você*.

Os membros dessa seita também se distinguiam por circunstâncias materiais, notadamente pelos trajes. Tudo o que pudesse ser supérfluo e ornamental era cuidadosamente evitado. Suas blusas não tinham pregas, seus casacos não tinham botões, eles não usavam laços, franzimentos ou bordados. Uma mera abotoadeira, por útil que fosse, por nem sempre sê-lo era rejeitada com horror e aversão.

O virulento entusiasmo dessa seita, como todas as paixões intensas, era demasiadamente forte para ser suportado pelos nervos, e lançava os pregadores em convulsões, tremores e contorções. Por isso eram chamados *quakers*, trêmulos. Em meio à tolerância concedida a todas as seitas e ao estímulo dado a toda espécie de inovação, os quacres foram os únicos a ser perseguidos. Animados pelo fervor de seu zelo, invadiam igrejas, perturbavam cerimônias religiosas públicas, cercavam o ministro, acuavam a congregação, vituperavam contra eles, denunciavam-nos. Diante do magistrado, comportavam-se sem deferência e com familiaridade, como se fosse um par. Eram despejados em hospícios ou em prisões, onde os açoitavam. Por sua paciência e resiliência diante do sofrimento, atraíam compaixão, admiração e estima. Acreditava-se que um espírito sobrenatural os ajudava a suportar dores que o comum dos homens, imune às ilusões advindas da paixão, julgaria intoleráveis.

Abalaram o exército. Pregaram a paz universal e convenceram alguns militares mais fanáticos a abandonar a carreira. Se não houvesse interferência, teriam posto fim, sem maiores consequências, ao domínio dos santos.[3] Esse comportamento deu motivo adicional para que fossem perseguidos pelas autoridades, o que por sua vez aumentou seu apelo junto ao povo.

Essa seita tratava ou afetava tratar a moral com o mesmo grau de extravagância que se dedicava à religião. Se atingirdes um quacre numa das faces, ele vos dará a outra. Se pedirdes que vos empreste um manto, vos dará

---

[3] Referência à "assembleia dos santos", designação do parlamento formado sob Cromwell cujos membros foram designados pelas congregações de toda a Inglaterra. (N. T.)

também um casaco; o maior interesse pessoal não poderia incitá-lo a jurar na corte, que fosse em nome da verdade; ele nunca pediria por suas mercadorias mais do que a soma que estava determinado a cobrar. Esta última máxima é louvável, e continua a ser religiosamente observada pelos membros dessa seita.

Nenhuma outra seita de fanáticos foi tão longe no ódio por cerimônias, formalidades, ordenações, ritos e instituições. Rejeitavam peremptoriamente o batismo e a última ceia, que as demais seitas consideravam indissociáveis do cristianismo; profanavam os sábados; faziam pouco das igrejas como lugares sagrados, referindo-se a elas como armazéns ou lojas; não admitiam padres. A iluminação imediata conferia-lhes um caráter muito superior ao sacerdotal. Quando se encontravam no culto, cada um se levantava para falar e pronunciava o que lhe fora inspirado pelo Espírito Santo. Admitiam mulheres no ensino de seus camaradas, considerando-as um veículo adequado à transmissão dos ditames do espírito. Às vezes, acontecia de muitos pregadores quererem falar ao mesmo tempo; em outras, um silêncio completo pairava sobre suas congregações.

Alguns tentaram jejuar por quarenta dias, imitando Cristo; um deles morreu tentando, bravamente. Uma quacre adentrou nua uma Igreja em que se encontrava o lorde Protetor, incitada pelo espírito, como ela mesma disse, a aparecer diante do povo, como um sinal. Havia entre eles os que imaginavam que tivera início a renovação de todas as coisas, e que roupas deveriam ser rejeitadas juntamente com outros artigos supérfluos. Os sofrimentos consequentes à prática dessa doutrina decorriam de uma espécie de perseguição que inadvertidamente contribuía para promovê-la.

James Nayler foi um quacre que se destacou por blasfêmia ou, antes, por sua loucura. Em sua fantasia, encarnara o Cristo e tornara-se o verdadeiro salvador do mundo; em consequência a esse frenesi, tentou imitar muitas das ações do Messias relatadas pelos evangelistas. Para tornar-se semelhante às representações mais usuais do profeta, deixou a barba crescer, ressuscitou um morto, cercou-se de mulheres; adentrou Bristol, como se fosse Jerusalém, a cavalo, suponho que por não ter encontrado um jumento. Seus discípulos despiram-se diante dele, e, dispondo suas vestes no chão, saudaram-no. Levado diante do magistrado, não encontrou outra resposta além de "és tu que o dizes". Por incrível que pareça, o parlamento julgou o assunto digno de atenção. Desperdiçaram-se quase dez dias com investigações e debates a respeito. Condenaram-no ao açoite, a ter o rosto queimado e a língua marcada com ferro em brasa. Suportou tais severidades com a resignação costumeira dos seus. Até esse ponto sua ilusão o acompanhou. O que veio em seguida o desencantou. Foi enviado a Bridewell, condenado a trabalhos forçados e a pão e água. Seus camaradas privaram-no da presença de todos seus discípulos, homens e mulheres. A ilusão dissipou-se; passado algum tempo, contentou-se com a vida de um homem ordinário, e retornou ao exercício de suas funções na seita.

Comércio O comércio e os negócios da Inglaterra cresceram ao extremo durante o período pacífico do reinado de Carlos I, e o tráfico com as Índias Orientais e com a Guiné adquiriu proporções consideráveis. Ao lado dos espanhóis, os ingleses haviam se tornado senhores quase que absolutos das rotas comerciais. Vinte mil peças de vestuário eram enviadas por ano à Turquia. O comércio foi interrompido pelas guerras civis e convulsões do corpo político, mas logo recuperou-se, uma vez estabelecida a república. Se a guerra contra os holandeses, ao atingir o comércio de um rival formidável, serviu para estimular o tráfico inglês, a guerra contra a Espanha feriu os interesses da Inglaterra; os mercadores ingleses tiveram confiscados todos os seus valiosíssimos bens que se encontravam naquele país. A predominância dos princípios democráticos incitou os fidalgos a destinarem seus filhos ao aprendizado da prática do comércio, e desde então essa ocupação tornou-se mais honorável na Inglaterra do que em qualquer outro reino da Europa. As companhias que outrora detinham o privilégio do tráfico não chegaram a ser abolidas durante a república por decreto do Parlamento, mas os homens desconsideravam a prerrogativa estabelecida por concessão, e o comércio cresceu no mesmo passo que a liberdade.

A colônia da Nova Inglaterra aumentou por causa da chegada dos puritanos, movidos pelo anseio de se libertar dos constrangimentos que lhes haviam sido impostos por Laud e pelo partido anglicano. Estima-se que antes da eclosão da guerra civil ela contasse 25 mil almas. Pela mesma razão, os católicos, ao verem-se expostos a numerosas dificuldades, e receando tratamento ainda pior que o destinado aos puritanos, também partiram para a América, e estabeleceram a colônia de Maryland.

Artes   No período anterior ao das guerras civis, instrução e belas-artes eram favorecidas na corte e o bom gosto começava a prevalecer na nação como um todo. Carlos I apreciava quadros; ele mesmo às vezes empunhava o pincel, e era um bom juiz da arte. Obras de mestres estrangeiros foram adquiridas a alto preço, e o valor dos quadros dobrou na Europa, por conta da emulação entre ele e Filipe IV da Espanha, atiçados pela mesma paixão elegante. Vandyke foi patrocinado pela corte e se tornou um homem rico. Inigo Jones projetou edifícios reais; posteriormente, foi perseguido pelo parlamento, por ter participado da reconstrução da catedral de são Paulo e por ter obedecido a ordens do conselho de derrubar casas para acomodar essa edificação. Laws, superior a todos os compositores que o precederam, era muito querido pelo rei, que o chamava de *pai da música*. Carlos era um bom juiz da arte de escrever, a ponto de alguns o considerarem mais preocupado com a pureza de estilo do que com a arte de governar. Mesmo com uma receita exígua, e isento de vaidade, seu modo de vida era tão magnífico que ele tinha 24 palácios, todos equipados com facilidades e ornados com elegância. Quando mudava-se de um para outro, não precisava levar consigo o que fosse.

Cromwell, um bárbaro, não era de todo insensível ao mérito literário. Usher, apesar de ser bispo, recebeu uma pensão. Marvel e Milton serviram em sua administração. Waller, seu parente, era um favorito. Esse poeta costumava dizer que o lorde Protetor não era tão iletrado como se imaginava. Cromwell concedeu uma pensão anual de 100 libras ao professor de teologia de Oxford; um historiador menciona essa bolsa como um exemplo de seu amor pela literatura. Tinha a intenção de erguer uma faculdade em Durham, para benefício dos condados do norte.

Guerras civis, especialmente quando fundadas em princípios de liberdade, costumam não ser desfavoráveis às artes de eloquência e composição; ou melhor, por oferecerem objetos mais nobres e interessantes, compensam amplamente a tranquilidade que subtraem às musas. Os discursos dos oradores parlamentares do período têm um viço muito superior ao dos produzidos na Inglaterra no período anterior. Pela primeira vez, a força e o alcance de nossa língua foram postos à prova. Contudo, é preciso reconhecer que o deplorável fanatismo que infectou o partido parlamentar foi tão destrutivo para o gosto e a ciência quanto para a lei e a ordem. Leveza e engenho foram proscritos; a erudição foi banida; a liberdade de investigação foi suprimida; hipocrisia e cinismo foram fomentados. Insistiu-se veementemente, nos debates preliminares à homologação do tratado de Uxbridge, que os teatros fossem abolidos para sempre. Sir John Davenant, diz Whitelocke[4] ao se referir ao ano de 1658, publicou uma ópera, apesar dos tempos desfavoráveis. A mobília do rei foi leiloada; seus quadros, oferecidos a preços baixíssimos, ornaram as coleções da Europa; sua coleção de cartões foi arrematada por 300 libras; seu gabinete de curiosidades foi vendido por 50 mil libras. Os palácios reais foram demolidos; o que se encontrava neles foi posto à venda. Se dependesse

---

4 Bulstrode Whitelocke, *Memorials of the English Affairs from the Beginning of the Reign of Charles I* (1682). (N. A.)

dos generais, até a biblioteca e as medalhas do palácio de St. James teriam sido leiloados para cobrir os gastos de um regimento de cavalaria estacionado perto de Londres; mas Selden, receando prejuízos, pediu a seu amigo Whitelocke, então tesoureiro da república, que o nomeasse superintendente da biblioteca. A manobra salvou uma valiosa coleção.

É lamentável que o maior gênio, de longe, a brilhar na Inglaterra nesse período estivesse profundamente envolvido com os fanáticos e tenha prostituído sua pena em controvérsias teológicas e disputas facciosas, e na justificação das medidas mais violentas de seu partido. Referimo-nos a John Milton. Seus poemas são admiráveis, embora exponham-se a algumas objeções; seus escritos em prosa são desagradáveis, mas não desprovidos de gênio. Os poemas são desiguais. Seu *Paraíso perdido*, seu *Cômodo* e uns poucos outros reluzem em meio a peças banais e insípidas. Mesmo no *Paraíso perdido*, sua principal realização, há passagens longas demais, que correspondem a quase um terço da obra, praticamente destituídas de harmonia e elegância e destituídas do vigor próprio da imaginação. A inconstância natural do gênio de Milton foi estimulada pelo assunto. Tomadas em si mesmas, certas passagens são as mais elevadas que poderiam entrar na concepção humana, enquanto outras, para tornarem-se interessantes, requerem a composição mais laboriosamente elegante. Em momentos de inspiração, e às voltas com um assunto nobre, esse autor é o poeta mais maravilhosamente sublime que jamais existiu em qualquer língua, sem exceção de Homero e Lucrécio e Tasso. Mais conciso do que Homero, mais simples do que Tasso, mais enérgico do que

Lucrécio, se sua vida tivesse sido mais longa, se tivesse aprendido a aparar as arestas de seus versos, se contasse com uma fortuna maior e tivesse disposto de mais tempo para atinar com as manifestações de seu próprio gênio, teria atingido o pináculo da perfeição, apoderando-se da palma da poesia épica.

É notório que em vida Milton nunca desfrutou da reputação que merecia. Seu *Paraíso perdido* permaneceu negligenciado por um longo tempo. Preconceitos contra um apologista do regicídio e uma obra não inteiramente purgada do jargão do período impediram que o mundo ignorante percebesse o prodigioso mérito dessa realização. Lorde Somers, que patrocinou uma boa edição da obra vinte anos após a morte do autor, foi o primeiro a reabilitá-la; e Tonsom, na dedicatória de uma edição abreviada, diz que o poema começava a ser descoberto. Mesmo na época em que o partido de Milton predominou, o poeta não era tido em alta estima. Whitelocke[5] menciona "certo Milton" como um cego que fora empregado na tradução de um tratado do sueco para o latim. Jeito curioso de falar, considerando-se que Whitelocke, apesar de todos os seus títulos e de seu talento e mérito pessoal, caiu na obscuridade, diferentemente de Milton.

Não admira que após a Restauração Milton não tenha recebido uma pensão. Mais espantoso é que ele tenha sobrevivido. Muitos *cavaliers* censuraram abertamente a leniência de Carlos II em relação a ele, tão honrosa para a pessoa do rei, tão auspiciosa para a posteridade. Diz-se

---

5 Ibid. (N. A.)

que Milton teria salvado a vida de Davenant durante o Protetorado, e este, como retribuição, o teria protegido após a Restauração, ciente de que homens de letras devem considerar afinidades em matéria de gosto como um laço de união mais forte do que a animosidade suscitada por eventuais diferenças de partido ou de opinião. Nesse estado de pobreza, cegueira, desgraça, insegurança e velhice, Milton compôs seu maravilhoso poema, que ultrapassou não somente todas as realizações de seus contemporâneos como também todas as composições que fluíram de sua pluma na flor da idade e no auge de sua prosperidade. Esta última circunstância não é das menos notáveis, no que diz respeito a esse gênio admirável. Milton faleceu em 1674, aos 66 anos.

Waller foi o primeiro a refinar a poesia inglesa, ou ao menos a rima inglesa; mas seus poemas são repletos de faltas, e, o que é mais grave, contêm belezas superficiais e frágeis. Leveza, engenho e invenção, tal é o caráter preponderante dessas peças que não aspiram ao sublime, menos ainda ao patético. Tratam de amor, mas não nos inspiram ternura; trazem muitos panegíricos, mas não excitam admiração. A exceção é o panegírico de Cromwell, que contém mais força do que seria de esperar de uma composição desse poeta. Nascido em família muito rica, Waller foi introduzido na corte desde cedo, e viveu sempre na companhia dos melhores. Possuía talentos para a eloquência, não só para a poesia; e até a sua morte, que ocorreu tarde, foi o deleite da Casa dos Comuns. Os erros que marcaram sua vida procederam de sua covardia, mas não de falta de integridade ou de honra. Faleceu em 1687, aos 82 anos.

Cowley é um autor extremamente corrompido pelo mau gosto da época em que viveu. Mas, mesmo que tivesse nascido na Grécia ou em Roma nos períodos em que o uso da língua foi mais puro, teria sido um poeta medíocre. Não tinha ouvido para a harmonia, e seus versos só são reconhecíveis pelas rimas que os fecham. Seus números ásperos e desafinados transmitem sentimentos deformados e distorcidos, alegorias artificiosas, alusões remotas, conceitos forçados. Em meio a essas concepções desnaturadas, irrompem, aqui e ali, uma invenção considerável e um pensamento vigoroso. Uns poucos anacreônticos surpreendem pela facilidade e leveza. Seus escritos em prosa agradam pela honestidade e bondade que expressam, mesmo pelo *spleen* e pela melancolia. Foi um autor muito mais louvado e admirado em vida, e muito mais celebrado após a morte, do que o grande Milton. Faleceu em 1667, aos 49 anos.

Sir John Denham exibe em *Cooper's Hill*, seu único poema digno de atenção, uma agilidade e um vigor inéditos em poetas ingleses que escreveram em rima. As dificuldades intrínsecas à mecânica dessa espécie de metro retardaram seu desenvolvimento. Shakespeare, cujas cenas trágicas são por vezes maravilhosamente fortes e expressivas, é um poeta medíocre quando tenta rimar. Precisão e nitidez são o que principalmente falta a Denham. Faleceu em 1688, aos 73 anos.

Nenhum autor inglês do período foi tão celebrado como Hobbes, em seu país ou no exterior; em nossos dias, está praticamente esquecido: um bom exemplo de como são precárias as reputações que se fundam na arte do raciocínio e na filosofia. Uma comédia prazerosa, que pinta as maneiras da época e expõe um fiel quadro da natureza, é uma obra duradoura que se transmite à mais longínqua posteridade. Um sistema físico ou metafísico geralmente deve seu êxito à novidade, mas, uma vez examinado imparcialmente, descobrem-se suas fraquezas. A política de Hobbes serve unicamente para promover a tirania; sua ética, para estimular a licenciosidade. Embora fosse um inimigo da religião, não compartilhava do espírito cético, era taxativo e dogmático, como se a razão humana, e sua razão em particular, pudesse alcançar plena convicção em tais assuntos. A clareza e a propriedade de estilo são as principais excelências dos escritos de Hobbes. Pessoalmente, parece ter sido um homem virtuoso; o que não surpreende, apesar de seu sistema libertino de ética. O acanhamento é o principal defeito de que foi acusado. Viveu até uma idade muito avançada, mas não aceitou bem a ideia da morte; suas robustas opiniões e sentimentos estão em acentuado contraste com esse aspecto do seu caráter. Faleceu em 1679, aos 91 anos.

Oceana, de Harrington, é uma obra adaptada a uma época em que planos de repúblicas imaginárias eram objeto do debate e da conversação cotidiana dos homens. Até hoje é admirada, por boas razões, como uma produção genial e inventiva. Mas a ideia de uma república perfeita e eterna será sempre tão quimérica quanto a de um homem perfeito e imortal. O estilo do autor carece de facilidade e de fluência, mas o proveitoso conteúdo de sua obra compensa esse defeito. Harrington faleceu em 1677, aos 66 anos.

Coube a Harvey a glória de ter realizado, apenas com o raciocínio, sem a interferência de nada acidental, uma descoberta capital num dos ramos mais importantes da ciência. Teve ainda a felicidade de estabelecer sua teoria, com um só golpe, nas mais sólidas e convincentes provas, e a posteridade pouco teve a acrescentar aos argumentos sugeridos por sua dedicação e engenho. Como se isso não bastasse, seu *Tratado sobre a circulação do sangue* é adornado pela veemência e pelo espírito que naturalmente acompanham o gênio inventivo. Esse grande homem foi incentivado por Carlos I, que lhe permitiu o uso de cervos que habitavam os bosques reais para o aprimoramento de suas descobertas acerca da geração dos animais. Nenhum médico da Europa com mais de quarenta anos de idade chegou a adotar a doutrina de Harvey sobre a circulação do sangue; sua prática em Londres como médico foi muito prejudicada por essa grande e notável descoberta. Tão lento é o progresso da verdade em todas as ciências, mesmo sem a oposição dos preconceitos de facção ou de superstição! Harvey faleceu em 1657, aos 79 anos.

Essa época produziu muitos materiais para a história, mas nenhum historiador consumado. Mesmo assim, Clarendon há de permanecer um autor estimado e interessante, mesmo que não se tenha curiosidade pelos fatos que ele relata. Seu estilo é redundante e prolixo, e sufoca-nos a extensão de seus períodos; mas exibe imaginação e sentimento, e agrada-nos ao mesmo tempo em que o reprovamos. Sua parcialidade é mais aparente do que real.

Parece eternamente preocupado em tecer louvas ao rei; tais elogios, porém, têm fundamento. É menos parcial no relato dos fatos que na descrição do caráter de seus personagens; demasiadamente honesto para falsificar os primeiros, suas afeições tinham o poder, desconhecido por ele mesmo, de alterar os últimos. Um ar de probidade e de boa vontade perpassa sua obra, qualidades que adornaram a vida do próprio autor. Faleceu em 1674, aos 66 anos.

Tais são as principais realizações do período em exame que reclamam a atenção da posteridade. As incontáveis produções publicadas em libretos, a hipocrisia do púlpito, o palavrório dos partidos, as sutilezas da teologia, há muito que tudo isso mergulhou na noite do esquecimento e do silêncio. Um Selden, cuja principal excelência era a erudição, ou um Chillingworth, que com agudeza debateu com os papistas, não poderiam ser classificados entre os clássicos de nossa língua ou de nosso país.

16
Restauração da monarquia[1]

1660   Quando ascendeu ao trono de seus ancestrais, Carlos II contava 30 anos de idade. Era dono de uma constituição física vigorosa, bela silhueta, figura máscula, tinha ares graciosos; e embora seus traços fossem ásperos, seu aspecto geral era atraente e vivaz. Encontrava-se naquela fase da vida em que há juventude suficiente para tornar a pessoa amável, sem prejuízo da autoridade e do respeito conquistados pelos anos de experiência e maturidade. Devido à memória das adversidades pelas quais recentemente passara, despertava ternura; sua prosperidade presente era objeto de admiração, não de inveja. A súbita e surpreendente revolução que lhe restaurara os direitos legais também restaurara, para a nação, paz, lei, ordem e liberdade; jamais um príncipe obtivera a Coroa em circunstâncias tão favoráveis ou recebera tanta afeição cordial e lealdade de seus súditos.

Por sua atitude e postura geral, o rei dispunha de meios para justificar e aumentar essa popularidade. Reunia,

---

[1] Capítulo 63 (início) e Capítulo 69 (fim), Livro VI (1756). (N. T.)

a um gênio vivo e a uma compreensão sagaz, entendimento justo e capacidade de observação dos homens e das coisas. Sua conversação e seu trato eram infundidos com as maneiras mais brandas, a polidez mais natural, a jovialidade mais envolvente. Acostumado, nos dias de exílio, a viver entre cortesãos, como companheiro destes, e não como monarca, retivera, ao chegar ao trono, uma afabilidade franca, apta a conciliar os mais inveterados republicanos com sua dignidade real. Totalmente isento de ressentimento, fosse por leniência natural ou por seu temperamento despreocupado, concedeu perdão aos mais culpados dentre seus inimigos e fomentou esperanças de favorecimento nos mais virulentos oponentes. O propósito geral de suas ações e de seu discurso parecia indicar o desejo de obliterar a memória de animosidades passadas e de reunir em torno do príncipe e da pátria a afeição de cada um dos partidos.

Novo ministério   O novo ministério era formado por homens dos mais eminentes da nação, independentemente de distinção prévia. Presbiterianos compartilharam essa honra com realistas. Anglesley foi designado conde; Ashley Cooper se tornou lorde Ashley, Denzil Hollis, lorde Hollis. O conde de Manchester foi nomeado camareiro-mor, lorde Say, lorde do Selo Privado. Calamy e Baxter, clérigos presbiterianos, tornaram-se capelães reais.

O almirante Montague, designado conde de Sandwich, intitulara-se, por seus recentes serviços, a favorecimentos especiais, e obteve-os. Monk, que se tornara duque de Albermale, prestara serviços tão extraordinários que, de acordo com uma observação vulgar e maliciosa, deveria ter esperado por ódio e ingratidão;[2] mas foi tratado pelo rei com grandes marcas de distinção. A disposição de Carlos, isenta de ciúme, e o prudente comportamento do general, que nunca exagerou os próprios méritos, impediram os desgostos que naturalmente surgem em situação delicada como essa. Os talentos de Albermale eram desprezíveis; era um homem antes sólido que brilhante. Embora tivesse se destacado em posições inferiores, bastava conhecê-lo um pouco para perceber que não estava à altura dos grandes feitos que a fortuna, unida à prudência, o haviam levado a realizar; jamais poderia adaptar-se à corte, cena à qual estava desacostumado. Morrice, seu amigo, foi nomeado secretário de Estado mais com base no crédito de seu patrono do que por experiência ou habilidade própria.

A escolha dos principais ministros e favoritos do frei contentou a nação e permitiu entrever um futuro auspicioso e tranquilo. Sir Edward Hyde, designado conde de Clarendon, era chanceler e primeiro-ministro; o marquês de Ormond, designado duque, era superintendente da receita doméstica; o conde de Southampton era tesoureiro real; sir Edward Nicholas era secretário de Estado. Unidos pela amizade e combinando inclinações louváveis, esses homens reforçaram o crédito uns dos outros e perseguiram juntos o interesse público.

Concomitantes à prosperidade pública foram a alegria e o júbilo que se difundiram pela nação. A melancólica

---

2 O general Monk, que servia a Cromwell, entrou em Londres em 1660 e impôs ao parlamento, reunido após a morte do segundo lorde Protetor, Richard Cromwell, a restauração da Coroa aos Stuart. (N. T.)

austeridade dos fanáticos caiu em descrédito juntamente com seus princípios. Os realistas, que amiúde haviam afetado a disposição contrária, encontraram nos êxitos recentes novos motivos de alegria e regozijo; era a vez de suas maneiras tornarem-se reputáveis e entrarem em voga. A experiência do passado mostrara que gravidade era muito diferente de sabedoria; formalidade, de virtude; hipocrisia, de religião. O próprio rei, que tinha forte propensão pelo prazer, ajudou, com seu poderoso e atraente exemplo, a banir os humores amargos e malignos que tanta confusão haviam engendrado. E embora limites tenham sido transpostos, quando os homens deixaram os antigos extremos o público não hesitou em trocar vícios perniciosos à sociedade por desordens nocivas principalmente aos próprios indivíduos culpados por elas.

Levou um tempo para que as diferentes partes do Estado, desfiguradas pela guerra e pela facção, pudessem retornar ao antigo arranjo. O parlamento, porém, imediatamente entrou em boas relações com o rei, tratando-o com o mesmo respeito outrora mostrado por seus antecessores. Reunido sem o consentimento do monarca, recebeu de início o mero título de Convenção; apenas depois de apresentado um ato do rei com esse propósito é que veio a ser chamado de Parlamento. Os procedimentos judiciais transcorridos em nome da República ou do Protetorado foram retificados por uma nova lei. Ambas as Casas, admitindo sua culpa pela rebelião, receberam agradecidas, em seu nome e no dos súditos, o gracioso perdão e a anistia de sua Majestade.

Ato de anistia   Antes da Restauração, o rei, com receio de levar seus inimigos ao desespero e recusando-se a aceitar que os enormes crimes cometidos permanecessem impunes, expressara-se em termos bastante cautelosos na declaração de Breda, prometendo anistia a todos os criminosos, exceto pelos que o parlamento julgasse necessário condenar. Emitira agora uma proclamação em que declarava que os juízes de Carlos I que não se entregassem em duas semanas não receberiam perdão. Dezenove se renderam; alguns foram presos quando tentavam fugir; outros escaparam para ultramar.

Os Comuns parecem ter se inclinado pela leniência mais do que os Lordes. Inflamada pelos maus tratos a que fora submetida, a casa superior estava decidida a condenar, além dos que haviam julgado o rei, todos os que haviam sido membros da Corte Suprema de Justiça. O conde de Bristol chegou a propor que não se concedesse perdão a ninguém que estivesse em alguma medida envolvido com a morte do rei. Essa medida abrangente, que incluía muitos que haviam servido no Parlamento, causou alarme geral, e os homens começaram a suspeitar que era resultado de intriga ou artifício da corte. O rei, porém, logo dissipou esses receios. Fez-se presente na Casa dos Pares e nos termos mais sinceros defendeu o ato de anistia geral. Alegou que era um ato indispensável, e que tinha obrigação de cumprir sua promessa; uma promessa, disse ele, que considerava sagrada, pois a ela devia, com toda probabilidade, a satisfação de encontrar o seu povo reunido no Parlamento. A medida foi acatada com aprovação e aplauso.

Após repetidas solicitações, o ato de anistia foi aprovado em ambas as Casas e recebeu assentimento real.

Os que haviam participado diretamente da morte do rei não estavam incluídos. Cromwell, Ireton, Bradshaw e outros que haviam falecido foram atingidos pelo ato, e seus bens foram sequestrados; Vane e Lambert, embora não fossem regicidas, também. St. John e outras dezessete pessoas seriam privadas dos benefícios do ato se viessem a ocupar cargos na administração pública. Todos os que haviam participado de cortes ilegais de justiça eram impedidos de ocupar cargos. Resumiram-se a isso as punições subsequentes às furiosas guerras e convulsões civis.

Acordo sobre a receita
O próximo assunto a decidir era o fornecimento da receita do rei. Nas discussões que se seguiram, o Parlamento levou em consideração a liberdade pública bem como o sustento da Coroa. Há muito que os títulos de posses e de tutelas eram vistos pela nobreza e pela pequena nobreza como um fardo. Diversas ofertas haviam sido feitas a Jaime I para comprar essa prerrogativa, juntamente com a de requisitar provisões; oferecera-se ao príncipe 200 mil libras por ano. Tanto as posses como as tutelas haviam sido inteiramente abolidas pelo Parlamento republicano. Mesmo no Parlamento presente, antes da chegada do rei à Inglaterra, um projeto fora introduzido oferecendo uma compensação pelos emolumentos dessas prerrogativas. No final, a soma estabelecida foi de 100 mil libras; metade dos impostos arrecadados foi destinada perpetuamente à Coroa, como fundo a partir do qual essa receita seria obtida. Embora esse imposto oferecesse mais ganhos, deve-se considerar a barganha dura para o rei, que apenas por necessidade foi induzido a aceitá-la.

Restauração da monarquia

Em meio ao júbilo da nação, não poderia negar ao parlamento o que quer que este lhe requisitasse.

O imposto de tonelagem[3] e a outra metade da receita foram consignados ao rei, enquanto ele vivesse. O Parlamento chegou mesmo a aprovar o voto segundo o qual a receita fixa da Coroa, para todos seus gastos, não ultrapassaria 1,2 milhão de libras por ano, montante do qual nunca antes desfrutara um monarca. Mas, como todos os príncipes da Europa aumentassem incessantemente sua força militar, e, consequentemente, também os seus gastos, tornou-se necessário para a Inglaterra, tanto por questão de honra quanto por de segurança, manter o mesmo passo que eles, e adaptar sua receita ao novo sistema que prevalecia na política. De acordo com os cálculos do chanceler, 800 mil libras por ano eram necessárias para a frota naval e outros ramos, que outrora custavam à Coroa 80 mil libras.

Se, antes de restaurar a Coroa, o Parlamento tivesse insistido em outras limitações além das previstas na Constituição, essa precaução teria parecido desnecessária; sem mencionar o risco de reavivar antigas desavenças. Pois, em razão de sua exígua e precária receita, a Coroa dependia de fato, e completamente, do Parlamento. Apenas uma quarta parte da soma a ela destinada podia ser levantada sem consentimento do parlamento; e quaisquer exceções que os Comuns julgassem necessárias seriam admitidas pelo acuado príncipe. O presente Parlamento não mostrava a intenção de empregar esse recurso, mas tampouco pare-

---

3 Ver neste volume os capítulos 8 e 12. (N. T.)

cia determinado a abrir mão dele, e recusava-se a tornar independentes e fixas as receitas da Coroa. Embora tenha votado que 1,2 milhão de libras seriam destinadas anualmente ao rei, não estabelecerem um fundo para garantir sequer dois terços dessa quantia; entregaram à consideração de futuros parlamentos os meios para cumprir o acordo.

Essa mesma cautelosa frugalidade foi mostrada na votação de todos os suprimentos temporários. Debandar o exército, em si mesmo formidável e acostumado a rebeliões e mudanças de governo, era necessário para a segurança tanto do rei quanto do Parlamento; mas os Comuns mostraram-se extremamente parcimoniosos na concessão das somas requeridas para a realização desse fim. Impôs-se uma tributação de 70 mil libras ao mês, por apenas três meses; as demais somas arrecadadas com esse propósito foram concedidas em parcelas, como se ainda não estivessem certos da fidelidade da mão a que entregavam o dinheiro. Tendo chegado a esse ponto na reorganização dos assuntos nacionais, o parlamento entrou em recesso temporário.

13 de setembro

Julgamento e execução dos regicidas

Durante o recesso do Parlamento, o interesse do público voltou-se principalmente para o julgamento dos regicidas. A indignação geral em relação ao enorme crime de que esses homens eram culpados fez de seus sofrimentos um objeto de júbilo do povo. Mas, se levarmos em conta as circunstâncias peculiares do julgamento, os preconceitos dos tempos e o comportamento dos criminosos, encontraremos, se tivermos sentimentos de humanidade, bons motivos para compaixão e perdão. Como poderia um observador, ciente da cegueira e da ignorância dos homens, manter-se indiferente diante da atitude do general Harrison no tribunal? Com grande coragem e sentimento elevado, declarou à corte que o pretenso crime pelo qual era acusado não era um crime qualquer, um crime de rua, mas ressoara por todas as nações, e de sua realização participara o próprio soberano poder celestial; disse ainda que ele mesmo, acometido por dúvidas, mais de uma vez dirigira-se, em meio a lágrimas, à majestade divina, em sincera busca por luz e convicção, recebendo a garantia de uma sanção celestial e retornando dessas devotadas meditações com a mais serena tranquilidade e satisfação; afirmou também que todas as nações da terra, aos olhos do criador, eram menos que um pingo d'água num balde, e todos seus juízos equivocados não eram mais do que escuridão, comparados às iluminações divinas; reiterou que nunca suspeitara que essas ilações do espírito divino pudessem ser ilusões provocadas por seu interesse próprio, pois jamais agrediria, que fosse um homem pobre ou uma mulher indefesa, por qualquer vantagem que isso lhe pudesse trazer; alegou que os atrativos da ambição e os terrores da perseguição não haviam sido suficientes, durante a usurpação de Cromwell, para abalar sua firme resolução ou para dobrá-lo em submissão a um tirano ardiloso; por fim, lembrou que quando o mesmo tirano o convidara a sentar-se ao seu lado direito, oferecendo-lhe riquezas e esplendor e domínios, rejeitara com desdém todas essas tentações, e, sem dar atenção às lágrimas de sua família e de seus amigos, permanecera fiel, em meio aos maiores perigos, aos seus princípios e à sua integridade.

Scot, mais republicano do que fanático, dissera na Casa dos Comuns pouco antes da Restauração que não admitiria outro epitáfio em seu túmulo além deste, *Aqui jaz Thomas Scot, que condenou o rei à morte*; manteve esse mesmo espírito durante o julgamento.

Carew, membro da seita dos Milenários, submeteu-se a julgamento, mas *reservando a nosso senhor Jesus Cristo o direito de governar estes reinos*. Outros fizeram questão de dizer *que seriam julgados por sua pátria e por Deus, e Deus não estava ali para julgá-los*. Houve ainda quem dissesse *que seria julgado pela sentença de Deus*.

Somente seis dos juízes de Carlos I – Harrison, Scot, Carew, Clement, Jones e Scrope – foram executados, sendo Scrope o único que participara da proclamação de Carlos II. Era um cavalheiro de boa família e de caráter decente; ficou provado, porém, que dissera, em conversas privadas, que não considerava um crime ter condenado o rei. Axtel, responsável pela segurança da Corte Suprema de Justiça, Hacker, que a presidira no dia da execução, Coke, que atuara como promotor do povo da Inglaterra, e Paters, pregador fanático que inflamara o exército e o compelira ao regicídio, foram julgados e condenados, e tiveram a mesma sorte que os juízes. Nunca um santo ou pregador aceitou o próprio martírio com tanta confiança na justiça divina como a mostrada por esses criminosos, que não vacilaram nem mesmo diante dos terrores e iniquidades da morte imediata. Os demais juízes do rei, num ato de leniência sem precedente, foram detidos e encarcerados em diferentes prisões.[4]

A punição desses inimigos declarados não interrompeu as festividades da corte. Mas a morte do duque de Gloucester, príncipe jovem e promissor, pareceu-lhes mais triste. Nunca em sua vida o rei sentiu-se tão profundamente abalado. Observavam-se em Gloucester as qualidades de ambos os seus irmãos: o juízo clarividente e a penetração do rei, a diligência e a dedicação do duque de York. Acreditava-se ainda que ele tinha afeição pela religião e respeitava a Constituição de seu país. Contava 23 anos de idade quando a varíola pôs fim a sua vida.

* * *

Se examinarmos o caráter de Carlos II sob as diferentes luzes suscetíveis a iluminá-lo, ele mostrará variações aptas a produzir sentimentos diferentes, e mesmo opostos. Em boa companhia, parece ter sido dos homens mais afáveis e interessantes, dotado de comportamento impecável. Seu gosto pela zombaria era temperado pelos bons modos, e não chegava a ofender; sua propensão à sátira era controlada pela discrição, e seus amigos não receavam os seus efeitos; seu engenho, para usarmos a expressão de alguém

---

4 Hume não menciona o ato do Parlamento pelo qual os corpos de Cromwell, Ireton e Bradshaw foram desenterrados da abadia de Westminster, executados postumamente em Tyburn, expostos por um dia inteiro, e decapitados, as cabeças exibidas em hastes, colocadas em frente a Westminster Hall. Ali permaneceram por mais de vinte anos, até 1685. (N. T.)

que o conhecia bem, e de fato era bom juiz,[5] não chegava a ser muito refinado ou elevado, qualidades que amiúde causam ciúme e apreensão, limitando-se ao simples, ao direto, ao comedido. E embora talvez falasse mais do que o permitido pelas regras do bom comportamento, os homens gostavam tanto da postura afável e comunicativa do monarca, que deixavam sua companhia contentes com ele e consigo mesmos. Essa é, com efeito, a parte mais reluzente do caráter do rei, e ao que tudo indica, ele sabia disso, pois não hesitava em trocar a formalidade dos cerimoniais de Estado pela boa companhia.

Nos deveres da vida privada, sua conduta, embora não estivesse imune a censuras, era, no geral, louvável. Foi um amante generoso, um marido obsequioso, um irmão amigo, um pai cuidadoso, um senhor bondoso. As amizades contraídas por esse príncipe, a exemplo de seu senso de gratidão, eram frágeis; nunca se ligou com sincera afeição a qualquer um de seus cortesãos ou ministros. Acreditava que o único motivo pelo qual o serviam era o interesse próprio, e por seu turno não hesitava em sacrificá-los em nome do que lhe fosse mais conveniente.

À vida privada de Carlos restringe-se nosso panegírico de suas virtudes. As outras partes de sua conduta podem merecer uma apologia, mas dificilmente mereceriam o aplauso. Era tão propenso à vida privada, de preferência à pública, que mostrava ordem, frugalidade e parcimônia na primeira, profusão, imprevidência e negligência na segunda. Quando o consideramos como soberano, seu

---

5 O marquês de Halifax. (N. A.)

caráter, embora não seja de todo destituído de virtude, mostrou-se amiúde perigoso para seu povo e desonroso para ele mesmo. Negligente nos interesses da nação, descuidado de sua glória, desconfiado de sua liberdade, pródigo no uso de seu tesouro, só poupou o próprio sangue. Expôs a Inglaterra com as medidas que tomou; e nunca considerou com a devida seriedade o risco de uma guerra civil furiosa ou mesmo da ruína e ignomínia que poderiam ser causadas por uma invasão estrangeira. Uma avaliação cândida atribuiria essas enormidades, em grande medida, à indolência de seu temperamento; mas esse defeito, por indesejável que seja para um monarca, não deve ser considerado por nós com excessiva severidade.

Foi observado a respeito de Carlos que ele nunca disse uma tolice ou tampouco fez algo sábio. Essa censura, embora exagerada por alguns, parece ter fundamento em seu caráter e em suas atitudes. Ao ser informado desse dito a seu respeito, o rei respondeu que era fácil explicá-lo: seu discurso era de sua autoria, suas ações eram de seu ministério.

Se refletirmos no apetite de poder inerente à natureza humana e acrescentarmos a educação do rei em países estrangeiros, em meio a *cavaliers*, partido que exagerava as recentes usurpações dos direitos da monarquia por assembleias populares, não surpreende que a liberdade civil não tenha encontrado em Carlos um patrono dos mais zelosos. Acuado por facções domésticas, desgastado por calúnias e queixas, oprimido por débitos, privado de muitas de suas receitas, ele tentou, ainda que de maneira débil, formar um governo mais simples na estrutura e mais fácil na administração. Suas ligações com a França, mesmo após todas as tentativas de explicá-las, continham, é preciso reconhecer, algo de misterioso e inexplicável. Mas as esperanças de tornar-se absoluto com o auxílio de Luís XIV parecem tão quiméricas que mal poderiam ter sido concebidas por um príncipe lúcido como Carlos. Quanto a subsídios pecuniários, ele certamente gastou mais dinheiro numa única temporada, na guerra contra a Holanda, do que recebeu da França durante todo o seu reinado. Isso leva-me a pensar que, nesse particular, Carlos deixou-se guiar principalmente por sua inclinação e por uma predisposição pela França. Considerava que esse povo era alegre, ágil, polido, elegante, cortês, devotado ao seu príncipe, fiel à fé católica, e, por essas razões, cordialmente o admirava. O caráter oposto dos holandeses tornava-os objeto de sua aversão, e os humores instáveis dos ingleses tornavam-nos indiferentes aos seus olhos. Nossas noções de interesse são envoltas por nossas afeições, e não chega a surpreender encontrar um homem guiado por preconceitos nacionais, e, ao mesmo tempo, pouco tendencioso em suas amizades e relações pessoais.

O perfil desse príncipe foi extensamente traçado por dois grandes mestres que o conheciam muito bem, o duque de Buckingham e o marquês de Halifax, sem mencionar as elegantes pinceladas de sir William Temple. Também o dr. Welwood e o bispo Burnet empregaram a pena nesse mesmo objeto; mas enquanto o primeiro é parcial a seu favor, o segundo é tendencioso e maldoso para com ele. Em vez de encontrar um paralelo exato entre Carlos II e o imperador Tibério, como quer o prelado, mais justo seria notar o pleno contraste e oposição entre eles. O imperador parece ter ultrapassado em muito o rei quanto às habilidades, e ter ficado aquém dele quanto às virtudes. Precavido, sábio, atuante, desconfiado, sombrio, mórbido, insociável, reservado, cruel, incansável, impiedoso: tais são as luzes sob as quais o tirano romano nos foi transmitido. A única circunstância em que se assemelha a Carlos é seu gosto pelas mulheres, paixão geral demais para permitir que se forme uma similaridade marcante, e que aquele detestável e detestado monstro combinava com apetites menos naturais.

17
Revolução de 1688[1]

A coragem e as habilidades do príncipe de Orange, auxiliadas por uma surpreendente reversão da fortuna, efetuaram a libertação desta ilha; e, com pouquíssima efusão de sangue (somente um oficial do exército holandês e uns poucos soldados rasos tombaram, num confronto acidental), destronaram Jaime II, rei poderoso, que contava com uma frota formidável e um exército numeroso. Porém, a tarefa mais difícil, aquela que o príncipe considerava a mais importante, restava por fazer: a obtenção para si da coroa que caíra da cabeça de seu sogro. Alguns juristas, enredados nas sutilezas e formalidades de sua profissão, não concebiam outro expediente além deste: o príncipe deveria reclamar a Coroa por direito de conquista, assumir imediatamente o título de soberano e convocar um parlamento, que, reunido legalmente por um rei empossado, ratificaria não importa quais transações precedentes à sua reunião. Mas essa medida,

---

[1] Capítulo 71, Livro VI (1756), início. (N. T.)

por ser fatalmente nociva aos princípios da liberdade, únicos com base nos quais seu futuro trono poderia se erguer, foi prudentemente rejeitada pelo príncipe, que, favorecido pela boa vontade da nação, decidiu entregar a ela sua própria guia e direção. Pares e Bispos, quase noventa deles, urgiram a ele que convocasse uma convenção através de carta circular; que assumisse, entrementes, a administração dos assuntos públicos, e tomasse medidas de segurança na Irlanda. Ao mesmo tempo, recusaram-se a ler em público uma carta deixada por Jaime, na qual ele se desculpava pela deserção do trono, a que fora forçado, segundo dizia, pelo uso da violência. Essa recusa é uma indicação suficiente dos sentimentos da Casa dos Lordes em relação ao infausto monarca.

Convocação da convenção Mas o príncipe, relutante em atuar com respaldo de uma autoridade que poderia ser considerada imperfeita, ansiava por uma declaração mais expressa do consentimento público. Os que haviam ocupado assento como membros da Casa dos Comuns nos parlamentos de Carlos II, únicos cuja eleição era considerada livre, foram convidados a reunir-se; juntaram-se a ele o magistrado geral, os magistrados municipais e cinquenta membros do conselho dos Comuns. Esse corpo foi considerado como o que melhor representaria o povo na presente emergência. Aprovaram por unanimidade o mesmo comunicado emitido pelos Lordes; e o príncipe, contando assim com o apoio de toda autoridade legal que poderia ser reunida naquela conjuntura crítica, escreveu uma carta, a ser circulada aos condados e às corporações da Inglaterra. Suas ordens foram prontamente obedecidas por todos. Uma profunda tranquilidade apoderou-se do reino, e a autoridade do príncipe foi acatada como se tivesse sido estabelecida de maneira regular, por ocasião da vacância do trono. A frota acatou as diretrizes recebidas; o exército, sem queixas ou oposição, prestou-se a ser remodelado; e a *City* supriu a Coroa com um empréstimo de 200 mil libras.

1689 Em sua conduta em relação à Escócia, o príncipe observou essas mesmas máximas de prudência e moderação. Como se encontrassem em Londres numerosos notáveis escoceses, Guilherme os reuniu, apresentou a eles as suas intenções e pediu que o aconselhassem na presente emergência.

7 de janeiro. Convenção escocesa Essa assembleia, formada por trinta nobres e cerca de quarenta cavalheiros, elegeu o duque de Hamilton como presidente, homem de caráter contemporizador que estava determinado a cortejar a presente autoridade. Seu filho mais velho, o conde de Arran, professava adesão a Jaime, num gesto usual na Escócia, onde é comum que pai e filho, em controvérsias de ordem civil, se posicionem em lados opostos, para assegurar os interesses da família, qualquer que seja o desfecho. Arran propôs que convidassem Jaime a retornar, em certas condições; sua proposta, porém, foi veementemente atacada numa moção de sir Patrick Hume, e não recebeu qualquer voz em apoio. A assembleia fez ao príncipe uma oferta que ele imediatamente aceitou. Para acelerarmos um pouco nossa narração, em 22 de março reuniu-se em Edimburgo uma convenção, convocada por carta do rei em circular, onde logo ficou evidente que prevaleceriam os interesses dos descontentes. Os realistas mais zelosos consideraram ilegal a assembleia e recusaram-se a apresentar candidatos; o outro partido obteve praticamente todos os assentos. Na Escócia, a Revolução, contrariamente ao que ocorrera na Inglaterra, não seria efetuada por uma coalizão entre *whigs* e *tories*; o primeiro partido se apoderara sozinho do governo, e por sentir-se ofendido por injúrias cometidas no passado não poderia admitir uma composição com seus antigos senhores. Logo que as intenções da convenção ficaram claras, o conde de Balcarras e o visconde de Dundee, líderes dos *tories*, deixaram Edimburgo; a convenção, por seu turno, aprovou um ousado e decisivo voto, pelo qual ficava estabelecido que o rei Jaime, por má administração e abuso de poder, *perdera* todo direito à Coroa, e a dignidade real era ofertada ao príncipe e à princesa de Orange.

22 de janeiro. Reunião da convenção inglesa Reuniu-se a convenção inglesa, e foi imediatamente explícito que a Casa dos Comuns, tanto pelo humor prevalecente na nação quanto pela influência da autoridade presente, fora escolhida, em sua maioria, entre membros do partido *Whig*. Após agradecerem em conjunto ao príncipe de Orange pela liberação, a grande maioria dos Comuns aprovou em alguns dias um voto menos incisivo que o da convenção escocesa e submeteu-o aos lordes. Continha as seguintes palavras: "O rei Jaime II tentou subverter a constituição do reino e rompeu o contrato original entre o rei e o povo; violou, por conselho dos jesuítas e de outras pessoas perversas, suas leis fundamentais; fugiu do reino, abdicando do governo. Portanto, o trono estava vacante". Submetido à casa superior, o voto deparou com grande oposição, cujas causas requerem uma explicação.

Posicionamento dos partidos Diante da ameaça às leis e à sua religião, os *tories* e o partido do alto clero haviam se dedicado com zelo a promover a rebelião nacional, abandonando os princípios de não resistência professados por eles com alarde, quando eram os favoritos do rei. Suas apreensões prevaleceram sobre seus preceitos políticos, e o infeliz Jaime, que se fiara por declarações gerais de intenção que jamais seriam postas em prática, constatou no fim que os partidos haviam se unido contra ele. Uma vez passado o perigo e revertida a apreensão geral, os preconceitos partidários não tardaram a recobrar, em certa medida, a antiga autoridade. Embaraçados com a derrota que lhes fora imposta por seus antagonistas nas transações públicas mais recentes, os *tories* inclinaram-se por uma posição de compromisso, e embora se opusessem, de modo geral, ao retorno do rei, não consentiram em destroná-lo ou em alterar a linha sucessória. Propuseram como expediente a nomeação de um regente dotado de poderes reais; esse plano de governo contava com algum respaldo, pois tinha um precedente recente em Portugal.

Em defesa desse esquema, os *tories* insistiram que se ponderasse, que as leis inglesas sempre consideraram o título à coroa como sagrado, e assim ele não poderia, em hipótese alguma, nem mesmo de má administração, ser recusado ao soberano; que destronar um rei e eleger seu sucessor era uma prática inteiramente alheia à constituição, pois tende a tornar dependente e precária a autoridade real; que no caso de um soberano de idade tenra, acometido por loucura ou outra enfermidade natural, as leis e o precedente recomendavam que se apontasse um regente, investido, pelo período necessário, do poder administrativo de modo geral; que por seus inveterados e perigosos preconceitos, Jaime II se desqualificara a empunhar o cetro inglês, tal como se estivesse louco, e é natural, portanto, que o povo recorresse ao mencionado remédio; que a eleição de um rei era um precedente para a eleição de outro, e o governo, por esse meio, degeneraria numa república, ou, o que é pior, numa monarquia sediciosa e turbulenta; que o perigo era ainda maior por haver um príncipe que reclamava a Coroa por direito de sucessão, e que contestava, com razões plausíveis, o título do soberano presente; que por mais que a doutrina da não resistência não seja absolutamente verdadeira em todas as circunstâncias possíveis, a crença nela, contudo, é muito conveniente, e estabelecer um governo que tenha como base o princípio contrário era o mesmo que deitar as fundações para perpétuas revoluções e convulsões; que a nomeação de um regente tinha, de fato, suas inconveniências, mas, enquanto se preservasse intacta a linha sucessória, permaneceria a perspectiva de pôr fim, em algum momento, de uma vez por todas, às desordens públicas; e mal se encontra na história, especialmente na história inglesa, uma situação em que um título de legitimidade controversa não tenha provocado males muito maiores do que aqueles que o povo tenta evitar, com o abandono da sucessão linear do trono.

Os líderes do partido *Whig*, por outro lado, defenderam que se havia algum mal no precedente em questão, resultava tanto do estabelecimento de um regente quanto da deposição de um rei e da nomeação de seu sucessor; que qualquer um desses expedientes, se apoiado pelo povo sem motivo ou com precipitação, seria fonte de convulsões públicas; que se as leis não permitiam expressamente a deposição do soberano, tampouco autorizavam que se resistisse à sua autoridade ou que se separasse o poder de seu título; que não se ouvira falar de regentes a não ser onde o rei, em razão de tenra idade ou de enfermidades, era incapaz de exercer a própria vontade, e nesse caso sua vontade supostamente estava implicada na do regente; que é o cúmulo do absurdo julgar um homem por ter agido com base numa comissão recebida de um príncipe que nós mesmos reconhecemos ser o soberano legítimo, e o júri contrariaria o direito e o senso comum para condenar esse pretenso criminoso; que, dada a presente situação, mesmo a perspectiva de ver-se livre dessa monstruosa inconveniência era mais remota que a de pôr fim a uma sucessão contestada; que, mesmo supondo que o jovem príncipe fosse o herdeiro legítimo, ele mudara-se para o exterior, fora educado em princípios nocivos à Constituição e à religião oficial, e provavelmente deixaria um filho exposto à mesma objeção insuperável; que se a linhagem fosse totalmente interrompida pela lei, com o tempo o povo esqueceria sua reivindicação, vantagem pela qual não se poderia esperar enquanto a administração fosse conduzida em seu nome e enquanto se reconhecesse que eles possuíam o título legal; e uma nação perpetuamente governada por regentes ou protetores se aproximaria muito mais de uma república do que uma nação submetida a monarcas cuja sucessão hereditária regular, a exemplo de sua autoridade no presente, tivesse sido fixada e indicada pelo povo.

A questão foi acaloradamente debatida na Casa dos Pares. Os principais oradores por parte dos *tories* foram Clarendon, Rochester e Nottingham; entre os *whigs*, Halifax e Danby. A decisão se deu em prol de um rei por duas vozes de diferença, 51 votos a 49. Todos os prelados, com exceção de dois, o bispo de Londres e o de Bristol, votaram por um regente. O primado, homem desinteressado, mas pusilânime, manteve-se equidistante entre a corte e o Parlamento.

Os Pares prosseguiram então ao exame do voto que lhes fora enviado pelos Comuns. Debateram "se haveria um contrato original entre o rei e o povo", e a afirmativa venceu por 53 votos a 46. A questão seguinte foi "se o rei Jaime rompera o contrato original", e, a despeito de leve oposição, a afirmativa prevaleceu. Os lordes procederam a considerar a palavra *abdicação*, e concluíram que *deserção* era mais apropriada. A última questão foi "se o rei Jaime rompera o contrato original e *desertara* do governo, estaria vacante o trono?". De todas as questões, foi essa a debatida com mais alacridade; a Casa dividiu-se, os *tories* venceram por onze votos, e decidiu-se omitir o artigo sobre a vacância do trono. Feitas essas emendas, o voto foi enviado de volta aos Comuns.

O conde de Danby acalentara o projeto de atribuir a Coroa exclusivamente à princesa de Orange e admiti-la como sucessora hereditária legal de Jaime, ignorando assim o príncipe infante, como ilegítimo ou de direito infundado. Sua mudança de posição em relação a este último item deu aos *tories* considerável maioria no número de votos.

Livre debate entre as casas o Parlamento

Todavia, os Comuns insistiram no voto que haviam aprovado, e apresentaram razões pelas quais os lordes deveriam revogar as emendas que haviam sido acrescentadas. Estes, porém, não se deixaram convencer, e foi necessário um debate livre para decidir a controvérsia. Nunca houvera, isso é certo, discussão tão decisiva para a nação, ou que contasse com oradores tão habilidosos; mas surpreende constatar, em ambos os lados, a frivolidade dos tópicos apresentados, que mais lembravam disputas verbais à maneira escolástica do que sólidos raciocínios de estadistas e legisladores. Em transações públicas de monta, os verdadeiros motivos que produzem uma medida qualquer raramente são reconhecidos. No passado recente, os *whigs*, que agora eram o partido governante, haviam se unido aos *tories* para promover a Revolução; tinham consideração por seus antigos aliados, e preferiram não insistir que a Coroa fosse declarada *vacante* por conta de má administração do rei, pois uma declaração como essa equivaleria, em sua avaliação, a uma censura explícita dos velhos princípios *tories* e a uma preferência demasiado explícita por seus próprios princípios. Concordaram, assim, em reunir numa mesma cláusula o abuso de poder pelo rei e o abandono do reino por ele, e em denominar sua fuga uma *abdicação*, como se ele tivesse dado consentimento virtual, mas não verbal, ao seu próprio destronamento. Os *tories* aproveitaram-se dessa imprecisão óbvia, ocasionada pela complacência ou pela prudência de seus adversários, e insistiram na palavra *deserção* como a mais significante e mais inteligível. Retorquiu-se a eles que por mais que a expressão pudesse ser aplicada, com justiça, ao fato de o rei ter se retirado por conta própria, não poderia propriamente ser estendida à sua violação das leis fundamentais. E assim ambos os partidos, enquanto embalavam seus princípios por consideração ao antagonista e por considerações de prudência, deixaram de ser consistentes e uniformes.

Os porta-vozes dos Lordes insistiram que mesmo que se concedesse que o abuso de poder do rei equivalia a uma abdicação, ou, em outras palavras, à sua morte civil, não poderia ter outro efeito que não o de uma renúncia voluntária ou de uma morte civil, ou seja, deixava aberta a via ao seu sucessor. Uma máxima do direito inglês diz que *a Coroa nunca está vacante*, e no mesmo instante, quando da queda de um rei, é assumida por seu herdeiro legal, intitulado à autoridade integral de seu predecessor. Por mais jovem ou despreparado que estivesse seu sucessor, ou por infortunada que fosse sua situação como prisioneiro das mãos de inimigos públicos, mesmo assim não haveria razão que justificasse, sem um gesto voluntário seu, que ele perdesse a Coroa, à qual estava, por nascimento, plenamente intitulado. Os porta-vozes dos Comuns poderiam ter oposto a esse raciocínio muitos argumentos especiosos e mesmo sólidos. Poderiam ter dito que, como o que principalmente assegura a aliança é a opinião, deveria ser adotado aquele plano de regimento da Coroa, não importa qual, que mais provavelmente pudesse obter a aquiescência e o respeito do povo; que embora fosse preferível, quando da morte de um rei cuja administração tivesse sido conforme a leis, aturar muitas e grandes inconveniências a excluir seu sucessor na linhagem, o mesmo não valia, porém, quando o povo fora obrigado, por sua revolta, a destronar um príncipe cujas medidas ilegais tinham, em cada circunstância, violado a constituição; que em tais revoluções extraordinárias o governo revertia, em alguma medida, aos seus princípios primeiros, e o corpo político adquiria o direito de prover o interesse público por meio de expedientes que em outras ocasiões poderiam ser considerados violentos e irregulares; que o recente uso de um remédio extraordinário conciliaria o povo com a aplicação de outro, e familiarizara suas mentes com essas licenças, mais do que se o governo tivesse prosseguido em seu curso usual; e que o rei Jaime, por ter levado consigo seu filho ao exterior, provocara o reino e o envolvera em dificuldades tais que os interesses de sua família eram justamente sacrificados em prol de uma nova ordem e da tranquilidade pública. Esses tópicos, embora perfeitamente razoáveis, foram ignorados pelos porta-vozes *whigs*, tanto por implicarem o reconhecimento da legitimidade do príncipe infante, o que haviam concordado em não mencionar, quanto por conterem uma condenação expressa de princípios dos *tories*. Contentaram-se, por isso, em defender o voto anterior, com artimanhas e evasões. Sem chegar a um acordo, os partidos se separaram.

Mas o poder público não poderia permanecer nessa situação por muito tempo. A perseverança da Casa inferior obrigou os Lordes a ceder. Com a deserção de alguns Pares para o partido *whig*, o voto dos Comuns foi aprovado pela Casa superior sem alterações, por maioria de quinze votos, recebendo a sanção de todas as partes da legislatura então remanescentes.

Infelizmente para os que defendem a existência de um contrato original entre o magistrado e o povo, as grandes revoluções do governo e a instauração de uma nova ordem civil constitucional são geralmente conduzidas com tanta violência, tumulto e desordem, que mal se ouve a voz do público, e as opiniões dos cidadãos são em tais épocas, menos consultadas que no curso comum da administração. Mas é preciso reconhecer que as transações que estamos descrevendo constituem uma exceção singular a essa observação. As novas eleições transcorreram com tranquilidade, e com respeito pela liberdade. O rei ordenou que as tropas deixassem todas as cidades em que haveria votação; teve o cuidado de suprimir uma petição tumultuária, encaminhada a ambas as casas, embora lhe fosse vantajosa; não participou de intrigas com os eleitores ou com os candidatos; manteve-se em total silêncio, como se as transações não lhe dissessem respeito; não formou complôs com os líderes dos partidos, sequer mostrou-se solícito para com membros que lhe poderiam ser úteis. Essa conduta altamente meritória revelou grande moderação e magnanimidade de sua parte, embora o príncipe tenha sido notado, ao longo da sua vida, por uma maneira fria, seca e distante, que nem mesmo seu próprio interesse soube amenizar ou tornar palatável.

Aos poucos, Guilherme dignou-se a romper o silêncio e expressou, privadamente, seus sentimentos em relação à presente situação dos negócios de Estado. Reuniu Halifax, Shrewsbury, Danby e mais alguns, e disse-lhes que, tendo sido convidado para restaurar sua liberdade, empenhara-se na tarefa e efetuara com êxito seu propósito;

que caberia ao Parlamento, ora escolhido e reunido com liberdade, elaborar medidas para a nova ordem, e por isso não pretendia interferir em suas deliberações; que soubera de diversos esquemas propostos para o estabelecimento do governo, alguns insistiam num regente, outros desejavam entregar a coroa ao príncipe, mas somente ao Parlamento cabia escolher o plano de administração que parecesse mais agradável ou vantajoso; que se julgassem apropriado empossar um regente, ele não faria objeção, apenas julgava que lhe incumbia informá-los de que estava decidido a não ser ele mesmo regente, nem participaria de um esquema que sabia ser altamente problemático; que não poderia haver alguém com senso tão preciso ou profundo do mérito da princesa, mas preferia reverter à condição de cidadão privado a desfrutar de uma Coroa que dependesse da vontade ou da vida alheia; e, portanto, deveriam levar em consideração, caso se inclinassem por um desses planos, que estava inteiramente fora de seu alcance assisti-los em sua execução prática, pois seus negócios eram demasiadamente importantes para serem abandonados por causa de dignidade tão precária, ou mesmo para permitir o tempo necessário para que introduzisse ordem no desconjuntado governo.

As visões do príncipe foram respaldadas pelas da princesa, que, dentre muitas outras virtudes, era uma obsequiosa esposa para com um marido que, no juízo geral do belo sexo, parecia pouquíssimo atraente e amável. Toda outra consideração lhe parecia secundária, ante suas obrigações para com o príncipe. Quando Danby e outros relataram a ela, por escrito, seus projetos e os procedimentos que gostariam de adotar para executá--los, ela não escondeu seu desgosto e chegou a mostrar as cartas ao marido, num ato de sacrifício pela fidelidade conjugal. A princesa Ana também deu sua anuência ao plano para a nova ordem e, com a promessa de generosa pensão, concordou em ser preterida na sucessão à Coroa. Como o título de seu irmão caçula era, segundo a ordem presente, inteiramente inválido, no que tangia ao seu interesse pessoal, Ana fora uma das grandes beneficiárias da Revolução.

Tendo as partes envolvidas chegado a um acordo, a convenção aprovou uma cláusula constitucional pela qual a Coroa era entregue ao príncipe e à princesa de Orange, a administração do governo caberia inteiramente ao príncipe, a princesa da Dinamarca [Ana] sucedê-los-ia após a morte de ambos, e, na sucessão desta, teriam prioridade os descendentes da princesa em detrimento daqueles do príncipe. A convenção anexou ao novo regimento constitucional uma carta de direitos, na qual eram por fim resolvidos todos os pontos que nos anos recentes haviam sido objeto de disputa entre o rei e o povo, e ficavam mais estritamente circunscritos os poderes da prerrogativa real, agora definidos com mais exatidão do que em qualquer período anterior do governo inglês.

18
Restauração e Revolução.
Quadro geral[1]

Governo   No decorrer de quatro reinados,[2] testemunhamos uma luta incessante entre a Coroa e o povo, privilégio e prerrogativa em constante desavença, ambos os partidos, para além de disputas presentes, municiados com numerosas acusações, prontas para serem voltadas contra seus adversários nas ocasiões oportunas. Governos demasiadamente estáveis e uniformes raramente são livres, e por isso são acompanhados, no juízo de alguns, de outra inconveniência considerável: abatem os poderes ativos dos homens, deprimem coragem, invenção e gênio, e produzem no povo uma letargia universal. Essa opinião pode ser justa; mas cumpre reconhecer que as flutuações e contendas no governo inglês no período em exame tornaram-se excessivamente violentas para que a tranquilidade e a segurança do povo estivessem garantidas. Os assuntos

---

1 "Charles II and James II. Government, Manners, Commerce, Learning", Capítulo 71, Livro VI (1756). (N. T.)
2 Jaime I, Carlos I, Carlos II, Jaime II. (N. T.)

estrangeiros foram ou inteiramente negligenciados ou conduzidos com propósitos perniciosos. A administração doméstica foi acometida por uma febre incessante, secreta ou manifesta, e, vez ou outra, pelas mais furiosas convulsões e desordens. A Revolução inaugurou uma nova época da constituição, e provavelmente teve outras consequências vantajosas para o povo além de libertá-lo de uma administração censurável. Ao resolver em favor da liberdade muitas disputas pendentes, e estabelecer o importante precedente de deposição de um rei e instituição de um novo regimento para a Coroa, concedeu aos princípios populares uma predominância tal que não pode haver mais controvérsia acerca da natureza da Constituição inglesa. É justo afirmar, sem receio de exagero, que desde então desfrutamos nesta ilha, senão do melhor sistema de governo, ao menos do mais completo sistema de liberdade que jamais existiu entre os homens.

Denunciar com virulência, como fazem alguns, a linhagem inteira dos Stuart, e afirmar que sua administração teria se resumido à contínua violação dos *incontestáveis* direitos do povo, é não conceder a honra devida ao grandioso evento que não somente pôs fim à sucessão hereditária dessa família como também promoveu um novo arranjo da constituição. As inconveniências experimentadas pelo povo sob os dois primeiros Stuart (e no geral pode-se considerar que o povo foi afortunado) procederam, em grande medida, da incontornável situação da administração pública, e dificilmente algo poderia ter evitado os eventos então ocorridos, a não ser um poderoso gênio da parte do soberano aliado a uma boa dose de sorte, que permitisse esmagar por completo as liberdades do povo. Se nesses reinados os parlamentos se aproveitaram das necessidades do príncipe, e a cada sessão tentaram abolir, circunscrever ou redefinir alguma prerrogativa da Coroa, e inovar no propósito usual do governo, o que seria de se esperar do monarca? É natural que se insurgisse contra esses inimigos inveterados, em defesa de uma autoridade que, no período precedente, o mais regrado do governo inglês, fora exercida sem controvérsia ou disputa. E embora Carlos II possa com razão ser considerado, em 1672, o agressor, e seja impossível justificar sua conduta, certamente houve motivos para que um príncipe tão brando e indolente, e ao mesmo tempo tão judicioso, adotasse medida tão arriscada.[3] Ele percebeu que a administração do Estado havia chegado a uma situação tal que uma inovação ulterior era inevitável. Parlamentos frequentes haviam se tornado quase que absolutamente necessários à condução dos assuntos de governo, e todavia, no juízo dos realistas, a dignidade dessas assembleias permanecia muito inferior à do soberano, parecia-lhes mais adequada ao conselho do que ao controle. A Coroa continuava a reter considerável poder de oposição aos parlamentos, e não adquirira ainda os meios para influenciá-los. Daí a contínua rivalidade entre as partes componentes da legislatura; daí a incli-

---

3 Em 1672, Carlos promulgou uma Declaração Real de Indulto, que estendia a católicos e a protestantes não conformistas o direito de ocupar cargos na administração pública. Um decreto do parlamento aprovado no ano seguinte exigiu, porém, que os católicos renegassem oficialmente pontos centrais da sua doutrina, antes de serem empregados pelo Estado. (N. T.)

nação, de parte a parte, de se aproveitar das fraquezas do outro; daí a impossibilidade, para o rei, de encontrar ministros que lhe pudessem ser, a um só tempo, úteis e fiéis. Se o rei seguia a própria escolha na nomeação dos que serviriam em sua administração e desconsiderava o interesse parlamentar, logo havia uma sessão contrária; se os escolhia entre os líderes de assembleias populares, estes perdiam a influência por terem aderido ao rei ou traíam a Coroa para manter sua influência. Nem Hambden, que Carlos I tentou conquistar a qualquer preço, nem Shaftesbury, que Carlos II, após a Conspiração Papista,[4] tentou atrair para seu conselho, estavam dispostos a renunciar à popularidade de que desfrutavam em prol do precário e, em sua opinião, ardiloso favor do príncipe. A raiz de sua autoridade continuava sendo, segundo pensavam, o Parlamento, e como o poder dessa assembleia ainda não se tornara incontrolável, decidiram aumentá-lo, que fosse a expensas da prerrogativa real.

Não admira que esses eventos tenham há muito se tornado anuviados e obscuros na representação das facções. Está para surgir um homem integralmente devotado à verdade e com ousadia suficiente para expô-los ao público sem distorcê-los ou disfarçá-los. Mesmo o partido que entre nós se arroga a defesa da liberdade não mostra suficiente liberdade de pensamento nessa

---

[4] Na referida conspiração, o partido *whig* criou e disseminou rumores acerca de planejada capitulação do rei ao papado de Roma. Esses boatos tiveram por efeito enfraquecer ainda mais não somente a posição da Coroa na constituição como o partido *tory* no Parlamento. (N. T.)

questão e é incapaz de medir imparcialmente o próprio mérito em relação ao de seus antagonistas. Talvez mais nobres em seus fins, que são altamente benéficos para o gênero humano, ao mesmo tempo deve-se reconhecer que utilizaram os meios menos justificáveis, e privilegiaram, em muitos de seus projetos, considerações políticas em detrimento da moral. Obrigados a cortejar o favor da multidão, viram-se constrangidos a acomodar a raiva e a tolice desta, e, em mais de uma ocasião, ao propagar calúnias e promover a violência, contribuíram para enfatuar e corromper o mesmo povo para o qual acenavam com liberdade e justiça. Carlos I era um tirano, um papista, o arquiteto do massacre da Irlanda; a Igreja da Inglaterra caminhava a passos largos para a idolatria; o puritanismo era a única religião, o presbiterianismo era o favorito da proteção celestial. Em meio a essas ilusões, o partido prosperou, e, o que é espantoso, fortaleceu a lei e a liberdade, até chegar à impostura da Conspiração Papista, ficção que excedeu os limites da credulidade vulgar. Por mais singulares que esses eventos nos pareçam, na realidade não chega a haver nada de novo em relação a outros períodos da história moderna. É notável como as artimanhas dos tribunos, embora possam ser úteis numa constituição livre, geralmente são recusadas ou censuradas por homens de probidade e honra. A outra facção, que desde a Revolução fora obrigada a cultivar a opinião popular, sentiu porventura a necessidade de empregar artifícios como esses.

 O partido *whig* detém, quase que ininterruptamente, por um período de setenta anos, a autoridade do governo como um todo; nenhuma honra ou ofício podiam ser obtidos sem sua anuência ou proteção. Esse evento, que em certos particulares foi vantajoso para o Estado, mostrou-se destrutivo para a verdade histórica e estabeleceu muitas falsidades grosseiras a respeito das transações domésticas, algo que uma nação civilizada jamais poderia aceitar. Composições as mais desprezíveis, tanto pelo estilo quanto pela matéria, foram distribuídas, divulgadas e lidas, como se se igualassem aos célebres monumentos da Antiguidade. Esquecendo-se de que o apreço pela liberdade, uma paixão louvável, deve ser subordinado à reverência pelo governo estabelecido, a facção dominante celebrou apenas os partidários da primeira, que perseguiam como objeto o estabelecimento da sociedade civil em sua perfeição, a expensas de seus antagonistas, que defendiam máximas essenciais à existência da própria sociedade civil. Toda e qualquer espécie de extremismo deve, porém, ser evitada; e por mais que opiniões moderadas não agradem a nenhuma das facções, é nelas que provavelmente encontraremos a verdade e a certeza.

Acrescentaremos a esse quadro geral do governo inglês um relato da situação financeira, dos exércitos, do comércio, das maneiras e das artes, entre a Restauração e a Revolução.

Finanças O orçamento de Carlos II, tal como aprovado pelo Longo Parlamento, não foi calculado corretamente. Era insuficiente, se tinha a intenção de permitir ao rei que se tornasse independente dos Comuns no decurso de sua administração; era excessivo, e estipulado para um período demasiadamente longo, se tinha o objetivo de manter o rei em estrita dependência. As volumosas dívidas do corpo político herdadas por esse príncipe, a necessidade de abastecer os exauridos armazéns navais e militares, de reparar e equipar seus palácios, tudo isso envolveu o rei em dificuldades concretas após a Restauração, e o parlamento não foi suficientemente generoso. É possível ainda que o rei tivesse contraído dívidas enquanto permanecera no exterior, e sua bonomia para com os tensos *cavaliers*, embora não correspondesse nem aos serviços por eles prestados nem às suas expectativas em relação a eles, contribuiu inevitavelmente para o esgotamento das reservas do Tesouro. As extraordinárias somas concedidas à Coroa nos primeiros anos não foram suficientes para suprir seus gastos extraordinários; a alfândega, única fonte permanente de receita, não chegava a fornecer 900 mil libras por ano, muito aquém dos gastos básicos do governo. A adição de três novos ramos da receita, em 1662, 1669 e 1670, angariou para o tesouro 1,358 milhão de libras, nos cálculos de lorde Danby. Mas, segundo essa mesma autoridade, o gasto do governo era de 1.387.770 libras, sem mencionar as contingências, sempre consideráveis mesmo nas administrações mais prudentes. Esses ramos da receita, licenciados em 1669 e 1670, expiraram em 1680, e não foram renovados pelo Parlamento; calcula-se que contribuíam com mais de 200 mil libras por ano. É um fato atestado por autores contemporâneos de ambos os partidos que Carlos II tinha algo de profuso e negligente, e sem dúvida seria necessária uma frugalidade bastante rígida para sustentar o governo em meio às dificuldades em que se encontrava. Uma regra sabida dos negócios é que cada um seja pago conforme a confiança que nele se deposita e o poder de que desfruta. Com as perigosas conexões de Carlos com a França, a nação não tardou a encontrar razões para se arrepender de ter abandonado essa prudente máxima. A verdade é que se os parlamentos, sob o governo de Carlos I, tivessem sido induzidos a manter seus velhos hábitos, concedendo ao príncipe o mesmo orçamento que posteriormente seria votado para seu sucessor, ou se, sob o regime de Carlos II, tivessem aprovado orçamento tão grande quanto o que destinariam ao seu irmão, as desordens ocorridas nesses reinados poderiam facilmente ter sido evitadas, e provavelmente as concessões à liberdade teriam sido pacificamente obtidas juntos a ambos os monarcas. Mas essas assembleias, desacostumadas à administração pública, amiúde motivadas por facciosidade e fanatismo, nunca se deixaram convencer, a não ser por experiências fatais e quando já era tarde, da incessante alteração dos tempos e das situações. O embaixador francês informou à sua corte que Carlos I teria se dado por satisfeito com uma parcela do poder, desde que o parlamento se comprometesse em aprovar um orçamento minimamente confortável.

Após conceder a Carlos II as somas necessárias à quitação de dívidas antigas, o Parlamento da Convenção apresentou a ele, no último dia em que se reuniu, uma conta de 1.743.263 libras. O valor total dos orçamentos posteriormente votados pelo parlamento soma 11.443.407 libras, o que, dividido por 24, número de anos em que o rei governou, perfaz 476.808 libras por ano. Durante esse período, o rei teve que bancar duas onerosas guerras contra os holandeses, e em 1678 realizou caríssimos preparativos para a guerra contra a França. Na primeira guerra holandesa, França e Dinamarca eram aliadas das Províncias Unidas, e os armamentos navais da Inglaterra eram bastante numerosos. Seria impossível, portanto, que o rei tivesse economizado parte considerável do que lhe fora concedido pelo parlamento.

A essa receita deve-se acrescentar 1,2 milhão de libras, sequestradas junto aos banqueiros quando do fechamento do Erário, em 1672. O rei pagou 6% de juros por esse dinheiro, pelos anos restantes de seu reinado. Surpreende que apesar desse violento rompimento de contrato o rei tenha obtido, dois anos depois, empréstimos a 8%, mesma taxa que pagava anteriormente. Isso prova que o crédito público, em vez de ter a delicada natureza que tendemos a imaginar, é na verdade tão sólido e robusto que dificilmente pode ser arruinado.

O parlamento elevou a receita destinada a Jaime II para cerca de 1,85 milhão de libras anuais. Com o acréscimo de sua pensão como duque de York, o total chegou a 2 milhões de libras. Embora suficiente para as necessidades da administração pública, o dinheiro foi gasto de maneira irresponsável. A dívida nacional na época da Revolução chegara a 1.054.925 libras.

Exércitos As milícias entraram em acentuado declínio nesses dois reinados, em parte por causa da política dos reis, que desconfiavam de seus súditos, em parte por causa de uma lei malcalculada, que limitava o poder do rei para convocá-las. No início do reinado de Carlos II as milícias eram uma força formidável. Quando da primeira guerra holandesa, De Wit propôs ao rei da França uma invasão da Inglaterra, ao que o monarca respondeu que uma tentativa como essa seria inteiramente infrutífera, e serviria apenas para unir os ingleses; *cinco dias após desembarcarmos, haverá pelo menos 50 mil homens sobre nós.*

Quando acedeu ao trono, Carlos II sustentava quase 5 mil homens, entre tropas e guarnições. No fim de seu reinado, aumentou esse número para 8 mil. Por ocasião da rebelião de Monmouth, Jaime II tinha à disposição cerca de 15 mil homens, e quando da invasão do príncipe de Orange, havia na Inglaterra nada menos que 30 mil soldados regulares.

Na maior parte do reinado de Carlos II, a marinha teve papel importante, pelo número de navios, pelo valor dos homens e pela conduta dos comandantes. Em 1678, a frota consistia de 83 navios, além de outros trinta que permaneciam ancorados. Quando da Restauração, o rei encontrara somente 63 embarcações de variados tamanhos. No período final do reinado de Carlos II, a marinha entrou em declínio, em razão do exíguo orçamento do rei, mas Jaime não tardou a lhe restituir o poder e a glória de outrora, e não só isso, desenvolveu-a ainda mais. A administração do almirantado sob Pepys é até hoje considerada modelo de ordem e parcimônia. A frota na época da Revolução consistia de 163 embarcações de variados tamanhos, e requeria 42 mil homens para ser manejada. O rei, quando ainda era duque de York, inventou sinais de navegação marítima. O gênio militar não chegou a se extinguir entre os jovens da nobreza. Dorset, Mulgrave, Rochester, sem mencionar Ossory, serviram a bordo, e estiveram nas mais sangrentas batalhas contra os holandeses.

Comércio O comércio e as riquezas da Inglaterra nunca cresceram tão rapidamente como entre a Restauração e a Revolução. As duas guerras da Holanda perturbaram o comércio dessa república e promoveram a navegação inglesa. Depois que Carlos II estabeleceu uma paz em separado com as Províncias, seus súditos puderam traficar na Europa sem ser incomodados. A única perturbação com que deparavam vinha dos corsários franceses, que infestavam o Canal da Mancha sem que o rei interferisse em prol de seus súditos com o vigor necessário. A reconquista de Nova York e a conquista de Nova Jersey fortaleceram consideravelmente as colônias inglesas, e, juntamente com os assentamentos da Pensilvânia e da Carolina, efetuados durante o reinado de Carlos II, ampliaram o império inglês sobre a América. A perseguição aos dissidentes, ou, propriamente falando, as restrições impostas a eles na Inglaterra, contribuíram para aumentar a população dessas colônias. O dr. Devenant afirma que os carregamentos enviados pela Inglaterra mais do que dobraram nesses 28 anos. Numerosas e diversas manufaturas foram estabelecidas: ferro, bronze, seda, vidro, papel etc. Um cervejeiro dos Países Baixos, que imigrou para a Inglaterra por receio de uma invasão francesa, trouxe consigo a arte de tingir o tecido de algodão, benfeitoria que permitiu à nação uma enorme economia de dinheiro. A emissão de moeda durante os dois reinados chegou a 10,261 milhões de libras. Um gabinete de comércio foi erigido em 1670, e o conde de Sandwich foi nomeado presidente. Carlos ressuscitou a carta-régia da Companhia das Índias Orientais e estimulou suas atividades, medida que alguns consideram de utilidade duvidosa, e concedeu uma carta-régia à Companhia da Baía de Hudson, medida provavelmente prejudicial.

Sir Josiah Child afirma que em 1688 havia na Bolsa mais homens com 10 mil libras do que em 1650 com mil; que em 1650 se considerava 500 libras como dote de noivado, soma mais vultosa do que 2 mil libras em 1688; que as vestes de sarja que as damas de 1650 tinham como elegantes causariam vergonha numa criada de 1688; e que além do grande aumento na quantidade de finas vestimentas, louças, joias e mobílias, o número de carruagens crescera cem vezes no período.

O duque de Buckingham introduziu na Inglaterra a manufatura do vidro e do cristal, originária de Veneza. O príncipe Rupert deu estímulo às artes úteis e às manufaturas e inventou por conta própria uma técnica de gravura.

A primeira lei para a construção de estradas foi aprovada em 1662; as localidades estipuladas foram Wadesmill, Caxton e Stilton. Mas as estradas só seriam de fato realizadas por Jorge II.

Em 1633 foi aprovada a primeira lei de remessa de moeda estrangeira e de barras de ouro.

Em 1667 foi concluído o primeiro tratado entre Inglaterra e Espanha para a América. Esse tratado tornou-se mais geral e completo em 1670. Os dois Estados renunciavam a todo direito de troca entre suas respectivas colônias e reconheciam que a Inglaterra estava intitulada a todos os territórios americanos que então ocupava.

No início do reinado de Carlos II, o rei da França impôs restrições às mercadorias inglesas; desgostosos com essa novidade, e motivados por sua animosidade contra esse país, os ingleses retalharam, impondo restrições tais ao comércio com a França que equivaliam, na prática, a uma proibição. Mas, como nenhum efeito benéfico se seguisse a essas restrições, elas foram canceladas pelo parlamento de Jaime II.

Os distritos da Inglaterra foram privados de seus privilégios, e tentou-se impor similar medida às colônias. Jaime cancelou as cartas-régias que asseguravam suas liberdades e enviou governadores investidos de poder absoluto. Os princípios arbitrários desse monarca transparecem em cada um dos atos de sua administração.

Maneiras Nesse período, o povo curou-se, em grande medida, do selvagem fanatismo que outrora o agitara; e, por mais que tenha adquirido novos vícios, é dubitável que tenha havido piora em matéria de moral. A licenciosidade e a devassidão disseminaram-se pela nação, a partir do exemplo de Carlos II e dos realistas. Os prazeres da mesa eram estimulados; o amor era tratado mais como apetite do que como paixão; o belo sexo degradou sua castidade, que fazia parte do caráter nacional, sem que ao mesmo tempo conseguisse inspirar o outro com sentimento ou delicadeza.

Abusos cometidos na época precedente sob o pretexto de uma piedade absurda contribuíram para propagar o espírito de irreligião, e muitos homens desse período receberam a pecha de deístas. Além de serem homens de espírito e eruditos qualificados, Shaftesbury, Halifax, Buckingham, Mulgrave, Sunderland, Essex, Rochester, Sidney e Temple supostamente teriam adotado esses princípios.

As mesmas facções que haviam importunado a nação foram ressuscitadas e atuaram umas contra as outras da maneira mais indigna e mesquinha que se possa imaginar. Em sua postura geral, Carlos II era um modelo de cavalheirismo e gentileza, o que contribuiu para a polidez da nação; mas ele permitiu essa facciosidade, que é sumamente nociva à virtude. Seus cortesãos eram reputados pelas maneiras obsequiosas e agradáveis.

Antes da Revolução, a Inglaterra desfrutara de liberdade de imprensa de modo muito imperfeito e durante um período muito breve. A Câmara Estrelada, enquanto existiu, impôs restrições efetivas à impressão em geral. Quando da supressão desse tribunal, em 1641, o Longo Parlamento, após a ruptura com o rei, assumiu esse poder em relação à licença de livros, autoridade que manteve durante todo o período da República e do Protetorado. Dois anos após a Restauração, aprovou-se um ato de suspensão das disposições republicanas. Esse ato expirou em 1679, e foi renovado por Jaime II. A liberdade de imprensa não veio com a Revolução. Apenas em 1694 as restrições foram abolidas, para grande desgosto do rei e de seus ministros, que, não encontrando em parte alguma, no passado ou no presente, exemplo de liberdade irrestrita, duvidavam muito dos efeitos salutares que ela poderia ter, e provavelmente consideraram que livros ou panfletos jamais poderiam aprimorar o entendimento dos homens a ponto de tornar segura a concessão de indulgência como essa, de que facilmente se pode abusar.

Em 1677 foi cancelada uma velha lei que permitia queimar hereges; medida prudente, dado que a nação não deixara de recear o retorno do papado.

Em meio à espessa névoa de intolerância e ignorância que se espalhou pela nação durante a República e o Protetorado, uns poucos filósofos ponderados exilaram-se em Oxford, cultivaram a razão e estabeleceram conferências e comunicações de suas descobertas em matéria de medicina e de geometria. Wilkins, clérigo que se casara com a irmã de Cromwell e posteriormente se tornaria bispo de Chester, era o promotor dessas conversações filosóficas. Imediatamente após a Restauração, esses homens solicitaram uma patente real, e, agora em grande número, receberam a denominação de *Royal Society*. Essa patente, porém, foi tudo o que obtiveram do rei. Carlos II, embora fosse um amante das ciências, em particular da química e da mecânica, animou-os exclusivamente com seu exemplo, não com suas benesses. Seus ávidos cortesãos e amantes, perpetuamente ao seu lado, consumiam toda sua receita, de modo que ele não tinha nem atenção nem dinheiro para dispensar com o mérito literário. Seu contemporâneo Luís XIV, cujo gênio nesse particular não se comparava ao seu, mostrou-se muito mais generoso do que ele. Além de oferecer pensões a eruditos de toda a Europa, suas academias eram dirigidas por estatutos e financiadas por salários, generosidade que honra enormemente sua memória, e que aos olhos dos homens sábios há de ser vista como atenuante dos muitos erros por ele cometidos em seu reinado. É surpreendente que esse exemplo não tenha sido seguido por outros príncipes, pois é certo que a benesse de Luís, tão extensiva, positiva e celebrada, não custou a esse monarca a soma de dinheiro necessária para agradar sequer um de seus inúteis cortesãos ou favoritos.

A Academia Francesa de Ciências foi dirigida, estimulada e sustentada pelo soberano, mas na Inglaterra surgiram homens dotados de um gênio superior, mais do que suficiente para equilibrar a balança, que conquistaram para si mesmos e para seu país o respeito e a atenção de toda a Europa. Além de Wilkins, Wren e Wallis, matemáticos eminentes, tivemos Hooke, cuidadoso observador ao microscópio, e Sydenham, que restaurou a verdadeira medicina. Também floresceram nesse período um Boyle e um Newton, homens que com precaução e decisão percorreram a única estrada que leva à verdadeira filosofia.

Boyle aprimorou o mecanismo pneumático inventado por Guericke, o que lhe permitiu realizar diversos novos e curiosos experimentos no ar e nos corpos. Sua química é muito admirada pelos que conhecem essa arte; sua hidrostática contém, mais do que qualquer outra de suas obras, uma mistura de raciocínio e de invenção com experimento, mas um raciocínio muito distante da ousadia e temeridade que desencaminhou tantos filósofos. Foi um grande partidário da filosofia mecânica, teoria que, ao descobrir alguns dos segredos da natureza e permitir que imaginemos os demais, lisonjeia a vaidade e favorece a curiosidade dos homens. Morreu em 1691, aos 65 anos.

Com Newton, esta ilha pode se orgulhar de ter produzido o maior e mais raro gênio que jamais ornou e instruiu a espécie humana. Cauteloso na admissão de princípios que não estivessem fundados em experimentos, prontificava-se a adotar todos os que estivessem, por novos ou inusitados que fossem. Modesto, ignorava sua superioridade em relação ao restante dos homens, e não se preocupava em acomodar seus raciocínios a apreensões comuns. Mais desejoso por merecer a fama do que por adquiri-la, permaneceu por muito tempo desconhecido do mundo, até que sua reputação finalmente irrompeu, com um lustro que nenhum de seus contemporâneos recebera. Ao mesmo tempo em que parecia levantar o véu que encobria alguns dos mistérios da natureza, Newton mostrou as imperfeições da filosofia mecânica, consignando os segredos últimos à obscuridade em que sempre estiveram e na qual permanecerão. Morreu em 1727, aos 85 anos.

Essa época foi menos propícia à literatura polida que às ciências. Carlos II, embora apreciasse o espírito, qualidade que aliás não lhe faltava, e tenha cultivado na conversação um gosto justo e salutar, contribuiu mais para corromper do que para aprimorar a poesia e a eloquência de sua época. Quando, com o advento da Restauração, os teatros foram reabertos, e deu-se novamente livre curso à jovialidade e à inventividade, os homens, após longa abstinência, alimentaram-se dessas delicadezas com mais avidez do que gosto, e o engenho áspero e irregular foi consagrado pela corte bem como pelo povo. As produções representadas nos palcos da época eram monstros de extravagância e tolice, tão destituídas de razão e bom senso que teriam sido a desgraça da literatura inglesa, não tivesse a nação compensado sua admiração por elas com o profundo esquecimento a que as condenou na posteridade. O *Ensaio* do duque de Buckingham, que denunciou essas selvagens produções, é como uma tirada de ridículo levada ao extremo; mas a verdade é que a cópia mal se compara aos absurdos que se encontram nos originais.

A sátira severa, aliada ao bom senso da nação, corrigiu, após algum tempo, as extravagâncias do engenho em voga, mas as produções literárias continuavam carentes da correção e delicadeza que tanto admiramos nos escritores antigos e nos autores franceses, seus judiciosos imitadores. De fato, foi principalmente nesse período que a nação francesa deixou para trás os ingleses em matéria de poesia, eloquência, história e outros ramos das letras polidas, e adquiriu superioridade que apenas os esforços de escritores ingleses de épocas subsequentes puderam contestar. Vindas da Itália, as artes e ciências foram trazidas para esta ilha no mesmo período em que chegaram à França, e de início realizaram aqui progressos mais sensíveis. Spenser, Shakespeare, Bacon, Jonson foram superiores aos seus rivais franceses; Milton, Waller, Denham, Cowley e Harvey pelo menos igualaram-se a seus contemporâneos. O reinado de Carlos II, que alguns presunçosamente representam como nosso Século de Augusto, retardou o progresso da literatura nesta ilha, e constata-se que a imensurável licenciosidade, aceita e mesmo aplaudida pela corte, foi mais destrutiva para as artes refinadas do que o palavrório, o disparate e o entusiasmo do período precedente.

A maioria dos autores célebres dessa época são gênios monumentais, porém arruinados pela indecência e pelo mau gosto. Nenhum deles se equipara a Dryden, tanto em razão da grandeza de seus talentos quanto do grotesco abuso que cometeu contra eles. Suas peças, exceto por poucas cenas, são profundamente desfiguradas pelo vício ou pela tolice, quando não por ambos. Suas traduções assemelham-se a rebentos da pressa e do desespero. Suas fábulas são contos mal-escolhidos, transmitidos em versificação incorreta, embora às vezes saborosa. Contudo, em meio a esse grande número de produções frouxas, que são a negação de nossa língua, encontram-se pequenas peças, como a *Ode a Santa Cecília*, uma boa parte de *Absalom e Architopel* e umas poucas outras, que revelam gênio tão imenso, expressão tão rica, tamanha pompa e variedade de números, que nos enchemos de tristeza e indignação diante da inferioridade e do absurdo de seus demais escritos. Dryden morreu em 1701, aos 69 anos.

A menção do nome de Rochester é suficiente para ofender ouvidos mais castos. Mas sua poesia revela estilo enérgico e sátira pungente que permitem imaginar o que não teria produzido esse gênio tão fino, tivesse ele nascido em época mais propícia e adotado modelos melhores. Os satiristas antigos com frequência tomavam grandes liberdades em sua expressão; mas esse estilo livre não se confunde com a licenciosidade de Rochester, assim como uma índia nua não se confunde com uma prostituta despida.

Wycherley ambicionava a reputação de homem de espírito e libertino, e conseguiu-a. Provavelmente teria alcançado a fama na verdadeira comédia e no ridículo do gênero instrutivo. Otway tinha um gênio sutilmente predisposto ao patético, mas não observa estritamente as regras do drama, e tampouco aquelas, ainda mais importantes, de propriedade e decoro. Com uma única peça, o duque de Buckingham prestou grande serviço para sua época e adquiriu merecida reputação. Os condes de Mulgrave, Dorset e Roscommon escreviam com bom gosto, mas suas produções são fracas e desleixadas. O marquês de Halifax mostra um gênio refinado, e se não se destacou mais na literatura, foi devido à posição que ocupava e à falta de tempo.

De todos os escritores consideráveis dessa época, sir William Temple é praticamente o único que não se deixou contaminar pelo surto de vício e licenciosidade que acometeu a nação. O estilo desse autor, embora extremamente negligente e infestado de estrangeirismos, é agradável e interessante. A vaidade que transparece em suas obras serve apenas para recomendá-las. Graças a esse sentimento, conhecemos melhor o caráter do autor, cheio de honra e humanidade; imaginamos estar conversando com ele, não lendo seu livro. Temple morreu em 1698, aos 70 anos.

Hudibras foi publicado, e provavelmente composto, no reinado de Carlos II, porém é mais correto considerar que Butler, assim como Milton, pertence ao período anterior. Seria difícil encontrar composição tão rica em justas tiradas de engenho inimitável; muitos poemas nos proporcionam mais prazer na leitura como um todo. As alusões em Butler são frequentemente obscuras e forçadas; e embora poucos autores tenham conseguido expressar o pensamento em tão poucas palavras, ele tem o hábito de dedicar muitos pensamentos a um mesmo objeto, o que o torna prolixo, ainda que de maneira inusitada. Surpreende a quantidade de erudição introduzida por Butler com tanta graça numa obra leve e humorística. *Hudibras* é provavelmente a mais erudita composição que se encontra em qualquer língua. Foram enormes as vantagens que a causa realista colheu desse poema, que expõe o fanatismo e as falsas alegações do antigo partido parlamentar. O próprio rei, a quem não faltava bom gosto, admirava imensamente o mérito da obra, que ele conhecia parcialmente de cor. Mesmo assim, era tão descuidado, tão pouco generoso, ou melhor, era tão ingrato, que nada fez para ajudar esse homem virtuoso e probo, que morreu na obscuridade e na pobreza. Outra vítima dessa mesma negligência foi Dryden. Seu *Absalom* contribuiu sensivelmente para a vitória dos *tories* sobre os *whigs*, após a suspensão dos parlamentos. Mas isso não foi suficiente para que esse gênio pudesse obter uma pensão que o desincumbisse da obrigação de escrever para se sustentar. Otway, realista professo, mal conseguia viver da própria pena, e teve o triste destino de literalmente morrer de fome. Essas circunstâncias representam uma mácula para a memória de Carlos II, que tinha discernimento, apreciava o gênio e não era avaro, mas não pode ser elogiado por sua generosidade.

Cronologia dos monarcas ingleses até a época de Hume

Saxões
757-796. Offa
802. Egberto, rei de Essex
839. Ethewulf
856. Ethelbald
860. Ethelbert
866. Ethelred
871. Alfredo, o Grande
899. Eduardo, o Velho
924. Athelstan
939. Edmundo I
946. Edred
955. Edwy
959. Edgar
975. Eduardo II, o Mártir
979-1013. Ethelred II
1013-1014. Swyen
1014-1016. Ethelred II
1016. Edmundo II
1016. Canuto, o Grande
1035-1040. Haroldo

1035-1042. Hardicanuto
1042. Eduardo III, o Confessor
1066. Haroldo II
1066. Edgar Etheling

Normandos
1066. Guilherme, o Conquistador
1087. Guilherme Rufo (filho de Guilherme)
1100. Henrique I (irmão de Guilherme Rufo)
1135. Estéfano (sobrinho de Henrique I)

Angevinos
1154. Henrique II (neto de Henrique I)
1189. Ricardo I, o Coração de Leão (terceiro filho de Henrique II)
1199. João (quinto filho de Henrique II)

Plantagenetas
1216. Henrique III (filho de João)
1272. Eduardo I (filho de Henrique III)
1307. Eduardo II (filho de Eduardo I)
1327. Eduardo III (filho de Eduardo II)
1377. Ricardo II (neto de Eduardo III)

Lancaster
1399. Henrique IV (neto de Eduardo III)
1413. Henrique V (filho de Henrique IV)
1422. Henrique VI (filho de Henrique V)

York
1461. Eduardo IV (caçula de Eduardo III)
1483. Eduardo V (filho de Eduardo IV)
1483. Ricardo III (tio de Eduardo V, usurpado)

Tudor
1485. Henrique VII (neto de Henrique V)
1509. Henrique VIII (filho de Henrique VII)
1547. Eduardo VI (filho de Henrique VIII com Jane Seymour)
1553. Maria (filha de Henrique VIII com Catarina de Aragão)
1558. Elisabete (filha de Henrique VIII com Ana Bolena)

Stuart
1603. Jaime I (rei da Escócia, tataraneto de Henrique VII)
1625. Carlos I (segundo filho de Jaime I)

República, ou Protetorado
1649. Oliver Cromwell
1658. Richard Cromwell

Restauração
1660. Carlos II (primogênito de Carlos I) (Stuart)
1685. Jaime II (irmão de Carlos II) (Stuart)

Revolução
1689. Guilherme III (neto de Carlos I) e Maria (filha de Jaime II) (Stuart)
1694. Guilherme III (morte de Maria) (Stuart)
1704. Ana (irmã de Maria) (Stuart)
1714. Jorge I (tataraneto de Jaime I) (Hannover)
1727. Jorge II (filho de Jorge I) (Hannover)
1760-1820. Jorge III (neto de Jorge II) (Hannover)

Leituras recomendadas

Dentre as obras de Hume, estão diretamente relacionadas com a *História da Inglaterra* o *Tratado da natureza humana* (tradução de Débora Danowski, 2ª edição, São Paulo: Editora da Unesp, 2013), em especial o livro III, e os ensaios (*A arte de escrever ensaios*, tradução de Pedro Pimenta e Márcio Suzuki, São Paulo: Iluminuras, 2011). A melhor introdução geral ao pensamento de Hume é sem dúvida o pequeno ensaio de Gilles Deleuze publicado no volume 4 da *História da Filosofia* organizada por François Châtelet (traduzida no Brasil por Guido Antonio de Almeida; Rio de Janeiro, Zahar, 1974). Do mesmo autor também se lê com proveito *Empirismo e subjetividade* (tradução de Luiz Orlandi, São Paulo: Editora 34, 2002). Alguns estudos importantes relativos à história: Biziou, "L'Histoire de l'Angleterre de Hume et la fluctuation continuelle de la Constitution", in: Cléro (org.), *Lectures de Hume* (Paris: Ellipses, 2009); Bongie, *David Hume, Prophet of the Counter-Revolution* (2.ed. Indianápolis: Liberty Fund, 1998); Burrow, "História filosófica", in: *Uma história das histórias: de Heródoto e Tucídides ao século XX* (tradução de Nana Vaz de Castro; Rio de Janeiro: Record, 2013);

Deleule, *Hume et la naissance du libéralisme économique* (Paris: Aubier, 1979); Forbes, *Hume's Philosophical Politics* (Cambridge: University Press, 1975); Gautier, *Hume et les savoirs de l'histoire* (Paris: EHESS, 2005); Harris, *David Hume. An intellectual biography* (Cambridge: University Press, 2015); Mossner, *The life of David Hume* (2.ed. Oxford: Clarendon Press, 2000); Norton e Popkin, *David Hume: Philosophical Historian* (Nova York: Bobbs-Merrill, 1965); Philipson, *David Hume: The Philosopher as Historian* (Londres: Penguin, 2011); Pimenta, *A imaginação crítica. Hume no século das luzes* (Rio de Janeiro: Azougue, 2013); Pocock, *Barbarism and Religion. Volume II: Narratives of Civil Government* (Cambridge: University Press, 1999); Schmidt, *David Hume: Reason in History* (Pennsylvannia: University Press, 2003); Wexler, *David Hume and the History of England* (Filadélfia, 1979); Wooton, "Hume as Historian", in: Norton (org.), *The Cambridge Companion to Hume* (2.ed. Cambridge: University Press, 2008). A tese da professora Sara Albieri: *David Hume: filósofo e historiador*, defendida na Universidade de São Paulo em 1993, aguarda publicação, mas pode ser consultada no acervo dessa mesma universidade. Espera-se para breve a publicação de estudo da professora Maria Isabel Limongi sobre a *História da Inglaterra* de Hume como história da constituição e das leis inglesas.

SOBRE O LIVRO

Formato: 14 x 21 cm
Mancha: 23 x 44 paicas
Tipologia: Venetian 301 12,5/16
Papel: Off-white 80 g/m² (miolo)
Cartão Supremo 250 g/m² (capa)
2ª *edição Editora Unesp*: 2017

EQUIPE DE REALIZAÇÃO

Capa
Andrea Yanaguita

Edição de texto
Nair Hitomi Kayo (Copidesque)
Nara Lasevicius – Tikinet (Preparação de original)
Richard Sanches (Revisão)

Editoração eletrônica
Eduardo Seiji Seki

Assistência editorial
Alberto Bononi
Jennifer Rangel de França

IMPRESSÃO E ACABAMENTO
Hawaií Gráfica e Editora